الوحي القرآني بيـــن
المفسرين والمستشرقين

الوحـــي القـــرآنـــي

بيـــن المفسرين والمستشرقين

دراسة تحليلية مقارنة

تأليف
الدكتور إقبال بن عبد الرحمن إبداح
أستاذ التفسير المساعد بجامعة طيبة
كلية الآداب ةالعلوم بينبع

الطبعة الأولى
2011

- الوحي القرآني بين المفسرين والمستشرقين
- الدكتور إقبال بن عبد الرحمن إبداح

الطبعة الأولى 2011

منشورات:

دار دجلة
ناشرون وموزعون

المملكة الأردنية الهاشمية

عمان- شارع الملك حسين- مجمع الفحيص التجاري

تلفاكس: 0096264647550

خلوي: 00962795265767

ص. ب: 712773 عمان 11171- الأردن

جمهورية العراق

بغداد- شارع السعدون

تلفاكس:0096418170792

خلوي: 009647705855603

E-mail: dardjlah@ yahoo.com
www.dardjlah.com

❖ رقم الإيداع لدى دائرة المكتبة الوطنية (2010/8/2991)

978-9957-71-188-7:ISPN

الآراء الموجودة في هذا الكتاب لا تعبر بالضرورة عن رأي الجهة الناشرة

الإهداء

إلى من حق لي أن أفخر بانتسابي إليه.. مصدر ثقتي واعتزازي ما حييت

إكراماً لما تلخص فيك من معاني وصفات

إلى سيدي الوالد... إنساناً وأباًوداعية

إلى من رعت كبراء دورها باقتدار..وادركت مهمتها الخاصة

اسمحيلي أن أوقع كل نجاحي باسممك علي أسطر في أيامك فرحة أو أنال رضاك

إلى أمي ثم أمي ثم أمي

إلى الأرواح الطاهرةاللاتي خلت الديار برحيلها

إلى جَدَيَّ ...إجلالاً ووفاءً وإكراماًللذكرى

إلى الأمل الناهض أخوتي وأخواتي تعبيراً عن الحب... وإقراراً بخالص الود

إلى درةتاج أيامي.. أستاذة الطهر والوفاء... زوجتي الغالية

إليكم أنتم أهدي ثمرة جهدي هذا

إقبال

بسم الـلـه الرحمن الرحيم

مقدمة

الحمد لله رب العالمين والصلاة والسلام على رسوله الأمين وعلى آله وصحبه أجمعين وبعد:

فقد يذيع الباحث سراً شخصياً عاش بداخله مذ قرر القفز فوق الثوابت وأعلن بداخله انتفاضة على ذاته فكان موضوع هذه الرسالة محور هذه الثورة ، بعد ان استطاع في بغداد ـ بما تعنيه زمانياً للباحث ـ من التحرر من أساليب وطرائق التفكير والتثقيف التقليدي.

ولن أخفي أيضاً أثر تلك الرواية التي قرأتها في السنة الثانية من البكالوريوس والتي كونت لدي طريقة تفكير مختلفة وأحدثت بداخلي نقطة تحول آنذاك، فقد كانت هذه الرواية المسماة العقب الحديدية والتي وصفها كاتبها (جاك لندن) بأنها رواية في العقيدة الاشتراكية كانت قد رسخت وأكدت ضرورة التنبه الى احترام الرأي الآخر ومنطلقاته ويجب أن لا تنظر الى ما نعتقد به انه هو الصحيح والصواب دائماً فقط، فاحتكار الحقيقة هو أسلوب جامد لا يمكن معه حوار أو أخذ وعطاء، ففي تلك الايام كنت أنظر لكل ما لا يلقى قبولي ورضاي بهذا المنطلق وعلى هذا الاساس، وقد دفعت ثمن ذلك دائما؛ إذ اذكر اني أخرجت من قاعة الدرس لمرات جزاءً على التفكير بصوت مرتفع، مع أني كنت متسائلاً راغباً في القناعة والاجابة لامروجاً لفكرة، اذ لم يكن هناك ثبات او فكرة راسخة، بل كانت مرحلة اضطراب وحيرة ومع ذلك فانني الى

يومي هذا أجني ثمرة كل تساؤل حر أسس بداخلي عقيدة علمية راسخه، ووددت أن أصدرها في كل محفل أجد في بحره اضطراب العقيدة.

وإن كان لكل ذلك من أصل فهو يعود الى طبيعة الدراسة الثانوية العلمية التي عمقت بداخلي الاسلوب العلمي وقيمة البرهان القاطع في حسم المسائل التي تعرض عليه.

ولما كنت أكثر من الحوار والجدل أحياناً مع المشارب والالوان الفكرية المتنوعة ولما يفرضه الموضوع الديني من تداخل في شؤون ومناحي الحياة المختلفة، فقد كنت أدرك سبب النظرة البائسة المجدبة عند الكثيرين للاسلام، حتى وصل الحد ببعض المحسوبين عليه بالتندر على أحكامه أو شكلياته الظاهرية، ولان النشأة كانت في وسط يفرح لله ويغضب لله فقد كنت اشعر بالفرح عندما كنت أحقق انتصاراً للاسلام وبنفس المقدار كنت اشعر بالمرارة والألم عندما كنت أجد من يحرك هواجس مرحلة الاضطراب في داخلي، اذ لا أجد ما أجيب به نفسي ـ آنذاك ـ فضلاً عن عجز نسبي في اقناع أولئك.

توصلت أخيراً الى أن محور الخلاف مع الخندق الآخر أو حلفائه الذي يرجع فيما يرجع اليه الى عدم وجود ثقة علمية وأصيلة بالدين ومصدره ، ومن هنا بدأت تنمو لدي رغبة ملحة لدراسة المنظومة الفكرية او المعرفية الدينية على الأسس التي يقرها جميع العقلاء، ولما كان الجميع متفقا على أن العقل والحس هما من مصادر العلم، فقد عمدت لدراسة الآلية الاسلامية في ترسيخ الايمان بالمصدر الثالث للعلم والمعرفة وهو الوحي الإلهي موضوع ومشكلة وجوهر هذه الرسالة.

وزادني رغبة ودافعية في الكتابة ما كنت اسمعه من أستاذي الاول والدي الدكتور عبد الرحمن ابداح الذي أخذ على نفسه واجب الدعوة الى الله في كثير من

اقطار الارض والتي كنت استشعر من خلال حديثه عن تلك التجارب والمواقف مدى حاجة تلك البلاد لسماحة ديننا الذي به تنعم البشرية وتتخلص من تيهها وضياعها، وما لمسته من انطباعات الاوربيين المشوهة عن الاسلام التي أصبحت جزءاً من نظرتهم التي تلازم فكرتهم عن الشرق عموماً.

وهكذا بدأت في الكتابة واضعاً نصب عيني أن أسهل الايمان بالوحي للراغبين به من خلال نديَّه المواقف بين طرفي الايمان والانكار وراغباً في أن أدفع عن ديننا ما وسم به زوراً من شبهات طالت الوحي بوصفه مصدر الشريعة والعقيدة الاول وعلاوة على كل ذلك اسأل الـلـه أن يمكنني من ترجمة هذه الرسالة الى لغة أخرى علها تكون سبباً في هداية أحد للاسلام وبذلك أشعر أني أسهمت في الدفاع عن الاسلام والدعوة اليه وبذلك أحقق فوزاً عظيماً ومساهمة عملية في واجب الدعوة العملية للاسلام والانتقال من دور الدفاع الى دور المبادرة المحضة بردود منطقية الاستنتاج، وعقلانية في الفكرة والاسلوب يرافقها ويكللها في كل أدوارها الايمان بالله وفهم سنة الـلـه في هداية البشر عبر الرسالات السماوية لأهل الأرض.

وحتى يكون الباحث أقرب للعلمية التي يلتقي عليها عقلاء البشر، فقد رأيت أن أدير الصراع بين المؤمنين بالوحي مصدراً من مصادر العلم الالهي للبشر وعلى المقابل منهم فريق المنكرين لهذه المصدرية، وقد وجدت خير من يمثل هذه العقيدة من المسلمين علمائهم ومفسريهم بوصفهم المثبتين للوحي والمدافعين عنه، وبين المستشرقين الذين خلصت من خلال بحثي لمنهجهم الفكري بأن أصول الانكار يعود الى حد بعيد الى ما كرسوه وأغرقوا في محاولاتهم التي تمكنه في نفوس غير المسلمين، وان تأثر به المسلمون فان في ذلك لهم غاية ومآرب وعظيم قصد لايخفى علينا معشر المسلمين.

ومن هنا فقد استشعر الباحث أهمية مميزة لهذه الدراسة التي تدور رحاها بين طرفين لكل منهم منطلقاته، وهذا من الناحية التحليلية يتطلب المقارنة والموازنة وتقويم أفكار الطرفين اعتماداً على ميزان فكري وعقلي لتقويم هذه العقائد وتلك الافكار من أجل الخلوص الى نتائج دقيقة ورؤية واضحة لمسألة الوحي، مع ان ثقة لا يخالجها شك قد اعتمرت في قلب الباحث قبل أن يشرع في رسالته هذه بان الحق واليقين هو دائماً مع المؤمنين لاسيما في هذه القضية المركزية التي هي منشأ الخلاف بين كل المنكرين من جهة وكل المؤمنين من جهة ثانية والتي يمكن استناداً لنظرة أي فرد إليها ان يحكم عليه بالإيمان أو الكفر.

فالحمد لله الذي أنار قلوبنا بإيمان مؤصل وثابت جذراً وفرعاً لان أصوله وجذوره مروية بالحقيقة والضرورة الكونية لاستمرار الوجود الانساني بالمعنى الرسالي للاستخلاف على الارض وعمارتها.

وقد زادني همة في البحث والتنقيب ما كنت أرقبه وأتتبعه من عمل استشراقي منظم، حتى كدت أعتقد بأن هناك مؤسسات تبنى وتقام لغرض ضرب الاسلام من نقاط المفصل فيه، ولما كانت البحوث الاستشراقية ذات العلاقة مركبة بطريقة تكاملية فقد جزمت بأن ذلك عمل منظم تديره هيئات ومراكز بحوث تقوم وتقعد وشغلها الشاغل تشكيك المسلمين بعقيدتهم، وان لم أكن باديء الامر لأتصور مدى الصراحة بل الوقاحة التي سطروا بها بحوثهم والتي عبروا من خلالها عن عميق سخطهم على الاسلام ورغبتهم الجامحة في النيل منه كونه الخطر الحقيقي - حسب فهمهم له - الذي يهدد وجودهم إن قدر له ان يسود ويحكم في الارض، فبادروا الى تشويه صورته، الا ان الله غالب على أمره وناصر دينه ورسله.

وقد كان الكثير من الكتاب المسلمين بالمرصاد لهؤلاء الطاعنين وتصدوا لهذا الغزو الفكري وردوا على الهجمة الاستشراقية اللاعلمية المتعصبة التي كانت تتحايل على

العلن والصراحة احياناً باكسائها أردية البحث العلمي وهي منه براء، فيما كان آخرون أكثر جرأة ولا مبالاةً بمشاعر وعقائد المسلمين، فأشبعوهم ـ أقصد علماء المسلمين وكتابهم ـ كشفاً لزورهم وتزويرهم وقلبهم للحقائق ودافعوا ودفعوا عن الاسلام كل مطعن وشبهة ومع ذلك فقد شعرت ان هذا الموضوع الذي يترابط مع العقيدة والقرآن والمذهبية الاسلامية ، ليس شبهة مستقلة ترد وينتهي الامر، لذا فقد عمدت من خلال كتابي هذا أن أوكد إلهية الوحي النبوي بخصوصية العقيدة وبالمعنى القرآني الذي يترتب عليه الوحي الشرعي وما يعنيه ذلك الوحي من صياغة نظام اسلامي متكامل.

وقد رد كثير من علمائنا المسلمين على شبهات المستشرقين على الوحي الا ان تلك الردود مع حصانتها وقيمتها فقد عدها كثير منهم شبهة كسائر أخواتها ولم يتوقف عندها الوقوف الذي تستحقه وتستدعيه النظرة الاجمالية، مما دفعني الى التوسع في هذا المجال.

وقد كان المتأخرون أكثر تناولاً لخطوط رسالتي العريضة من المتقدمين بالنظر الى حداثة الاستشراق الغربي المنظم ، فأفدت من نظراتهم وأساليب مواجهتهم للمستشرقين في هذه الخصومة العقيدية والفكرية.

الا أن النفع والفائدة قد كانا أجل وأعظم من بين ما كتبه مفسرونا الكرام في ابرازهم لظاهرة الوحي وتأكيدهم المستوفي لأطراف هذا الموضوع وبذلك كانت أفكارهم وآراؤهم خط الدفاع الاول في الرسالة، على الرغم من أنها جاءت مبينة شارحة وموضحة لاعلى سبيل الرد والدفاع، اذا ما استثنينا ردهم ودحضهم لشبهات المشركين وبالمحصلة فقد عاد المستشرقون ليكرروا مطاعن المشركين المستهلكة والممجوجة التي تكفل رب العزة في اظهار وكشف عوارها وزيفها وسقوطها لعدم قدرتها

على التحدي والمواجهة فكانت نوعاً من المراهقة العنادية والكفر الصريح الذي تتضح فيه معاني الظلم للذات وإيصاد العقول والقلوب.

هذا وقد عانى الباحث من الندرة النسبية للمصادر التي تناولت الاستشراق في موضوعاته التفصيلية بالاضافة الى قلة الكتب ومؤلفات المستشرقين المترجمة، مما حدا بي الى ترجمة العديد منها لاعود فاكتشف أن بعضها قد عرب فتركت ما اعددته من ترجمة واعتمدت على تلك الترجمات الكاملة في الغالب.

وقد قسمت فصول الرسالة على خمسة فصول، تناولت ظاهرة الوحي في الفصل الاول منها بحيث يتكون عند القاريء فكرة موسعة عن هذه الظاهرة التي هي عماد النبوة وميزان صدقها وفيما يخصها بشكل ذاتي فقد قدمت إطلالة عن جوانب وخصائص الظاهرة الوحيية المختلفة .

وفي الفصل الثاني تحدث المفسرون بوضوح عن قضية الوحي وما رافقها في فترة الرسالة من تساؤلات وكيف تؤسس القناعة اليقينية على الوحي سيما إذا كان الموقف موقف عناد ومكابرة او محاجة وإقناع تناولت فيه أيضاً الوحي المحمدي بخصوصيته مع ربط الوحي النبوي العام كونه يمثل سنة الـلـه في ايصال الهداية والنور عبر طريق الوحي.

ولما كنت معنياً بتسليط الضوء على الظاهرة الاستشراقية ورصد وتتبع المنطلقات الفكرية للمستشرقين فقد مضيت في الفصل الثالث في تناول حيثيات الاستشراق وان كانت تبدو في بعض المواضع على تماس غير مباشر مع حدود مسألة الوحي، الا أن الاستشراق قد غدا عملاً تراكمياً يترابط بحلقات لاتنفصل فقد كان لزوماً على الباحث التوقف في تلك المحطات الضرورية، وخلصت الرسالة في هذا الفصل من خلال الملاحظة الدقيقة والمقارنة العلمية الى أسباب جوهرية حالت دون خلوص المستشرقين الى نتائج تحترم في بحوثهم حول مجمل القضايا الاسلامية ومنها

بالتأكيد والخصوص قضية الوحي، فتناولت تفصيلياً أسباب كثيرة لانحراف المنهج وبالتالي إنحراف النتائج.

وفي رابع فصول الرسالة تناولت مصادر الوحي في نظر المستشرقين التي افترضوها مصدراً للقرآن بجملتها وما رافق ذلك من تخبط لايمكن ان يفسر إلا بحقد أهوج، وما قدمه المستشرقون من مقدمات لتهيئة الأرضيات لاستقبال مصدرياتهم الفاسدة التي ابتدعوها للوحي، فوجهت النظر الى شبهاتهم على شخص الرسول الكريم لما فيها من ضرب لجوهر شخص النبي (ﷺ) وما يعنيه ذلك لكونه (ﷺ) متلقي الوحي الامين ومبلغه.

وأخيراً في آخر الفصول ذهبت مسنوداً بعلماء المسلمين والمفسرين الى رد شبهات المستشرقين التي نقلتها على السنتهم في الفصل السابق له برد علمي مقنع رددت فيه على معظم شبهاتهم وقد ترفعت عن التطرق لبعضها لاشتمال الرد على غيرها للرد عليها أو لتهاويها وذيوع كونها محض تجن واختلاق.

آملاً أن أكون قد وفقت في مسعاي هذا في رفد الحقيقة وإجلائها علي انال بذلك شفاعة أو رضى من صاحب الوحي ومصدره الالهي العزيز.

ختاما اقول هذا جهدي ناطق ببشريته، فان اصبت فلله المن والحمد على ما وفقني اليه وان كانت الاخرى فعذري اني قد افرغت جهدي في سبيل الاحاطة والاستيعاب، سائلا الـلـه عز وجل ان يغفر لي زلة لساني وانخداع نظرتي - ان حصل ذلك - فهو الهادي الى سواء السبيل.

و الـلـه من وراء القصد

الدكتور/ إقبال بن عبد الرحمن إبداح
بغداد - العراق
Iqbal_Ibdah@hotmail.com

الفصل الأول

ظاهـــرة الــوحـــي

المبحث الاول

التعريف بالوحي

المطلب الاول

الوحي في اللغة

الوحي: لفظة عربية أصيلة، نطقت بذلك بطون المعاجم وأكدته وليس هناك ما يشير الى غير ذلك.

والفعل منه وحى ماضياً، ويحي مضارعاً فمصدره وحياً، وأوحى يوحي فمصدره إيحاء والأول أكثر شيوعاً في العربية فيقال: وحى في الحجر اذا كتب فيه وحياً، ووحى الكتاب اذا كتبه، ووحيت الكتاب أحيه وحياً أي كتبته فهو موحى[1]، ومنه حديث الحرث الأعور: قال لعلقمة قرأت الوحي في سنتين فقال الحرث: القرآن هين، الوحي أشد منه، أراد بالقرآن القراءة وبالوحي الكتابة والخط[2].

والوحي كما يراه قدامة هو ما كان الابانة عما في النفس بغير مشافهة على أي معنى وقعت إيماء أو رسالة أو اشارة أو مكاتبة [3].

([1]) : ينظر : ابن دريد، أبي بكر محمد بن الحسن الازدي البصري ت321هـ : جمهرة اللغة: ج2، ص382 د. ت.، دار صادر. بيروت.

([2]) : ينظر: الزبيدي، محب الدين أبي الفيض محمد، ت 1790م: تاج العروس من جواهر القاموس: م10 ص: 384 ط 1966.

([3]) : البغدادي، قدامة بن جعفر، ت337هـ: نقد النثر، ص63، ط1980، دار الكتب العلمية، بيروت .

بينما يرى الزجاج أن أصل الوحي في اللغة كلها: إعلام في خفاء ومن هنا صار الالهام وحياً[1] ، وقال ابن فارس ، الوحي : الرسالة، فكل ما ألقي الى آخر فهو وحي [2].

كما أوضح الاصفهاني جانباً آخر من معاني الوحي فيقول: فأمرٌ وحيٌ هو ما يكون بالكلام على سبيل الرمز والتعرض[3]، ويعضده قول القائل:

وتوحي إليه باللحاظ سلامها مخافة واشٍ حاضر ورقيب[4]

وقال ابن منظور: الوحي: الاشارة والكتابة والرسالة والالهام والكلام الخفي وكل ما ألقيته الى غيرك، والوحي أيضاً، الرجل اذا كلم عبده بلا رسول[5].

ويقول ابن الاعرابي: الوحي: صوت الطائر، وجاء في تاج العروس أن الوحي هو الكلام الخفي وقال الحرالي هو إلقاء المعنى في النفس في خفاء، والوحي الصوت ويكون في الناس وغيرهم[6].

والوحي السرعة، والعرب تقول: الوحاء .. الوحاء، الوحا .. الوحا ممدود ومقصور أي السرعة السرعة، وتوح في شأنك أي أسرع[7].

([1]) : الازهري، ابي منصور محمد بن أحمد ت370هـ : تهذيب اللغة ج5 ص296، ط1964 الدار المصرية للتأليف والترجمة.

([2]) : ابن فارس، ابو الحسين أحمد ت395هـ: مقاييس اللغة ج6 ص63، ط1، 1951 دار احياء الكتب، القاهرة.

([3]) : الراغب الاصفهاني، ابو القاسم الحسين بن أحمد ت595هـ: المفردات في غريب القرآن ص515.

([4]) : نقد النثر، ص64، مصدر سابق.

([5]) : ابن منظور، ابي الفضل جمال الدين ت711هـ: لسان العرب د.ت دار صادر بيروت.

([6]) : الزبيدي: تاج العروس ، م10 ص385-386، مصدر سابق.

([7]) : ابن منظور: لسان العرب ج15 ص382، مصدر سابق.

وقد أخذ لفظ الوحي شيئاً فشيئاً يختص بما يلقى في النفس من اللـه تعالى حتى قيل الوحي من اللـه إلهام ومن الناس إيماء.

إلا ان هذا التعدد والتنوع في معاني هذه المفردة يستدرجنا للبحث في أصل الدلالة، فقد جاء في لسان العرب أن أصل الوحي في اللغة كلها: إعلام في خفاء ولذلك صار الالهام يسمى وحيا[1] وهذا ما ذهب اليه الزجاج من قبل، ويؤكد ابن الانباري (ابو البركات عبد الرحمن ت ت 577هـ) ذلك موضحاً بالقول: (سبب التسمية بالوحي لان الملَك أَسَّره عن الخلق وخص به النبي المبعوث إليه)[2].

أما الاصفهاني فيعد الاشارة السريعة أصل الوحي[3] وقد حمل على ذلك قوله تعالى عن زكريا(عليه السلام) ﴿**فَخَرَجَ عَلَى قومه مِنَ الْمِحْرَابِ فَأَوْحَى إِلَيْهِمْ أَن سَبِّحُوا بُكْرَةً وَعَشِيًّا**﴾[4].

ومن المحدثين الشيخ مصطفى عبد الرازق الذي يرى أن مجمل الحديث في أصل الوحي يرجع الى آراء أربعة هي[5]:

الاول: أن أصل الوحي في اللغة إسرار وأعلام بخفاء وقد وردت نسبة هذا الرأي.

الثاني: أن اشتقاق الوحي بمعنى الالهام من الوحي بمعنى السرعة، لان الوحي يجيء بسرعة ويتلقى بسرعة وهو رأي الاصفهاني.

الثالث: أن أصل الوحي: الاعلام السريع الخفي واليه ذهب محمد رشيد رضا.

---

(1) : المصدر نفسه، ج15 ، ص381.
(2) : المصدر نفسه، ج15، ص380.
(3) : الاصفهاني: المفردات، ص515، مصدر سابق.
(4) : القرآن الكريم : مريم (11).
(5) عبد الرازق، مصطفى: الدين والوحي والاسلام، ص49، ط 1961، دار إحياء الكتب العربية. مصر.

الرابع: أن أصل مادة الوحي: القاء الشيء الى الغير ونسبه للطبري وبذلك يكون قد أجمل جميع الاراء المعتبرة الواردة في هذا المقام.

وخلاصته ما ذهب اليه الشيخ رضا في المعنى اللغوي الجامع للوحي هو أنه (الاعلام السريع الخاص بمن يوجه اليه بحيث يخفى على غيره)[1].

فبناء على ما تقدم يتضح لنا أن الوحي النبوي مشتمل على المعنيين الاصليين لهذه المادة وهما الخفاء والسرعة.

ومن المعلوم أن المعنى بأقطاره الفسيحه إنما يوجد في المعنى اللغوي والوحي يطلق في اللغة على مطلق الاعلام غير مقيد ذلك الاعلام بأحد معين يلقيه ولا بمستقبل معين يلقى عليه، بالاضافة الى ان هذا الاعلام غير مقيد بطريق من طرق المعرفة كالرمز او التعريض او الاشارة او الكتابة [2].

كما لا يلزم أن يكون ذلك على وجه السرعة او الخفاء وان قيل أن الاصل فيه السرعة والخفاء، كما أنه لا يختص او يقيد بخير أو شر بل يشمل ذلك كله وهو بذلك يعبر عن مدى شموله لاشكال الاعلام وما يمكن ان يقيد به ذلك الاعلام وهكذا يتحقق شمول المعنى اللغوي بحيث يكون جامعاً لكل ما تقدم[3].

وعلى هذا نفسر ونوجه ما يقال عن حديث النفس عندما يقال وحي النفس او ان الرأي المنبثق من النفس وحياً ويجوز ذلك أيضاً على الالهام أن نصفه بأنه وحي ولكن على الفهم اللغوي المستمد من هذه المعاني أصلاً وبذلك فلا ريب في ذلك على أن

([1]) : رضا، محمد رشيد: الوحي المحمدي، ص7 ، ط 1988 مطبعة الزهراء - القاهرة.

([2]) : ينظر: ابن حجر، الامام الحافظ احمد بن علي بن حجر العسقلاني ت852هـ: فتح الباري بشرح صحيح البخاري ج1، ص9، د. ت.، دار المعرفة - بيروت.

([3]) : ينظر: د. هاشم، الحسيني عبد المجيد : الوحي الالهي، ص9-11، المكتبة العصرية - صيدا.

يرافقه حسن وأدب الاستخدام حتى لايخرج عن مداه ليعبر عن غيره دون قصد، والحذر هنا مطلوب لكي لايحصل خلط لتعارض المعنى بين مفهوم الشرع واللغة لمفردة الوحي، إذ أنها تؤدي معنى ومراداً مختلفاً في عُرف كل منها مع التنبه الى أن اللغة تتضمن معنى الوحي الشرعي إذا ما خصص وحدد.

ومن الواضح أن الهدف والمراد من ذلك أن نتجنب خلطاً قد يتسلل بين المعنى اللغوي والحقيقة الشرعية للوحي، وفي ضوء ذلك تشرق لنا قسمات الوحي سافرة المحيا.

المطلب الثاني

الوحي الشرعي

إن منشأ الخلاف بين المؤمنين بالرسالات السماوية وغير المؤمنين بها يرجع اساساً الى مفهوم الوحي عندهم لانه الطريق والمصدر لهذه الكتب السماوية وهذا بعض سر اهتمامنا به.

فالوحي بمعناه الشرعي: ظاهرة يشترك فيها الانبياء جميعاً، وهو إعلام اللـه تعالى لنبي من انبيائه بحكم شرعي ونحوه، قد يطلق أيضاً على كلام اللـه المنزل على النبي (ﷺ)[1] وهذا تعريف للوحي باعتبار انه مصدر.

أما الشيخ الزرقاني فيرى أن الوحي في لسان الشرع هو: (ان يُعلم اللـه تعالى من إصطفاه من عباده، كل ما أراد إطلاعه عليه من ألوان الهداية والعلم، ولكن بطريقة سرية خفية، غير معتادة للبشر)[2].

وكذلك للشيخ محمد عبده تعريف خاص للوحي باعتبار المعنى الحاصل بالمصدر فيقول: (وقد عرفوه شرعاً: انه اعلام اللـه تعالى لنبي من أنبيائه بحكم شرعي ونحوه، أما نحن فنعرفه على شرطنا بأنه عرفان يجده الشخص من نفسه مع اليقين بأنه من قبل اللـه بواسطة أو بغير واسطة، والاول يتمثل لسمعه او بغير صوت، ويفرق بينه

([1]) : ينظر : طهطاوي، محمد عزت: محمد نبي الاسلام في التوراة والانجيل والقرآن، ص114، ط1، مطبعة التقدم.

([2]) : الزرقاني، محمد عبد العظيم: مناهل العرفان في علوم القرآن، ج1، ص54، 66، تحقيق فواز أحمد زمرلي، ط1، 1995، دار الكتاب العربي - بيروت.

وبين الالهام بأن الالهام وجدان تستيقنه النفس وتنساق الى ما يطلب على غير شعور منها من أين أتى وهو أشبه بوجدان الجوع والعطش والحزن والسرور)[1].

ويعلق الاستاذ مالك بن نبي على هذا التعريف فيقول أنه مع الاسهاب في تحديده للوحي، الا أنه أتصف ببعض الغموض فيما يتصل بتفسير اليقين عند النبي[2].

هذا ويرى المؤلف أن كلمة الشخص الواردة في التعريف السابق تخصيص فضفاض، لان الوحي المعَّرف هو الوحي الشرعي وهو خاص بالانبياء ولان لفظة الشخص أعم من ذلك مما يفسح المجال لدخول الالهام للناس العاديين ضمن هذا التعريف وهذا غير صحيح.

اللهم، إلا اذا كان يقصد ـ رحمه الـلـه ـ تعريف الوحي من جهته العامة وبهذا لا يكون تعريفاً للوحي الشرعي كما حدد وأشار هو ذاته في تعريفه.

وقد تتبعت أصول كلمة العرفان التي اختارها محمد عبده لاخلص لمعناها أولاً ثم لمعرفة سبب اختيارها، لاجدها من تعبيرات التصوف الباطني الاشراقي وأن العرفان فيه يعد نظاماً معرفياً[3]، والمنهج العرفاني يرجع في طريقته الى الالهام[4] ويؤكد هذا ابن عربي الذي يعد أفضل متحدث في مجال التصوف الاشراقي بالقول (اعلم أن الكلام على قسمين:

- **الأول**: كلام في مواد تسمى حروفاً، وهو على قسمين اما مرموقة، أعني الحروف تسمى كتابة او متلفظاً بها وتسمى قولاً وكلاماً والنوع.

([1]) : عبده، محمد: رسالة التوحيد، ص108، ط1965 ، مكتبة محمد علي صبيح – القاهرة.

([2]) : ينظر:ابن نبي، مالك:الظاهرة القرآنية،ص171،ترجمة:عبد الصبور شاهين،ط1968،دار الفكر- بيروت

([3]) : د. الجابري: محمد عابد: بنية العقل العربي، ص296-299، ط6، 2000م، مركز دراسات الوحدة العربية - بيروت.

([4]) : ينظر: القشيري، ابو القاسم عبد الكريم بن هوازن النيسابوري، ت(475هـ): الرسالة القشيرية، ص31 وما بعدها، دار الكتاب العربي - بيروت.

- **الثاني:** كلام ليس فيه مواد، فذلك الكلام الذي لايكون في مواد يعلم، ولا يقال فيه يفهم، فيتعلق به العلم من السامع الذي لايسمع بآلة، بل يسمع بحق مجرد عن الآلة)[1].

وهكذا نرى ان العرفان لفظة لاتنسجم بل لاتليق بأن تدخل في تعريف الوحي أياً كان القائل بها لانها تمس وتخدش سمو هذا المعنى.

ويحاول الاستاذ مالك بن نبي أن يعرف الوحي متفادياً ما وقع به محمد عبده وبعبارة جديدة يحرص فيه ان يكون متفقاً مع اعتقاد النبي وحقيقة الوحي فيقول: (يجب أن يأخذ الوحي معنى المعرفة التلقائية والمطلقة لموضوع لايشغل التفكير وأيضاً غير قابل للتفكير)[2].

وتناوله آخرون بالتعريف من زاوية أخرى باعتبار الموحى به فقالوا:

الوحي: هو ما أنزل الـلـه على انبيائه وعرفهم به من أنباء الغيب والشرائع[3] وهكذا نجد أن الوحي المسطر في الكتب السماوية هو جميعه نتاج هذا الوحي وحاوي كل ما بلغهم عبر طريق الوحي.

إذن فالوحي الشرعي لايكون مصدره الا من الـلـه تعالى ولا يتلقاه منه او من الملك المخصص الا نبي أو رسول لرب العالمين، فهو متميز إرسالاً عما سواه من طرق الوحي ـ كما نفهم من عربية اللفظة ـ ومتميز بمستقبله الذي يجب ان يكون حائزاً على شرف النبوة او تكليف الرسالة وله صفاته وصوره الخاصة التي لاتشبه سواها وسنعرض لذلك موسعاً في أثناء هذا الفصل.

---

(1) : ابن العربي، محيي الدين: الفتوحات المكية، ج4 ص25، دار صادر - بيروت.

(2) : ابن نبي: الظاهرة القرآنية : ص168، مصدر سابق.

(3) : أبو شهبة: محمد محمد: السيرة النبوية في ضوء القرآن والسنة، ص271، ط1، 1988 ، دار القلم. دمشق.

المطلب الثالث

ماهية الوحي وكنـهـه

بعد أن انتهينا من تعريف الوحي من حيث مفهومه، ننتقل للبحث في ماهية الوحي الشرعي وكنهه أي ما كان من الملك حامل الوحي عبر الوحي الجلي بحالته الملائكية.

وقد عمد المؤلف الى تسليط الاضواء على الوحي الجلي القادم عبر ملك الوحي لما تكتسبه هذه الصيغة من الاهمية ولحاجتها للاجلاء والاحاطة سيما إذا كان سبيل الحديث في المخاصمة والجدل أو في الدعوة أيضاً، إذ في الصيغ الاخرى سعة ومدى للقناعة البشرية دونما كبير عناء او برهنة؛ فمنها ما يكون وحياً في المنام وهو قريب من حيث الشكل الخارجي لما يرى في نومه، أما وحي السنة فكثير منه كان بوساطة ملك الوحي بصورة بشرية.

وبذلك نرى أن أكثر الصيغ التي يمكن أن يستغلق فهمها على من يريد إصمام عقله وروحه هي صيغة الوحي الجلي، وأخص منهم من كان ضمن الشريحة التي سنبحث فكرتها ومنطلقاتها في هذه المسألة المهمة وهم المستشرقون المنكرون، وحيثما يكون الرد على الأكثر إنكاراً يكون ذلك في الحجة أبلغ وأقوى.

إلا ان القرآن الكريم لم يبرز هذه الماهية فيما يخص الملائكة وطبيعة هذا اللقاء الروحاني المتكرر، إذ ليس في بيان ذلك عظيم فائدة، بل ترك هذا الامر ليكون الايمان أكثر تعبيراً عن الشعور بعظمة الـلـه وقدرته، وعلى الرغم من ذلك فان أمر التحقق من صدق الوحي النبوي كان مفتوحاً لكل مشكك أو راغب باليقين عبر طرائق الاعجاز

الموصلة لهذه الغاية الجليلة، إذ أن الافصاح والاشهار لمراتب وكيفيات تلك العلاقة بين الرسول (ﷺ) والملك جبريل (عليه السلام) يخدش كبرياءها وينال من سموها ومن غير فائدة مرجوة ومعتبرة.

لذا ضمن القرآن للراغب في إمتحان ظاهرة الوحي أن يتحقق من صدقها بأساليب شتى من الاعجاز البلاغي والتحدي وضروب عديدة من الاعجاز يمكن أن تبلغه مراده ان كان صادقاً.

لهذا قيل: (ليس في القرآن شيء يمكن أن يفيد بصراحة ماهية الملائكة وكنههم أو يفيد أن غير من اختصه الـلـه يمكن أن يراهم أو يفهم كيفية ادراك النبي (ﷺ) نزول جبريل على قلبه أو كيفية رؤيته إياه بالافق أو قريباً منه قاب قوسين أو أدنى وسماعه صوته، أو كيفية إدراك النبي وحي الـلـه حينما يكون بطريق الالهام والقذف التي هي إحدى الطرائق التي حددتها آيات الشورى)[1].

ويعلل سبب سكوت القرآن عن الحديث في تفاصيل تلك العلاقة لسموها ولعدم قدرة الانسان على ان يتصور شيئاً غير معهود له ولاسابق تجربة له فيه، إلا من اختاره الـلـه لمهمة الرسالة ، فان الـلـه تعالى يتكفل بإفهامه هذه الامور لكي يتم أمر الرسالة ويتحقق المقصود من الوحي وعلى هذا يقول ـ الذهبي ـ في كيفية تلقي جبريل للقرآن من الـلـه: (قيل أنه كان يؤمر من قبل الـلـه تعالى بحفظه من اللوح المحفوظ وقيل وهو الراجح أنه كان يتلقفه من الـلـه تعالى تلقفاً إيجابياً لاندركه، ثم ينزل به على النبي(ﷺ) ومما يشهد لهذا القول الاخير ما رواه المسروق عن ابن مسعود قال قال النبي (ﷺ) قال: [إذا تكلم الـلـه بالوحي، سمع أهل السماء للسماء صلصلة كجر السلسلة على

([1]) : دروزه: محمد عزة: سيرة الرسول ج1، ص111 ، ط 1948، المكتبة التجارية - القاهرة.

الصفا فيصعقون، فلا يزالون كذلك حتى يأتيهم جبريل، حتى اذا جاءهم جبريل فزع عن قلوبهم قال: فيقولون: ياجبريل ماذا قال ربك؟ فيقول: الحق، فيقولون: الحق، الحق][1])[2].

ويرى د. أبو شهبة أن نزول القرآن على الملك يتم بإحدى طريقتين أما أن يتلقفه روحانياً او يحفظه من اللوح المحفوظ ثم ينزل به على النبي (ﷺ) فيلقيه اليه ولا يقطع برأيه هذا مستنداً بذلك للامام الطيبي ويرى أن ذلك لايعني القطع وإنما التجويز والاحتمال[3].

وفي هذا الصدد أيضاً يرجح د. ابو شهبة ما ذكره البيهقي في تفسير قوله تعالى: (إنا أنزلنا في ليلة القدر) قال: (يريد ـ و الـلـه أعلم ـ انا أسمعنا الملك وأفهمناه إياه وأنزلناه بما سمع وهذا الرأي أمثل الآراء وأولاها بالقبول ويشهد له ما رواه الطبراني عن النواس بن سمعان)[4].

واذا أمكننا الاطلاع على شيء يسير عن طبيعة تلقي ملك الوحي للقرآن من الـلـه تعالى فإن ذلك مستمد من الاثر الصحيح وليس مبنياً على مجرد الرأي، اذ ليس للرأي مكان في أمر كهذا.

([1]) : سنن أبي داوود: الحافظ أبي داوود بن الاشعث السجستاني، ت(275هـ): كتاب السنة، 20 (4738) دراسة وفهرسة: كمال الحوت، ط1، 1988، ج2 ص348 وكذا في السند والمتن عند البخاري عدا الاشارة الى جبريل عيناً، ينظر: البخاري 97، كتاب التوحيد 32 وفتح الباري، ج13، ص452-453.

([2]) : د. الذهبي، محمد حسين: الوحي والقرآن الكريم، ص10، ط1 ، 1986، غير انه أورد حديثاً مقارباً في لفظه ومدلوله الا أني لم أعثر له على اثر صحيح فأتيت بما في الصحيح.

([3]) : ينظر: ابو شهبة، محمد بن محمد: المدخل لدراسة القرآن الكريم، ص56 ، ط1، 1992.

([4]) : المصدر نفسه، ص56.

أما في صعيد العلاقة بين الملك والنبي (ﷺ) فان ذلك سر لايعلم تفاصيله بشر ولذا يقول: (لا يمكن للعقل التكهن بمعنى الوحي فيما يتعلق بالصلة بين النبي والملائكة، فذلك هو عين العقل لان المسألة فوق إدراكه وتصوره ومشاهداته؛ لان العقل يستطيع ان يفسر معنى الوحي فيما يتصل به لغوياً أو عادياً او حدساً أما ما وراء الغيب فذلك قدر يعجز العقل عن الوصول الى طريقه إلا إذا هداه الـلـه عن طريق الوحي ذاته)[1].

فالوحي حقيقة أسمى من ذكاء العقول وأكبر من عبقرية العلماء وأرفع من مستويات قاعات البحث العلمي، لانها ارادة الـلـه الحرة.

ويقول محمد عزة دروزة: (فهذه الامور ما كانت وظلت في حقيقة كنهها سراً على غير النبي (ﷺ) لانها متصلة بسر النبوة المتصل بسر الوجود وواجب الوجود، وهي من المسائل الايمانية التي يجب على المسلم الايمان بها لانها وردت نصاً في القرآن وفي الاحاديث والروايات الكثيرة ان جبريل كان ينزل على النبي (ﷺ) ويكلمه ويلقي اليه بل ويتحدثان معاً، والنبي جالس بين الناس فلا يرى أحد شيئاً أو يسمع شيئاً ويبقى الأمر بين النبي (ﷺ) وجبريل (عليه السلام) حادثاً روحياً لايدرك كنهه أحد)[2].

ومن المؤكد ان الكاتب يقصد عدم رؤية الناس للملك في حالة وحي القرآن أما في غير ذلك فقد حصلت المشاهدة وعلى ذلك شهود كما تخبرنا الاحاديث الصحيحة.

([1]) : شلبي، رؤوف: الوحي في الاسلام وأهميته في الحضارة الاسلامية ، ص58، ط1، 1978، مطبعة حسان، القاهرة.
([2]) : دروزة: سيرة الرسول، ج1، ص110، مصدر سابق.

وإزاء سكوت القرآن عن مبهمات تلك العلاقات فإنه أبان وأوضح من خلال الآيات القرآنية تأكيداً لحصول ذلك اللقاء في ليلة الاسراء وهي رحلة بالروح والجسد معاً[1] ويمكن ان نفهم منها أن ثقة النبي كانت مطلقة وأكيدة لان ذلك لايحتمل أي شك أو ريبة في شأن هذه العلاقة التي كان يستمد من خلالها الوحي الالهي ونقصد بهذه الثقة للناظر للوحي من الخارج أما النبي (ﷺ) فقد كانت ثقته واحدة في الوحي قبل الاسراء والمعراج وبعده لكنها لنا معمقة لليقين ومفيدة في المحاججة والاستدلال، قال تعالى: ﴿**وَالنَّجْمِ إِذَا هَوَى، مَا ضَلَّ صَاحِبُكُمْ وَمَا غَوَى، وَمَا يَنطِقُ عَنِ الْهَوَى، إِنْ هُوَ إِلَّا وَحْيٌ يُوحَى، عَلَّمَهُ شَدِيدُ الْقُوَى، ذُو مِرَّةٍ فَاسْتَوَى، وَهُوَ بِالْأُفُقِ الْأَعْلَى، ثُمَّ دَنَا فَتَدَلَّى، فَكَانَ قَابَ قَوْسَيْنِ أَوْ أَدْنَى، فَأَوْحَى إِلَى عَبْدِهِ مَا أَوْحَى، مَا كَذَبَ الْفُؤَادُ مَا رَأَى، أَفَتُمَارُونَهُ عَلَى مَا يَرَى، وَلَقَدْ رَآهُ نَزْلَةً أُخْرَى، عِندَ سِدْرَةِ الْمُنْتَهَى**﴾[2].

ولما كانت الرؤية أبلغ الرد في إظهار الحجة فقد جاء الرد القرآني على المتشككين في أمر الوحي الالهي للرسول الكريم بأن ما جاءكم به محمد ليس من قبيل اللقاءات الروحانية التي لا تؤمنون بها ولا تتصورونها لقصوركم وحسب بل كانت تلك حقيقة لا يتنازعها شك في قلب محمد (ﷺ) وهو الأجدر بأخذ شهادته لهذه العلاقة لانه المختص والمنتقى لطرف التلقي فيها، فقد أبان الـلـه تعالى عن شهادة الرسول (ﷺ) لما رآه بعيني رأسه الشريف ليلة الاسراء، فقال تعالى: ﴿**إِنَّهُ لَقَوْلُ رَسُولٍ كَرِيمٍ ، ذِي قُوَّةٍ عِندَ ذِي الْعَرْشِ مَكِينٍ، مُطَاعٍ ثَمَّ أَمِينٍ، وَمَا صَاحِبُكُم بِمَجْنُونٍ ، وَلَقَدْ رَآهُ بِالْأُفُقِ الْمُبِينِ ، وَمَا هُوَ عَلَى الْغَيْبِ بِضَنِينٍ** ﴾[3].

([1]) : ينظر : القرطبي: ابي عبد الـلـه محمد بن أحمد الانصاري ت(671هـ): الجامع لأحكام القرآن م9، ج17، ص86، دار الحديث ، القاهرة.

([2]) : القرآن الكريم: النجم (1-14).

([3]) : القرآن الكريم: التكوير (19-24).

ومن خلال تتبع الاحاديث الواردة في الوحي وشروحها في مظانها نخلص الى ان النبي (ﷺ) رأى جبريل (عليه السلام) على صورته التي خلقه الله عليها مرتين لا دليل على ثالث لهما:

الأولى: عن جابر بن عبد الله الانصاري كان يحدث عن فترة الوحي قال: قال رسول الله (ﷺ): (بينما انا أمشي إذ سمعت صوتاً من السماء فرفعت بصري فاذا الملك الذي جاءني بحراءٍ جالس على كرسي بين السماء والارض، فرعبت منه، فرجعت فقلت: زملوني ، فأنزل الله تعالى: (يا أيها المدثر، قم فأنذر... الى قوله والرجز فأهجر) فحمي الوحي وتتابع)[1].

الثانية: في الحديث الذي ترويه أم المؤمنين عائشة (رضي الله عنها) في صحيح مسلم عن قوله تعالى: (ولقد رآه بالأفق المبين)-(ولقد رآه نزله أخرى) فقالت: (انا أول هذه الامة سأل عن ذلك رسول الله (ﷺ) فقال: [إنما هو جبريل لم أره على صورته التي خلق عليها غير هاتين المرتين، رأيته منهبطاً من السماء ساداً عِظم خلقه ما بين السماء الى الأرض])[2].

أن ما يهمنا في هذا الامر أن نصل الى حقيقة اليقين المحمدي بحصول الوحي وما إخباره (ﷺ) عن ذلك بالرؤية والمشاهدة إلا دليل قاطع في ذلك ولتكن طبيعة تلك الرؤيا ما تكن ولايهمنا كثيراً في عقيدتنا طبيعة وشكل الاتصال في آلية التلقي وإنما يعنينا التحقق - لغرض التحصن والرد- من حصول ذلك، لان إيماننا المطلق بصدق

([1]) : صحيح البخاري:1-كتاب بدء الوحي 3 وكذا في مسلم مع اختلاف طفيف في اللفظ ينظر: صحيح مسلم: الامام أبي الحسين مسلم بن الحجاج القشيري النيسابوري، ت(261هـ): 1- كتاب الايمان (255-256)، ط1، 1995، دار ابن حزم، بيروت.

([2]) : صحيح مسلم : 1- كتاب الايمان (177).

النبي (ﷺ) ودعوته مبني وقائم ومتأسس على قناعة وأعتقاد النبي الشخصي في ذلك، ولهذا تناولناه بالبحث لانه يشكل حلقة من حلقات إيماننا المحصن نحن أيضاً.

وقد عالج بعض مفكري الاسلام مسألة تلقي الوحي من الناحية الكيفية، أي كيف يتلقى النبي الانسان من الوحي الملك النص القرآني المقدس وهما ذاتان مختلفان في الخصائص؟!

على الرغم من وجود خط فكري بين مفكري وعلماء الاسلام لايحبذ السؤال عن الكيفية لأسباب تناولت الدراسة بعضها وعلى هذا المقال جاء في ارشاد الساري: (العلم بكيفية الوحي سر من الاسرار لايدركها العقل)[1]، اذ أن الحديث عن الكيفية يجب أن يسبقه علم بخصائصه وأقسامه وهذا متعذر في شأن الوحي إذا أخذنا المعنى الحاصل منه بالمصدر او كان المقصود الملك حامل الوحي[2]، واذ لاحظنا الملك حامل الوحي لم يدخل الموحى به واذن فالوحي المقسم الى اقسام هو كما قال ابن حجر أعم من كل اصطلاح فالتقسيم من قبيل المجاز لامن قبيل الحقيقة، اذ الحقيقة في تصورها الطبيعي أكبر من مستويات العقل الانساني[3].

ومع ذلك فان مرادنا ليس التوصل الى كيفية معرفية بقدر ما هي تأويلات شرعية علمية لا تخرج عن المدى الاسلامي في فلسفته وتصوره؛ وعلى هذا فان المراد من أي تقسيم يذكر لتقريب المسائل وحصرها على وجه يسهل معه التصور.

([1]) : القسطلاني: شهاب الدين احمد بن محمد الخطيب، ت(923هـ): ارشاد الساري لشرح صحيح البخاري، ج1، ص59، ط7، 1323هـ ، المطبعة الميرية - مصر.

([2]) : شلبي: الوحي في الاسلام، ص27، مصدر سابق بتصرف.

([3]) : المصدر نفسه، ص27 بتصرف.

وللرازي المفسر الاشعري المشهور موقف يوضحه في هذه المسألة فيقول: (الوحي من الـلـه لا يتم الا بثلاث مراتب في ظهور المعجزات:

المرتبة الاولى: أن الملك اذا سمع ذلك الكلام من الـلـه تعالى فلا بد له من معجزة تدل على ان ذلك الكلام كلام الـلـه.

المرتبة الثانية: ان ذلك الملك اذا وصل الى الرسول لابد له أيضاً من معجزة حتى يبلغه الكلام وهو ما نقصد به الاجابة أو التساؤل بقصد الاجابة عليه.

المرتبة الثالثة: أن ذلك الرسول إذا أوصله الى أمته، فلا بد له أيضاً من معجزة)[1].

أما فيلسوف التاريخ ابن خلدون والذي يذهب برأي توفيقي بين الفلسفة والتصوف كاشفاً للغز الذي افترضه الامام الرازي في المسألة الثانية فيقول: (ان الملك يهبط مبلغاً بصورته الملائكية فيما أصطلح عليه بالوحي فيهبط على الرسول خفية فلا يُرى، ويظهر أثر التغيير والانفعال على صاحب الرسالة فيغط غطيط النائم، فيغيب غيبة كأنها غشية أو اغماء، وما هي بشيء من الغشية والاغماء، إن هي الا استغراق في لقاء الملك الروحا.

ني وإنخلاع عن حالته البشرية العادية، فيؤثر ذلك على الجسم، فيغط ويثقل ثقلاً شديداً)[2].

([1]) : الفخر الرازي، الامام محمد الرازي فخر الدين بن ضياء الدين عمر، ت(604)هـ: التفسير الكبير م9، ص613، ط1، 1995، دار احياء التراث العربي - بيروت.

([2]) : ابن خلدون، عبد الرحمن المغربي: المقدمة وهو الجزء الاول من كتاب العبر وديوان المبتدأ والخبر في أيام العرب والعجم والبربر ومن عاصرهم من ذوي السلطان الاكبر، ص92، دار احياء التراث العربي. بيروت.

وحالة الانسلاخ عن البشرية الكائنة لصنف الانبياء، كما يرى ابن خلدون هي فطرة فطروا عليها، ولكنها ليست حالة دائمة مستمرة مدة حياتهم وأنها تقع في اثناء ورود الوحي فلا تكون الا في تلك اللمحة التي هي اللقاء مع الملك وهي حالة الوحي الجلي[1].

ويأتي ملك الوحي في الصورة الملائكية ففي هذه الحالة تعتري الرسول (ﷺ) شدة منشؤها تقريب الطبيعة البشرية الى ملاءمة الطبيعة الملائكية والجو الملائكي[2].

ويحدد هنا ابن خلدون معالم هذا اللقاء المتكرر بين الملك الموحي والنبي فتشير هذه المعالم الى أن ادراك النبي ولقاءه يكون بإدراك مناسب للطافة عالم الملك، وهو ادراك خارج مستوى ادراك بشرية النبي فيستلزم إنسلاخه منها ليتم اللقاء[3] فاذا فرغ من ذلك اللقاء تنزل مرة أخرى الى حالته البشرية العادية.

إلا انه مع هذا الانسلاخ فانه تبقى للنبي شيء من الارتباط مع مداركه البشرية تتبين وتتمثل من خلال نتيجة اللقاء وثمرته وهي الوحي بأمور واقعة ضمن الادراك البشري العادي للنبي، حيث تتنزل من ذلك الادراك العالي المناسب للطافة الملك الروحاني الى الادراك البشري[4].

([1]) : المصدر نفسه، ص96-98.

([2]) : ينظر: د. هاشم: الوحي الالهي، ص19، مع الانتباه ان اصل هذه الفكرة يعود الى ابن خلدون، مصدر سابق.

([3]) : ينظر: الاعرجي، ستار: الوحي في القرآن الكريم ودلالاته في الفكر الاسلامي، ص رسالة ماجستير غير منشورة، 1992 جامعة بغداد، كلية العلوم الاسلامية.

([4]) : ينظر: ابن خلدون: المقدمة ص98-99، مصدر سابق.

وعلى كل فإن ذلك نوع من الاجتهاد يرى المؤلف أنه يتناسب مع ما يحصل للنبي بل أن المنطق والعقل يقتضي اجتماعهما في الحد الادنى من الخصائص حتى يصبح هذا اللقاء ممكناً، فكان علينا ان نفترض وجود حالة وسط تقرب بين البشرية والملائكية دون ان نحدد من الأعلى منهما وما يهمنا أن ذلك اللقاء يمكن أن تتلمس له آلية في ضوء فهم منضبط ملتزم دون شطط وهذا أعتقد انه الاقرب للصواب وبهذا نضم صوتنا الى ما قاله أولاً الرازي وعالجه ابن خلدون في تناوله لهذه المسألة.

المبحث الثاني

إمكان الوحي واثباته وتقريبه

المطلب الاول

إمكان الوحي واثباته

بدءاً هل يمكن أن نعد الوحي أحد مصادر المعرفة من وجهة النظر العلمية؟

وبتعبير آخر هل يمكن أن ينطوي بعض الناس على شعور خاص يستطيعون بواسطته الاتصال بما وراء الطبيعة، بحيث يحصل على معارف ومعلومات بهذه الطريقة؟

أي هل الوحي ممكن عقلاً أم أن هناك دليل يقوم على إمتناعه؟

إن القرآن الكريم لا يقبله ولا يسلمه إلا من آمن بالوحي وأساليبه أو الاتصالات الروحية بالملأ الأعلى واستمداد الانسان لمعارفه عن الله تعالى بوساطة الملك على غير الطريقة المعتادة بين البشر ولكن العقلية العصرية أصابها مس من المادية والالحاد والاباحة فأصبح التشكيك والزيغ منهجها ترمي بشبهاتها مروجة لها باسم العقل مرة وباسم العلم مرة أخرى[1].

([1]) : ينظر: الزرقاني: مناهل العرفان: ج1، ص63، مصدر سابق.

والى هؤلاء نقول أن التخلص من ربقة المادة وبإطلاق سراح الفكر من سجنها الضيق الحرج هو الخطوة الاولى للوصول الى معرفة الوحي فإن الايمان بالوحي يتوقف الى حد بعيد على الايمان بعالم الغيب[1].

لذا نرى ان هؤلاء الذين اعتمدوا الشك أساساً للبحث والاستناد الى القاطع الذي يؤيده لحس دون سواه فهم يقدمون الشك ويمعنون فيه ثم لايعترفون إلا بالحسيات وبالنتائج المختبرية ولا يعتدون بالعقليات المجردة[2].

وتناسوا أن منهج البحث العلمي منه ما يثبت بالبرهان والدليل والمنطق والاستنتاج والتأمل ومنه ما يحسم بالمختبر العلمي.

إلا ان ذلك التيه والاستخفاف الذي جاوز حدود الجاهلية الوثنية وتنكر للألوهيات والنبوات قد جوبه بصعقات علمية وجهها لهم العلم فأجبرهم على الاعتراف بما وراء المادة .

فكم هي كثيرة ومتعددة تلك الموجودات التي لاتراها أبصارنا ونؤمن بها بشكل قاطع رغم أننا لم نراها بعيوننا ولا بالمجاهر المتقدمة، كأشعة أكس وفوق البنفسجية وتحت الحمراء، وكذلك تيار الكهرباء الذي نلمس أثره برودة وحرارة ونوراً.

وأجهزة اللاسلكي والهاتف النقال التي تحمل أصواتاً نعرفها ولا نراها حاضرة أمامنا والامر كذلك في الرائي (التلفاز) الذي يحمل صوراً وتصبح هذه الصور حقائق نتعامل معها على الرغم من اننا لم نرها على الحقيقة وقد نقسم بان في قرطبة قصر الحمراء ونحن لم نغادر أقطارنا مذ ولدنا وهكذا نؤمن بأشياء لم تقع أعيننا

([1]) : عتر، حسن ضياء الدين: نبوة محمد في القرآن ، ص170، ط1، 1973، دار النصر، سوريا.

([2]) : الزرقاني، مناهل العرفان: ج1، ص64، مصدر سابق.

عليها، لذا يجب ان نعتقد ببساطة وسهولة بوجود أشياء غير ما نرى ولعل في ما ذكرت تحريكاً للخاطر والفكر.

ونتساءل هل كانت هذه المخترعات والثورة العلمية بتقنياتها معدومة قبل ان يعرفها الانسان؟ وهل يكون الانسان القديم مصيباً لو أنكر وجودها، لانه لم يبصرها بأم عينه على الرغم من توافرها في ارجاء الكون من غابر الزمان؟ وتأسيساً على ذلك هل يسوغ للانسان المعاصر أن يجحد وجود كل ما لم ير؟!

او ان يجحد كل ما لم يتعرف عليه بآثاره؟؟ فهل وصل العلم الى الذروة وأحاط المشتغلون به بكل موجودٍ علماً ودراية؟[1].

وقد اختصر علينا الشيخ محمد عبده تساؤلات تطول عندما عرض بدهيات كونية بدت وكأنها أجوبة مخصوصة لما تقدم من تساؤلات ومحاولات لانطاق الساكتين على شكوكهم فيقول: (ومما شهدت به البديهة ان درجات العقول متفاوتة يعلو بعضها بعضاً وان الادنى منها لا يدرك ما عليه الأعلى الا على وجه الاجمال، وأن ذلك ليس لتفاوت المراتب في التعليم فقط، بل لابد معه من التفاوت في النظر التي لادخل فيها لاختيار الانسان وكسبه ولا شبهة في أن من النظريات عند بعض العقلاء ما هو بديهي عند من هو أرقى منه)[2].

ولما كان اللـه تعالى الخالق القادر على جعل الناس مراتب ودرجات في الخليقة وبهذا يسلم الجميع فانه يدفعنا الى الايمان بقدرته تعالى على اختيار من أودع فيه من

---

(1) : ينظر: عتر: نبوة محمد، ص174، مصدر سابق.

(2) : عبده: رسالة التوحيد، ص110، مصدر سابق.

الصفات التي تجعله أهلاً لتحمل أعباء الرسالة وتلقي الوحي من الملاك وهي قدرة ليست متاحة لجميع البشر الا من هيأه الـلـه فيه لغاية البعثة والرسالة.

ويؤكد هذه المعاني د. عتر بالقول: (فان الـلـه خالق الانسان الذي منحه العقل والقوة والبيان وفاطر الاكوان المتصرف فيها بما يشاء القادر - بكل يقين - على أن يوصل العلم والرسالة بوسيلة لا ترى بالأعين الى بعض خلقه وهم الرسل ومن رأى هذا مستحيلاً وعسيراً على الخالق فقد أهدر عقله وأضاع رشده وأصم جوارحه، اذ لم يقدر البون الشاسع بين ضعف المخلوق وجهله وبين قوة الخالق وسعة علمه ومن عجز عن ادراك هذا الفرق فقد عجز عن الحفاظ على انسانيته)[1].

وقد أحسن الاستاذ الامام معالجة وتناول هذا الموضوع مستعيناً بالمنطق العقلي بكلام غاية في الاقناع هذا نصه: (أما انكشاف هذا النوع من العرفان[*] (الوحي) وانكشاف ما غاب من مصالح البشر عن عامتهم لمن يختصه الـلـه بذلك، وسهولة فهمه عند العقل فلا أراه مما يصعب ادراكه على من لا يريد ان يدرك ثم يقول (رحمه الـلـه) أي استحالة في الوحي وأن ينكشف لفلان ما لا ينكشف لغيره من غير فكر ولا ترتيب مقدمات، مع العلم ان ذلك من قبل واهب الفكر ومانح النظر، متى صفت العناية من ميزته هذه النعمة.

فإذا سلم ولا محيص من التسليم بما اسلفنا من المقدمات فمن ضعف العقل والنكول عن النتيجة اللازمة لمقدمتها، عند الوصول اليها أن لا يسلم بأن من النفوس

([1]) : عتر: نبوة محمد، ص175، مصدر سابق.

([*]) : نؤكد مرة أخرى رفضنا لكلمة العرفان بديلاً عن يقين الوحي.

البشرية ما يكون لها من نقاء الجوهر بأصل الفطرة ما تستعديه ـ من محض الفيض الالهي ـ لان تتصل بالافق الاعلى وتنتهي من الانسانية الى الذروة العليا)[1].

وقد تعرض الامام الغزالي لوسائل الاحساس والادراك البشري متناولاً الحواس والعقل ويراهن على أطوار ثم يصل الى النبوة فيقول: (فالنبوة ايضاً عبارة عن طور يحصل فيه عين لها نور يظهر في نورها الغيب وأمور لا يدركها العقل)[2].

وهو بذلك قد تناول مفهوم النبوة بمعزل في الحديث عن الانبياء وكأنها أطوار انسانية يمكن التدرج فيها لعامة البشر وهكذا يعد النبوة طوراً بعد العقل لان نتاجه غير مدرك عقلياً وقد ينطبق هذا على كثير من الشعوذات والاشراقيات والباطنيات التي لاتنسجم وحقيقة النبوة بل قد تشاركها ان فهمنا إدراك النبوة كما يريد الغزالي، وهنا يسجل المؤلف تحفظه على الالية التي إفترضها لإستحصال العلم النبوي بمصطلحه المطاط.

اما المرحوم محمد أقبال الشاعر والفيلسوف فيعبر عن ذلك بقوله: (لما كان من مواصفات التجربة الباطنية أنها تكتسب مباشرة دون واسطة فمن الواضح انه لا يمكن ان تنتقل للأخرين، ان الحالات الباطنية للرجل هي أشبه بالاحساس منها الى الفكر وبذلك فالتفسير الذي يقدمه الرجل الباطني والنبي لمحتوى وعيه الديني يمكن ان يعبر عنه بصيغة جمل(الفاظ) ينقلها الى الاخرين اما المحتوى نفسه فهو غير قابل للانتقال)[3] وعدم امكان نقل التجربة الباطنية مصدره ان هذه التجربة في الاساس

([1]) : عبده: رسالة التوحيد، ص113، مصدر سابق.

([2]) : الغزالي، الامام محمد بن محمد بن محمد، ت(505هـ): المنقذ من الضلال، ص49، دار الكتب العلمية.

([3]) : محمد اقبال: تجديد التفكير الديني، ص28، ترجمة: عباس محمود ط2، 1968، مطبعة لجنة التأليف والترجمة والنشر - القاهرة، وفيه بحث قيم حول الرياضات الروحية.

هي نوع من الاحساس والشعور الذي يصب في قوالب البيان ـ في نفسه ومحتواه ـ ولا تناله يد العقل الاستدلالي.

وعلى هذا الصعيد نفسه نستطيع الجزم بان ليس هناك دليل علمي ينفي إمكان الوحي ولكن غاية ما يمكن أن يقال ان العلم لم يستطع ان يكتشف هذا الشعور الباطني حتى الان وان يقف على حقيقته، بيد أن هذا لا يستوجب التعاطي مع الوحي ظاهرة غير علمية[1].

في ضوء فهم فلسفة الوحي بصوره المختلفة فإنه يتجلى معنى الايمان بالرسالة عن طريق الوجدان والتأمل ونقاء السريرة مما يعطي الايمان عذوبه وتميزاً نورانياً منسجماً مع مصدر القناعة الروحية والعقلية معاً.

واذا كان أهل الجاهلية والشرك والتشكيك في زمن البعثة قد فقدوا الكثير من الرشد وانحرفوا باتجاه الالحاد والتيه، فإن انسان هذا العصر الذي تنعم بكل تقنيات هذا العصر التي تعزز مفهوم الاستشعار عن طريق الاثر لحري بهم ان يكونوا أكثر تقبلاً وأشد ايماناً وتصديقاً بالوحي طريقاً ووسيلة للوحي الرباني.

هذا من ناحية ومن ناحية أخرى نرى ان القرآن الكريم أكد امكان الوحي وتحقق وقوعه، مستدلاً بغير المنظور لحكم سنمر عليها في هذا الفصل، لذا تأمل قوله تعالى: ﴿**فَلَا أُقْسِمُ بِمَا تُبْصِرُونَ ، وَمَا لَا تُبْصِرُونَ ، إِنَّهُ لَقَوْلُ رَسُولٍ كَرِيمٍ ، وَمَا هُوَ بِقَوْلِ شَاعِرٍ قَلِيلًا مَا تُؤْمِنُونَ ، وَلَا بِقَوْلِ كَاهِنٍ قَلِيلًا مَا تَذَكَّرُونَ ، تَنزِيلٌ مِّن رَّبِّ الْعَالَمِينَ**﴾[2].

([1]) : ينظر : شهري، محمد الري: فلسفة الوحي والنبوة، ص171، تعريب: خالد توفيق. ط دار الحديث.
([2]) : القرآن الكريم: الحاقة (38-43).

وإننا إذ نعول على ما قاله أساطين التفسير بأن لله تعالى أن يقسم بما يشاء من مخلوقاته فالله تعالى لم يقسم بشيء دون غيره إلا لحكمة يحتاج اليها المقام فلا بد من مناسبة بين المقسم والمقسم به، إذ المقسم به يثير استدلالاً على إمكانية المقسم به[1].

ولا يسعنا في هذا المقام إلا أن نقول أن الإيمان بما وراء المحسوس هو قبس من الرشد العقلي يتصل بالصفاء الروحي ليكون المادة الخام للايمان الحق ليصل بالنتيجة الى الحقيقة الكونية الكبرى أن الوحي هو آلية الاعلام الرباني فيما يتعلق بالوحي القرآني.

المطلب الثاني

الوحي والعلم الحديث

كثيراً ما تتوضح الصور والكيفيات بعقد المقارنات وأظهار مواطن التشابه والتنافر وتكون وسيلة جيدة لترسيخ المفهومات وتعميق القناعات لذلك ارتأيت ان أضمن هذه المسألة تقريباً علمياً بين الوحي والعلم الحديث مادياً ونظرياً، ففيه تبرز خصائص الوحي المحمدي الجلي وسائر الصيغ الاخرى، ليبدو الحديث عن الوحي أكثر عملية وواقعية بعيداً عن التمنطق والجدلية والتوسع في مفاهيم المذاهب التي أغرقت الامر جدلاً مسرفاً ليس ذا قيمة علمية يعتد بها في هذا المجال.

---

(1) : ينظر: الالوسي، ابي الفضل شهاب الدين السيد محمود البغدادي، مفتي بغداد، ومرجع أهل العراق ت(1270)هـ: روح المعاني، ج39، ص55-5. دار الفكر القرطبي: الجامع لاحكام القرآن، ج18 ص274، مصدر سابق.

وفيما ياتي نورد أدلة علمية تقرب الوحي الى أذهاننا وعقولنا وتجعله أكثر رسوخاً في اليقين:

اولاً: الادلة العلمية المادية لتقريب الوحي:

1- ثورة الاتصالات:

بعد ثورة الاتصالات المختلفة التي شهدها العالم يمكننا القول أننا نعيش في قرية اليكترونية صغيرة، شكلت فيها كل صيحة علمية او اختراع، مفاجأة للبشر، فالمنجزات العلمية في هذا الميدان تلقي ضوءاً يقرب بل يؤكد للاذهان، ان الوحي حقيقة واقعية نعمت به الانسانية على يد الانبياء عليهم السلام.

أ. عندما اخترع الهاتف السلكي ذهل الناس بل وتعجبوا، كيف تحمل الاسلاك أصواتهم على الرغم من بعد المسافات ويمر الزمان ويصبح هذا الجهاز جزءاً من الماضي، كما اخترع اللاسلكي فأصبحت الاصوات تنتقل من أقصى الارض الى أقصاها بغير أسلاك ولكن على موجات أثيرية وشفرات معينة.

ب. باختراع المذياع اصبح المتحدث في مكان يصل صوته الى أنحاء العالم بوساطة جهاز صغير يلتقط هذا الصوت او ذاك كما تحب وحسبما تشاء.

ج. أعجب من ذلك الجهاز الخاص بالاذاعة المرئية (التلفزيون) فهو ينقل اليك صورة ملونة مع أصوات اصحابها، وتختزن تلك الصور والاصوات على أشرطة خاصة تراها وتسمعها كما تشاء[1].

([1]) : الشاعر، د. احمد عبد الحميد: القرآن الكريم في مواجهة الماديين الملحدين ، ج1، ص131-132، ط2، 1982، دار القلم - قطر.

فبذلك استطاع العلم ان يملأ اسطوانات من الجماد الجامد الجاهل بأصوات وأنغام وبقرآنٍ وأغانٍ وكلام على وجه تجعله حاكية له بدقة واتقان وما جاء بعدها من عالم الانترنت والمستلزمات التقنية للعولمة الفكرية التي مكنت العالم من التواصل بعضه بأجزاء من الثانية من دون أي عناء مع أننا لم يكتب لنا منها عظيم نفع مباشر بل كنا متأثرين بالظلال السلبية لاستخداماتها.

أبعد هذه المخترعات القائمة أيستبعد على القادر تعالى بوساطة ملك ومن غير واسطة ملك أن يملأ بعض نفوسٍ بشرية من خواص عباده بكلام مقدس يهدي به خلقه ويظهر حقه على وجه يجعل ذلك الكلام منتقشاً في قلب رسوله حتى يحكمه بدقة واتقان كذلك[1].

2- عمى الالوان:

إن عمى الالوان يقدم لنا حالة نموذجية، لا يمكن ان نرى بعض الالوان بالنسبة لكل العيون، حيث أن هناك من لا يرى لوناً ما من الالوان، وهذه الحالة عند فئة قليلة من الناس، وهناك أيضاً مجموعة الاشعاعات الضوئية تحت الحمراء وفوق البنفسجية لاتراها أعيننا، ولاشيء يثبت علمياً انها كذلك بالنسبة لجميع العيون، فقد توجد عيون يمكن أن تكون أقل أو أكثر حساسية امام تلك الاشعة[2]، فعدم رؤية البعض للون ما او رؤيته بلون آخر انما هو خلل في تلك العين ولا علاقة بين عدم رؤيتها من قبله وكون اللون موجوداً على لونه الذي يعرفه الصحاح.

([1]) : ينظر: الزرقاني: مناهل العرفان، ج1، ص69، مصدر سابق.

([2]) : المدرس، علاء الدين شمس الدين: الظاهرة القرآنية والعقل، دراسة مقارنة للكتب المقدسة، ص 81، ص178، ط1، 1986.

ثانياً: الادلة العلمية النظرية لتقريب الوحي:

إن ما أجري من التجارب العلمية في مجال ملكات الانسان وقواه غير المنظورة قلب معادلات الماديين رأساً على عقب، فاليوم تستمر المحاولات العلمية لدراسة بعض المواهب والطاقات الخفية الغيبية التي يملكها بعض الاشخاص كالقدرة على التخاطب وسبق العلم بالاشياء وتحريك بعض الاجسام بقوة الذهن والتركيز.

وكل ما استطاعته تلك المحاولات التي يشرف عليها علماء كبار من ذوي الاختصاص في البيوكيمياء والجيوفيزياء وعلم النفس والفلسفة هو اثبات وجود هذه الملكات والقوى في بعض الاشخاص إثباتاً علمياً[1].

إلا ان طبيعة هذه الطاقات وتحديد مصدرها الحقيقي التي تنبعث منه او تستجلب بالمران والتعلم وكيفية عملها فكل ذلك بقي يلفه الغموض والخفاء ويندرج في قائمة الظواهر غير المرئية الخارجية عن حدود التصور المادي للتاريخ الواقفة خلف أسوار منهج العلم المادي الذي كان لا يؤمن الى وقت قريب الا بالتجربة الحسية او الآلية لاثبات وجود الاشياء والقوى[2].

فهناك ظواهر غيبية كثيرة تحتاج الى تحليل ووضع لها في محلها الصحيح، اذ انه اذا ما أسيء فهمها فانها تنقلب من التقريب الى التخريب ومن هذه الظواهر: الأحلام، التنويم المغناطيسي، تحضير الارواح، الاتصال بعالم الجن وظاهرة التلباثي (التخاطر عن بعد)، فهذه الظواهر أخذت محلها في معرض الحقائق ويمكن توجيهها لتدعيم قضية الايمان بالغيب من زاوية من الزوايا، بغض النظر عن تعليل هذه الظواهر، الا

---

(1) : ينظر: عبيد، محمد رشدي: النبوة في ضوء العلم والعقل، ص66، ط1، 1986، مكتبة 30 تموز للطباعة والنشر، نينوى - العراق.

(2) : ينظر: عبيد، محمد رشدي: النبوة في ضوء العلم والعقل، ص66، المصدر السابق.

أنها جميعها تشير الى قضية واحدة هي وجود عالم غيبي تمثل هذه الظواهر جزءاً منه[1].

1- التنويم المغناطيسي وظاهرة تحضير الأرواح[2]:

التنويم المغناطيسي او التنويم الصناعي، وهو من المقررات العلمية الثابتة، كشفه د.(مسمر) الالماني في القرن الثامن عشر وناضل هو وأتباعه ردحاً من الزمن لاثباته، وحمل الاخرين على الاعتراف به ، فاعترف به العلم بعد الاف التجارب والاختبارات **وتوصلوا بوساطته الى نتائج كثيرة يهمنا منها:**

أ. ان للانسان عقلاً باطناً أرقى من عقله المعتاد كثيراً.

ب. انه في حالة التنويم يرى ويسمع من بعد شاسع ويقرأ من وراء حجاب.

ج. انه قد يصل الى درجة تخرج منها روح الوسيط (المنوِّم) من جسده وتمثل الى جانبه غير مرئية، بينما يكون الجسم في حالة تشبه الموت لولا علاقة خفية بين الروح والجسم.

د. أثبتوا من وراء ذلك ان هناك روحاً.

ه. ان الروح مستقلة عن الجسم كل الاستقلال.

ففي التنويم المغناطيسي يستطيع المنوم تغيير قناعات المنوم وأشدها التصاقاً بذاته ونفسه كاسمه وعقيدته وبلده وذلك في نومه وبعد يقظته في إفاقته لمدة معينة، ويفقده الشعور حتى اذا وخز بالابرة مرات ومن أكثر من شخص فانه لايحس

([1]) : ينظر: حوى : سعيد : الرسول ج1 ، ص50، ط3، 1973.

([2]) : الزرقاني: مناهل العرفان ، ج1، ص65-67 وقد أطنب في تناول هذه الظاهرة فأفدت من نتائجها.

بأي أثر وأمثلة عديدة وكثيرة في هذا المجال حصلت وشاعت واستفاض تداولها بين الناس.

ويعلق الشيخ سعيد حوى بالقول: (وظاهرة تحضير الارواح كظاهرة التنويم المغناطيسي أصبحت منتشرة في كل مكان في العالم، وهي تدل بمجملها على وجود عالم الغيب، اذ الارواح التي تحضر قسم منها يذكر أنه ارواح بشر، وأخرى تذكر أنها أرواح جن، وهي كما رأيت في بعض مظاهرها، تريك كيف ان بعض الاجسام لاترى مع وجودها اذا كانت في حالة روحية معينة)[1].

فاتصال الوحي عن طرق الملك بالرسول هو اتصال يؤثر به الاول في الثاني، والتأثر بالعكس وذلك باستعداد خاص في كليهما، فالاول فيه قوة الالقاء والتأثير لانه روحاني محض، والثاني فيه قابلية التلقي عن هذا الملك لصفاء روحانيته وطهارة نفسه فعند تسلط الملك على الرسول ينسلخ الرسول عن حالته العادية ويظهر عليه أثر التغير ويستغرق في الاخذ والتلقي عن الملك، وينطبع ما تلقاه في نفسه حتى اذا إنجلى عنه الوحي وعاد الى حالته الاولى وجد ما تلقاه ماثلاً في نفسه حاضراً في قلبه، كأنما كتب في صحيفة فؤاده كتاباً.

فبعد ذلك أيمكن لعاقل ان يتصور ان مخلوقاً يستطيع ان يؤثر في نفس مخلوق آخر ذلك التأثير عبر التنويم المغناطيسي ثم لايستطيع مالك القوى والقدر ان يؤثر في نفس من شاء من عباده بوساطة الوحي؟!

كلا ثم كلا انه على ما يشاء قدير.

([1]) : حوى: الرسول ج1 ، ص52 ، مصدر سابق.

ويؤكد الشيخ حوى مرة أخرى على ضرورة استمداد الايمان بالغيب من هذه الظواهر قائلاً: (كما ان انكشاف شيء في المستقبل البعيد للانسان في حلم نومه ووقوعه في أحيان كثيرة حرفياً دون أن يكون في بعض الحالات تفكير مسبق عنه، فهذا دليل على وجود علم محيط بالمستقبل هو غيب بالنسبة لنا)[1].

2- الباراسايكولوجي:

ان هذا العلم الذي يتعامل مع قوى الانسان الخفية وغير المنظورة ويهتم بالخوارق ويتجاوز المعقول في شكله الخارجي، يفتح نافذة يمكن النظر من خلال اسرارها الى القدرة الكامنة في هذه النفوس والارواح على تجاوز حدود المادة والتعامل مع غير المحسوس بعلوم وقدرات تدرب وتؤهل، لاسيما عند أولئك الذين يرزقون بقدرات مميزة منحوها من اللـه ووجهوها بهذا الاتجاه.

وجاء في رسالة التوحيد التي تناولت الموضوع باشارات لغرض المقارنة مع الوحي: (أما تمثل الصوت وأشباح لتلك الارواح في حس من اختصه اللـه بتلك المنزلة فقد عهد عند اعداء الانبياء ما لا يبعد عنه في بعض المصابين بأمراض خاصة على زعمهم، فقد سلموا ان بعض مقولاتهم يتمثل في خيالهم ويصل الى درجة المحسوس فيصدق المريض في قوله انه يرى ويسمع، بل يجالد ويصارع ولا شيء في ذلك في الحقيقة بواقع، فان جاز التمثل في الصور المعقولة، ولا منشأ لها إلا في النفس، وان ذلك يكون عند عروض عارض على المخ، فلم لايجوز تمثل الحقائق المعقولة في النفوس العالية، وأن يكون لها عندما تنزع عن عالم الحس، وتتصل بحظائر القدس وتكون

([1]) : المصدر نفسه، ج1 ، ص50.

تلك الحال من لواحق صحة العقل في أهل تلك الدرجة لاختصاص مزاجهم بما لايوجد في مزاج غيرهم؟!)[1].

فالعقل والمنطق يؤيد ما أجلاه الشيخ محمد عبده عبر العرض والتساؤل، فكيف يمكن ان نصدق ونؤمن بما يأتي به أناس في أحوال غير طبيعية وصور تتراءى في الخيال وتنفذ عبر قوى جسدية من خلال قدرة على التركيز في ملاكات العقل الذهنية؟!.

أبعد ذلك هل من مخرج لاعتبار الوحي تجاوزاً على العقل العلمي والمنطق الاستدلالي، سيما في زمن العلم والحضارة وثورة المعلوماتية والاتصالات؟!

ان اي تجنٍ من هذا النوع يعد ضعفاً في الادراك واضمحلالاً في فهم الامور ان لم يكن ذلك بدافع الرواسب والاحكام المسبقة.

ان هذه الظواهر كالاحلام والتنويم وتحضير الارواح وظواهر النفس الكثيرة وقدراتها الخاصة ممن سبق الحديث عنها، تؤكد ان هناك عالم غيب ومع ذلك فلا يصلح ان تكون هذه الوسائل طريقاً للمعرفة والهداية، اذ أن دلالتها على الصدق ظنية لاقطعية ويختلط فيها الكذب بالصدق والحق بالباطل، وهذا يجعلنا أكثر ايماناً بطريق الرسول الى عالم الغيب المتمثل بالوحي الالهي، اذ ينبغي عرض هذه الظواهر على هديه ليعرف وجه الحق فيها وأؤكد مرة أخرى بأنه لايصح أبداً ان تعد أمثال هذه الطرق وسيلة من وسائل المعرفة الجازمة او طريقاً من طرق الهداية المستقلة

([1]) : عبده: رسالة التوحيد، ص112، مصدر سابق .

لانها تحت غطاء ما يمكن ان يجد الدجل والدروشة فيها له مدخلاً لانرضاه ولا نسلم بمعارفه طريقة ومحتوى[1].

ثالثاً: الحد الفاصل بين الوحي والعلم الحديث:

بعد كل هذه الاعترافات العلمية والدراسات الاكاديمية للظواهر والقوى غير المنظورة يمكننا أن نسأل: هل يمكن قياس النبوات وما نزل على الانبياء من وحي وما تحقق على أيديهم من معجزات خارقة للعادة وقوانين الطبيعة والحياة والكون؟ هل يمكن قياس تلك الظواهر (التاريخية) على هذه الظواهر (العصرية)؟!

ان مقارنة علمية بين الاخرة والاولى تكشف لنا حقائق مميزة مفرقة تصدع لها العقول ويؤيدها الحس والمنطق معاً.

1- ان قدرات هؤلاء الاشخاص ـ غير العادية ـ سواء أكانت تنبؤية أو تخاطرية او تأثيرية غير مألوفة في المادة انما هي قدرات موروثة نميت وقويت بالتعليم والتدريب والممارسة والرياضات الفكرية والروحية كالتأمل وتركيز الذهن وإخلاء الفكر وتجريد الارادة أما الانبياء عليهم السلام، فانهم لم يقوموا بدراسة او رياضة ما لاكتساب معارف او تنمية ملكات يملكونها، إنما اظهر اللـه تعالى لهم بعض العلم الغيبي إظهاراً مباشراً، أو اجرى الخوارق على أيديهم اجراء[2].

2- أن الانبياء وعلى رأسهم سيدنا محمد (ﷺ) كانوا ينسبون كل علم بالغيب او معجزة تجري على أيديهم الى اللـه تعالى، كما كان ينتابهم الخوف من جلال ما

(1) : ينظر: حوى: الرسول، ج1، ص53، مصدر سابق.

(2) : ينظر: عبيد: النبوة في ضوء العلم والعقل، ص167، مصدر سابق.

يجريه الـلـه على أيديهم مدعماً به موقفهم مع أممهم، على نقيض أصحاب المعارف والملكات غير الاعتيادية حيث لارهبة ولا دهشة منهم يصنعون ما يعرضونه وليس ما يعرضونه يظهر فجأة لهم على العكس تماماً من حالة الانبياء الكرام.

3- ان الفارق بين معجزة الوحي والمخترعات المدهشة وما تحتويه من طرافة وغرابة وعجب ، فالفرق بعيد والبون شاسع بينهما فيما جد او يجد في العالم من عجائب العلم وروائع الفن وبدائع الاختراع ، فالمعجزة ليست لها أسباب معروفة حتى تلتمس يؤتى بمثلها أما هذه المخترعات فان أسباباً معروفة عند أصحابها، ويمكن معرفتها لمن لم يعرفها بيسر وسهولة متى التمسها من طريقها[1].

4- ان الوحي حالة فريدة مميزة لا تخضع الى التجربة أو التفكير ومتيقنة لامجال معها للشك، هذا فضلا عن أن حالات الكشف والتخاطر والايحاء النفسي هي حالات لاشعورية ولا ارادية، والوحي ظاهرة شعورية تتسم بالوعي والادراك التامين كما سبق أن اوضحنا[2].

والوحي المشار اليه هو الوحي بالاصطلاح الشرعي الخاص بالانبياء وتحديداً سيدنا محمد (ﷺ). مما دفع د. الصغير للقول: (وهذا ما يميز الوحي عن المكاشفة والوحي النفسي وأن مردها يعود الى الميدان التجريبي لعلم النفس ونزعة الوحي النفسي في انقداحها واصابتها ونفاذيتها تعتمد على التفكير في الاستنباط، والمكاشفة تتأرجح بين الشك واليقين)[3].

([1]) : ينظر: المصدر نفسه، ص168-169.

([2]) : ينظر : الصغير، د. محمد حسين: تاريخ القرآن، ص17، ط1، 1983، بيروت.

([3]) : المصدر نفسه، ص16، بتصرف.

5- ان ما جاء به الانبياء من علم الغيب هو حق خالص أيدته الوقائع والتحديات للكافرين والمشككين، بينما يختلط ما يأتي به سواهم بكثير من الغلط وسوء التقدير بل وفقدان الترابط الموضوعي، وفي الجانب العملي فإن أعمال أصحاب الملكات المدربة،الخارقة ظاهرياً قد تكون غير حقيقية ويمارس فيها ضروب من التخييل والايهام والخداع البصري عبر التأثير في المشاعر والتصورات التي يحيطون بها أجواء عرض خوارقهم.

6- ان اصحاب هذه الملكات ليسوا بدعاً في الوجود وما يظهر على ايديهم ليس بظواهر مبتدعة بدأ تاريخها بهم، فقد شهد التاريخ وفي سائر العصور ضروباً مختلفة من هذا القبيل وان اختلفت تسمياتهم بالكهان والعرافين والسحرة، ومن الجدير بالذكر ان البشرية استطاعت وبكل يسر التفريق بين هؤلاء أصحاب المعارف المكتسبة والقدرات الخاصة الخفية، وبين الانبياء ووحيهم فامتثلوا في حياتهم وتأكد لهم سداده وسلامة مصدره[1].

ختاماً: ان المقارنة بين متناقضين قد يشتركان في وصف الخفاء او القدرة على التنبوء والكشف لتجعل المقارنة طويلة وتفصيلية؛ لما يوجد في الامر من اختلاف صميمي في أصل كل منهما وغايته ودوافعه ومصدره وانما أردنا أن نضع بعض الاشارات لكي يرد بها على من يحاول تقريب المقارنة بقصد إظهار التماثل وأن قصدنا تقريب ذلك للعقل ليحقق من إمكان الوحي، قارنين ذلك بالعلم الحديث عملياً ونظرياً ويأبى الـلـه الا ان يظهر دينه لما جعل فيه من القوة والحجة والاقناع ونزه أمره ودينه ووحيه عن المماثلة المهينة.

([1]) : ينظر: عبيد: النبوة في ضوء العلم والعقل، ص168 وما بعدها، مصدر سابق.

المبحث الثالث

خصائص الوحي النبوي وإثباتها

من خلال تتبع ظاهرة الوحي النبوي (المحمدي) الجلي لتبليغ كلمة اللـه تتضح لنا مجموعة من الخصائص التي تبرز تميزه كونه ظاهرة، وفي اطاره العام نصاً قرآنياً.

هذا ولا سبيل للباحث الى معرفة خصائص الوحي واثباتها ربانية المصدر الا بالنظر المتأمل المستنبط في حقائق الوحي، ولهذا يمكن ان نلتمس جملة من الامور تشكل خلاصة ما إنفرد به الوحي النبوي عن غيره من صيغ الوحي، وذلك فيما يتعلق بالوحي بوصفه ظاهرة ، أما ما يتعلق بخصائصه المميزة له عن غيره من الوحي الرباني فيما يخص المعارف والعقائد، والشرائع فان ذلك سيخرجنا من مسار البحث الى الاديان المقارنة، لذا سنمضي نتجلى خصائص الوحي في حدوده من حيث هي ظاهرة وحيية.

المطلب الاول

يقين الذات المحمدية واقتناعه الشخصي بالوحي

يجب أن نضيف الى معارفنا عن الوحي موقف الذات المحمدية نفسها فيه ولا بد لنا في سبيل ذلك من عودة الذاكرة الى أوصاف هذه الذات فإنها أخلاقية رفيعة، تنعم بقدر عظيم من الفطانة ورجاحة العقل منزهة عن الصغائر والسفاسف.

فقد انطلق ايمان محمد (ﷺ) في دراسته ظاهرة الوحي الى غايتها تدريجياً فروى بذلك نزوع عقله الراجح ولبى رغبته الملحة في الوصول الى اليقين في هذه الظاهرة[1].

فقبل أن يتساءل الاخرون، كان السؤال الاكبر عن حقيقة ما يجده ويراه يعيش في قلب محمد (ﷺ)، فذهب يتلمس نور الحقيقة ليعمر إيمانه بالوحي الذي فرضته عليه ارادة اللـه تعالى.

ولعل من الواضح أن انفراد النبي (ﷺ) بكونه الشاهد الوحيد المباشر على هذه الظاهرة يخلع هذه الحقيقة قيمة استثنائية خاصة، سيما انه طرف التلقي في هذه الظاهرة[2].

فلنتتبع مع النبي (ﷺ) كيف نمى يقينه وكيف أسسه بناء على معطيات الظاهرة في خضم مقاومته وتدثره، إلا انه وجد أن لامناص من الحقيقة فصدع لنور الحق.

لقد جاءه الملك في غار حراء يأمره بفعل مالا يقدر عليه (إقرأ) ثم هو يغطه ويرسله!! فهذا أمر فجائي بهذه الصيغة من العلاقة مع ملك الوحي، سيما اذا عدينا ما سبق ذلك وحي نبوة خلال فترة إرهاصات النبوة التي سبقت وحي الرسالة.

وهكذا كان اللقاء بعيداً كل البعد عن سوانح فكره مما يدلل على مدى استغرابه لما حصل معه من اللقاء الاول الصريح ما ناجى به خديجة (رضي اللـه عنها) وعبر عن عميق تأثره ليقول: (لقد خشيت على نفسي)[3]، فهذا القول التلقائي وما يحمله من بداهة، تكمن فيه قيمة الاقرار العفوي الدال على حقيقة أمره.

---

(1) : ينظر: عتر: نبوة محمد في القرآن، ص207، مصدر سابق.

(2) : ينظر: المدرس: الظاهرة القرآنية والعقل، ص79، مصدر سابق.

(3) : تعددت الاقوال في المراد من الخشية على إثني عشر قولاً كلها تفيد بمعاني الخوف والاستغراب او حتى التثاقل من أعباء الرسالة او الخوف من تعييرهم وتكذيبهم الرسالة ودعوته، للمزيد أنصح بالرجوع الى فتح الباري ج1، ص23-24.

فهذا الحدث لم يكن له به سابق علم او معرفة وكذلك خديجة، مما حفزها لسؤال ورقة بن نوفل[*] ليدلي هو الاخر بشهادته بناء على ما سمعه ليؤكد فيها أنه وحي من اللـه كما كان قد حصل لموسى (عليه السلام) وهي شهادة لها قيمتها في هذا الامر.

ومع أن النبي (ﷺ) في مرحلة فتور الوحي[1]، كان يميل الى التدثر والتزمل، لانه لم يدرك بعد أعباء الرسالة ومتطلباتها وان كان إدراك ذلك قد حصل الى حد ما فإنه لابد قد استشعر ثقل هذا العبء التي تنوء به الجبال.

فلم يفلح التدثر والتأمل بعداً عنه من الخلاص من هذا الامر فكان يوافيه ملك الوحي على الرغم من ارادته[2]، فأدى كل ذلك الى تنشئة يقينه بالوحي ونموه وتعاظمه، وكانت كل حالة من حالات الملك شاهد جديد له على أحقية الوحي واستقلاله عن ذاته وشاهد على صدوره عن الذات الالهية العليا.

(*) : ورقة بن نوفل بن أسد بن عبد العزى: خرج الى الشام فأعجبه دين النصرانية فتنصر، ولهذا أخبر بشأن النبي (ﷺ) والبشارة به فكان يكتب الكتاب العبراني فيكتب من الانجيل بالعبرانية ويكتب من الانجيل بالعربية، وكذلك لتمكنه من الكتابين واللسانين ، توفي بعد بدء وحي الرسالة بقليل وخالف هذا ما في السيرة لابن إسحق من انه عاش بعدها عدة سنوات، ينظر فتح الباري، ج1، ص25-26.

(1) : بعد نزول الايات الخمس الاولى من سورة العلق فتر الوحي فترة لم يتفق على تحديد مدتها، بل وقع فيها اختلاف متباعد الاطراف فهناك من قال أنها ثلاث سنوات مستنداً بذلك لحديث مرسل للشعبي وبعضهم قال انها لاتعدو أن تكون أياماً معدودةً وفيما بينهما قال آخرون بمدد أخرى ، ينظر فتح الباري ج1، ص27 وأفاض الشيخ عرجون، محمد الصادق ابراهيم، في مناقشة وترجيح هذه الروايات ومال للقول بأنها أيام قليلة ، ينظر كتابه: محمد رسول اللـه ، منهج ورسالة بحث وتحقيق، ص397-404، ط1، 1995، دار القلم – دمشق.

(2) : هناك حديث صحيح يتناول فترة الوحي ثم تتابعه يؤكد هذه الاشارات ، ينظر: صحيح البخاري 1- كتاب بدء الوحي (3).

فاستقر المطاف الى هذه القناعة الذاتية القاطعة وتتوالى عليها الايام وأحداث الوحي، فما تزيدها الا قوة ورسوخاً[1].

اما الاستاذ مالك بن نبي فيتحدث عن القناعة الشخصية لسيدنا محمد (ﷺ) باستقلالية ظاهرة الوحي بعد أن أوضح من خلال منحنى نفسي لشخصية النبي نخلص من خلاله الى صدقه مع نفسه وجيله حتى لقب بـ (الصادق الأمين) فيقول: (إن مبدأ النبوة يعرض نفسه بفضل شاهده الوحيد ـ النبي ـ ظاهرة موضوعية مستقلة عن الذات الانسانية التي تعبر عنه)[2] ولان ذات النبي يمكن ان تحدثنا عن حالتها الداخلية ويمكن أن نبرهن عليها، أولاً لاقتناعه الشخصي وتحققه الشخصي ولهذا فأن معرفة النبي لهذه الظاهرة أساس لأية دراسة نقدية للموضوع.

اراد محمد (ﷺ) وعزم على التملص من دعوة النبوة ولكن لم يكن له خيار في ذلك فقبل دعوة الحق على أساس حق، وهكذا الانبياء فمقاومتهم تدل على التعارض بين اختيارهم والحتمية التي تطوق ارادتهم وتتسلط على ذواتهم، ففي هذه الدلائل قرينة قوية للنظرة الموضوعية عن الحركة النبوية[3].

وفي صدد الاشارة الى أهمية اليقين الكامن وراء هذه الشهادة يقول المهندس المدرس: (ومن قبيل هذا نجد دراسات الكتاب تعكس تناقضاً مزدوجاً، فهي من ناحية

([1]) : ينظر، عتر: نبوة محمد في القرآن، ص207، مصدر سابق.
([2]) : ابن نبي : الظاهرة القرآنية ، ص93 ، مصدر سابق.
([3]) : ينظر: المصدر نفسه ، ص99-100.

تعد الوحي ظاهرة ذاتية قولاً واحداً، ومن ناحية أخرى لاتلقي على هذه الظاهرة شهادة الذات المقترنة بها اقتراناً تاماً)[1].

إن معارف الوحي التي تجاوزت مدى ابحاث الذات الانسانية والتي لم تدر في خلد النبي الكريم من قبل في قليل او كثير تجعل من المستحيل عدها معارف شخصية في شيء وبذلك نصل الى ما قاله د. عتر(يجب التسليم بأنها معارف تلقائية مطلقة لمواضيع لايتوصل الفكر وحده الى شيء حقيقي فيها، فجعلت بذلك ثقة النبي بها مطلقة ويقينه بربانيتها كاملاً، وقذفت في أفئدة العقلاء حوله يقيناً قاطعاً بصحة الدعوة والهية الرسالة)[2].

وقد أكد الشيخ حوى قيمة هذه الشهادة الصادرة عن قناعة سيدنا محمد (ﷺ) والمؤسسة على يقين وضرورة اعتمادها المرجع في تقويم الاراء الفكرية التي بحثت في الوحي فيقول: (وهي شهادة ضمان كاملة على الحق، عدا كون البلاغ يأتينا من مصدر ثقة مسؤول مشاهد لنا معروف، وما دام الرسول وحده هو المصدر الوحيد للمعرفة في موضوع عالم الغيب)[3].

---

(1) : المدرس: الظاهرة القرآنية والعقل ، ص80، مصدر سابق.

(2) : عتر: نبوة محمد في القرآن، ص210، مصدر سابق.

(3) : حوى: الرسول (ﷺ) ، ج1، ص53 ، مصدر سابق.

المطلب الثاني

الطريق الملائكي هو الطريق الوحيد للوحي

تميز الوحي القرآني للنبي بأن كانت طريقة نزوله عبر الطريق الملائكي وحده بالنسبة لنزول القرآن وان ماعداه فانما هو بالنسبة لوحي السنة، وان خالف ذلك او لم ينبه عليه بعضهم.

وعلى هذا يقول الشيخ الحسيني: (وإن كنت أعلن أولاً بانه سواء أصح الرأي الذي أخذته ووقفت الى تجليته من أن القرآن نزل في الجو الملائكي او كما يرى البعض أنه نزل بالطريقتين فلن يغير ذلك شيئاً بالنسبة للثقة في القرآن)[1].

ثم لم نجد في كتب السنة النبوية حديثاً صريحاً ينص على أن جبريل (عليه السلام) نزل يوماً على صورته البشرية ولقن النبي (ﷺ) قرآناً، كما ورد ذلك بالنسبة لنزوله بالسنة، ورآه الصحابة[2]، فلو كان جبريل (عليه السلام) قد ظهر بصورته البشرية فاقرأه قرآناً ـ وشوهد ـ لنقل ذلك ووصل الينا في الاحاديث كما روي نزول السنة وهو امر جدير بالتسجيل.

وقد أكد اختصاص القرآن بالوحي الجلي بالصيغة الملائكية للوحي دون الصيغ الاخرى محمد السلفي بقوله :(فالقرآن قسم واحد من الوحي والقسمان الاخرآن

([1]) : هاشم : الوحي الالهي ، ص24، مصدر سابق.

([2]) : ينظر: صحيح مسلم 1- الايمان 2 باب اول الايمان قول لا اله الا الـلـه حديث جبريل عندما سأل النبي عن الايمان والاسلام وسألهم النبي بعد انصرافه اتدرون من السائل؟.. إذهبوا فالتمسوه وكذلك النسائي، احمد بن شعيب ابو عبد الرحمن: سنن النسائي ج8، ص102 تحقيق عبد الفتاح ابو عزه ط2 ، 1986 مكتب المطبوعات الاسلامية، حلب، فقد روى من حديث ابن عمر ان جبريل كان يأتي الرسول (ﷺ) في صورة دحية وكان مضرب مثل في حسن الصورة ، وغيرها من الاحاديث.

المذكوران في سورة الشورى غير القرآن، فثبت ان النبي (ﷺ) كان يتلقى أمور الدين عن طريق ذينك القسمين)[1].

وهذا القسم هو ما سمي بوحي التنزيل ووحي القرآن وكذلك والصريح فكان نصه من اللـه تعالى بالحرف وسنتعرض على فروق واضحة بين هذا النوع من الوحي وغيره في المبحث القادم إن شاء اللـه.

وعلى هذه الوتيرة استمر تلقي الوحي كما تلقاه في مبدأ الرسالة في أول لقاء يقظي لقيه فيه جبريل في الغار[2].

المطلب الثالث

الوحي حدث الزامي مفاجيء

دون سابق توقع أو تطلع بدأت رحلة النبي (ﷺ) مع الوحي في المرة الاولى حدثاً تلقائياً فجائياً طرأ على حياته بوصفه المصطفى لهذه الرسالة، فهذا محمد (ﷺ) في عزلته عن العالم فاجأه ملك الوحي في غار حراء يعتصره بقوة حتى أجهده وأضناه[3].

فالرسول الكريم اراد أن يتخلص طواعية من ملك الوحي، لكن دعوته استولت عليه أخيراً، ولعل مقاومته تلك تدل على التعارض بين وجهته التي اتخذها بدافع من سجيته الشخصية وبين حتمية النبوة التي طوقت ارادته وتسلطت على ذاته، وقد نسبت هذه المقاومة الى أنبياء آخرين[4].

([1]) : السلفي، محمد لقان: السنة حجتها ومكانتها في الاسلام والرد على منكريها، ص38، ط1، 1989، مكتبة الايمان- المدينة المنورة.

([2]) : ينظر: عرجون: محمد رسول اللـه ، ص473، وتحدث عن الفرق بين النبوة والرسالة واستجر العديد من الادلة لاثبات ما ذهب اليه.

([3]) : ينظر: عتر: نبوة محمد في القرآن، ص199-200 ، مصدر سابق.

([4]) : ينظر: ابن نبي: الظاهرة القرآنية ، ص98-102، مصدر سابق.

فالوحي أمر إلهي محض لا أثر لسعي المرء في كسبه أو دفعه وبالتالي فإن النبوة إلزامية غير كسبية فلا ينالها الانسان بالجهد الفكري أو الترقي الروحي والاخلاقي ولا عبرة في حصولها للقيم الدنيوية والاعتبارات المادية فان الـلـه جلت عظمته قد أختص بالنبوة من شاء وفي الوقت الذي شاء حسب مشيئته وحكمته وعلمه ورحمته.

ويزيد القضية جلاء أن الاعراض غير الارادية ما كانت تعتري رسول الـلـه قط الا في تلك المدة الوجيزة التي يتلقى فيها القرآن (برحاء الوحي)، فإقتران هذه الاعراض العضوية بهذا الحدث الروحي برهان جلي على براءة ظاهرة الوحي من شوائب الذات الانسانية الصحيحة او العليلة[1].

المطلب الرابع

خروج الوحي من ذات تغاير ذات محمد (ﷺ)

اولً: من البديهي انه لو كان الوحي من ابتكار النبي (ﷺ) لجعله موافقاً لهواه مؤيداً لمواقفه محققاً لحاجاته النفسية ورغباته الذاتية ولما أورد فيه نصوصاً تعاتب شخصه لتركه إتخاذ الموقف الأولى في بعض تصرفاته أو تلغي بعض قراراته العلنية أو تكشف أو توجه نياته القلبية أو تذيع على العالمين أسراره الشخصية ويجرد (وحيه) من كل ذلك[2].

ويستدل د. التهامي على كونه من ذات غير ذات محمد (ﷺ) بقوله: (ولا أدل على أن الوحـي القرآني خارج عن الذات المحمدية من مخالفة القرآن وفي عدة مواطن لإجتهاده الشـخصي ولطبعـه الخاص ويتجلـى هـذا الفصـل فـي عتابـه الشديد له في

([1]) : ابن كثير: عماد الدين ابو الفداء اسماعيل، ت (774هـ) : تفسير القرآن العظيم، ج4، ص126-127، ط1969، دار المعرفة – بيروت.

([2]) ينظر: عبيد : النبوة في ضوء العلم والعقل، ص144، مصدر سابق.

مثل هذه الاية:﴿**مَا كَانَ لِنَبِيٍّ أَن يَكُونَ لَهُ أَسْرَى حَتَّى يُثْخِنَ فِي الأَرْضِ تُرِيدُونَ عَرَضَ الدُّنْيَا وَاللهُ يُرِيدُ الآخِرَةَ وَاللهُ عَزِيزٌ حَكِيمٌ ، لَّوْلاَ كِتَابٌ مِّنَ اللهِ سَبَقَ لَمَسَّكُمْ فِيمَا أَخَذْتُمْ عَذَابٌ عَظِيمٌ**﴾[1])[2].

ثانيا: كان النبي (ﷺ) يمتاز بطبع خجول وديع كما وصفه المشاهدون، فعن أبي سعيد الخدري[3] يقول: (كان رسول الله (ﷺ) أشد حياء من العذراء في خدرها وكان اذا كره شيئاً عرفناه في وجهه)[4] حتى انه كان لا يعبر عن مشاعره تعبيراً محسوساً في كثير من حالات التأثر والانطباع وانما كان وجهه هو الوسيلة الايضاحية التي يدرك من خلالها من يعاشره حقيقة عواطفه واحساساته تجاه المواقف التي يجابهها، قال تعالى: ﴿**إنَ ذلكم كانَ يُؤذي النَبيَ فَيستحيىْ مِنكم و اللهُ لا يستحيي مِنَ الحَق**﴾[5].

ثالثا: إن مضمون الرسالة المحمدية يتطلب تحقيق ثورة اجتماعية شاملة تقلب مفاهيم المجتمع وتغير قيمه وهذا الأمر لا يستحسنه من تعلقت نفسه بالزعامة او سعت للجاه وعلى هذا .

رابعا: ان هذا الوحي متمثلاً بالنص القرآني متميز من بين سائر صور وحي الانبياء وكتبهم بميزة فريدة سامية نظراً لكونه كلمة الله كما يصفه د. التهامي بالقول: (انه كلمة الله تعالى، أي انه تعالى بذاته الجليلة هو المتكلم بالكلمة القرآنية)[6].

([1]) : القران الكريم: الانفال (67، 68).

([2]) : التهامي، نقرة: مناهج المتشرقين في الدراسات العربية الاسلامية، بحث بعنوان (القرآن والمستشرقون) ج1، ص35، ط1، 1983.

([3]) : الخدري: ابو سعيد، سعد بن مالك بن سنان بن ثعلبة بن عبيد بن الخزرج، ت(74)هـ: مفتي المدينة، أحد البدريين كما شهد ابو سعيد الخندق وبيعة الرضوان ، ينظر: الذهبي: محمد بن احمد بن عثمان بن تايماز: سير اعلام النبلاء، ج3، ص168، ط9، 1413هـ تحقيق شعيب الارناؤوط، مؤسسة الرسالة، بيروت.

([4]) : صحيح مسلم: 43 - كتاب الفضائل 67.

([5]) : القرآن الكريم: الاحزاب (53).

([6]) : التهامي، نقرة: سيكولوجية القصة في القرآن الكريم، ص80، 1971م، الجزائر.

ونلحظ الخطاب القرآني يتحدث الى الرسول أو يتحدث عنه ولا يتركه ابدأيعبر عن فكره الشخصي وفي كل جزء منه يتكلم اللـه تبارك وتعالى ليصدر أمراً وليشرع قانوناً ليخبر أو لينذر يخاطب نبيه الكريم مثل هذه الصيغ يا أيها النبي... يا أيها الرسول... أتل عليهم... بلغ... أفعل كذا.. لاتفعل كذا... سيقولون... قل... وحتى عندما لا يتضمن النص بعض علامات الامر مثل سورة الفاتحة فكل شيء في سياق النظم القرآني دال عليها بشكل أو بآخر(1).

المطلب الخامس

ثبوت حصول الوحي لمحمد (ﷺ)

إثبات لآيات الانبياء السابقين

تفتقر الكتب التي نقلت عن الانبياء قبل سيدنا محمد (ﷺ) الى القطع بصحتها وذلك لما شابها من التحريف والتبديل والتشويه والاضافة ، كما لا يمكن عزوها الى الذين نسبت اليهم، اذ لا يوجد نسخ من تلك الكتب والاسفار والاناجيل مكتوبة باللغات التي كتبوها بها لا بالتواتر ولا بالآحاد، كما لا يمكن القطع بصحة التراجم التي نقلت بها وبذلك نخلص الى إنه لا يمكن اثبات وحي الانبياء السابقين إلا بثبوت الوحي لمحمد (ﷺ) وهذا القرآن الذي جاء به هو الحجة الوحيدة عليها في الطور العلمي المستقل.

ونستشعر قيمة الوحي القرآني وما فيه من إثبات العديد من المواقف العقيدية للآيات السابقة فضلاً عن إثبات نزولها أصلاً من خلال ما خلص اليه في دراسته

---

(1) : ينظر: دراز: محمد عبد اللـه : مدخل الى القرآن الكريم، عرض تاريخي وتحليل مقارن ، ص126 ترجمة محمد عبد العظيم علي، ط 1971، دار القرآن الكريم، الكويت.

المقارنة للكتب المقدسة الفرنسي موريس بوكاي إذ يقول: (من أسباب وجود الخطأ والتضاد في العهد القديم تعدد الكتاب للرواية الواحدة اما بالنسبة للأناجيل التي لا يستطيع أحد أن يؤكد انها تحتوي دوماً الرواية الامينة، فضلاً عن أن كتابها ليسوا شهود عيان)[1].

ويزيد في تأكيد هذا الفهم الشيخ محمد رشيد رضا بقوله: (كما ان الوحي الالهي الوحيد الذي نقل بنصه الحرفي تواتراً عمن جاء به بطريقتي الحفظ والكتابة معاً هو القرآن، وأن المعنى الوحيد الذي نقل تاريخه بالروايات المتصلة بالاسانيد حفظاً وكتابة هو محمد (ﷺ) فالدين الوحيد الذي يمكن ان يعقله العلماء المستقلون في الفهم والرأي ويبنوا عليه حكمهم هو الاسلام)[2].

وهكذا فقد توافر للقرآن من عصر النبي عنصرا الاصالة من الحفظ المتواتر والكتابة الى اليوم اللذان لم يكونا أبداً متوافرين لغيره من الكتب السماوية.

([1]) : بوكاي، موريس : التوراة والانجيل والقرآن والعلم، ص158، ترجمة الشيخ حسن خالد، ط2، 1987.

([2]) : رضا: الوحي المحمدي، ص39، مصدر سابق.

المطلب السادس

الوحي، قوة خارجية عالمة وحال غير إعتيادية[1]

إن نظرة واحدة على عناصر الظاهرة تهدينا الى انه لا يمكن ان تكون صناعة متكلفة، إذ كيف يحبسها المرء عن نفسه وهو أشوق الناس اليها لو كانت تحضر او طوع يمينه، فكان لايظفر بالوحي الا حين يشاء اللـه ويقارن الشيخ هاشم بين الوحي الالهي وبين عوارض اخرى فيقول: (إننا نرجع البصر كرة أخرى فنرى البعد شاسعاً بينها وبين عارضات السبات الطبيعي الذي يعتري المرء في وقت حاجته الى النوم تروه قائماً أو قاعداً أو سائراً أو راكباً وبكرة أو عشياً وفي لحظات يسيرة، لا بالتدريج الذي يعرض للوسنان وبالاجمال، كانت حالاً تباين حال النائم في أوضاعها وأشكالها وجملة مظاهرها)[2].

فهي اذا عارض غير عادي وليس مشاعاً للجميع وإنما له من الخصوصية في الاستقبال والإرسال، وهو قوة خارجية لا تتصل بالنفس المحمدية الا حيناً بعد حين وبأمر ربها وهي لامحالة قوة عالمة لانها توحي اليه علماً وهداية.

([1]) : ينظر: دراز، محمد عبد اللـه: النبأ العظيم، نظرات جديدة في القرآن، ص63-66، ط1960، مكتبة السعادة – مصر، اذ توسع في اثبات تفرد الظاهرة القرآنية في مسألة الوحي وتاكيد الهية مصدر القرآن ويترجح عند المؤلف ان الدكتور عتر قد افاد منه بشكل جوهري.

([2]) : هاشم : الوحي الالهي ، ص32، مصدر سابق.

المطلب السابع
خطابات الوحي شاملة ومتجردة من الميول البشرية

لا نلمس في الخطابات التي وجهها الوحي الى البشرية عامة أي أثر إنساني سواء في الصياغة المتفوقة حد التحدي الدائم أو المضمون الذي يعالج ويبني، مقدماً النموذج لاي مكان وفي كل زمان، كما خلت الخطابات ـ ان جاز التعبير ـ من الفئوية الضيقة الحصيرة التي عادة ما يتصف بها الناس إنطلاقاً من عصبيات لانتماءآتهم التي تحسم الاحكام على معظم الاشياء وتحدد وفق ذلك طبيعة العلاقة والتعامل معها.

إذ لا نجد في خطابات الوحي شيئاً موجهاً الى الكادحين حصراً او الرأسماليين بعينهم او أهل مكة او العرب دون غيرهم او مرحلة عمرية خاصة كالشباب، كل هذا لا نجده مما يعطينا مؤشراً قوياً وإلماحه ذات معنى في كون مادة الوحي الالهي نصاً من اللـه تعالى تتنزه عن النسبة لاي مخلوق، إذ هي شاملة عامة للبشرية جمعاً وان وجدت فيه بعض الخطابات الخصوصية للنبي أو أزواجه أو الذين آمنوا أو أهل الكتاب.

المبحث الرابع

صيغ نزول الملك بالوحي المحمدي العام

المطلب الاول

الإلهام وصيغه

اولا: الرؤيا الصالحة في المنام:

من المعلوم ان الرؤيا الصالحة تقع للانبياء وغيرهم ومما يؤكد وقوعها للنبي (ﷺ) ما ورد في الحديث الذي ترويه عائشة (رضي اللـه عنها): **(أول ما بدىء به رسول اللـه (ﷺ) من الوحي الرؤيا الصالحة في النوم...)**[(1)].

والرؤيا الصالحة وان كانت جزءاً من النبوة فهي باعتبار صدقها لاغير وإلا لساغ لصاحبها أن يسمى نبياً وليس كذلك.

وفي رواية للبخاري ومسلم (الرؤيا الصادقة)[(2)].

قال الكرماني: (وهما هنا بمعنى والصالحة اما صفة موضحة للرؤيا، لان غير الصالحة تسمى بالحلم[(3)]، كما ورد فيما ذكره الامام البخاري عن ابي سلمة قال:

([1]) : صحيح البخاري، 1-كتاب بدء الوحي 3، وكذا في صحيح مسلم،1- كتاب الايمان 252 (160).

([2]) : صحيح البخاري، 91- التعبير1 ، وايضاً في صحيح مسلم1- كتاب الايمان 252 (160) وقد جاءت في صحيح مسلم بأكثر من إسناد مع أنها جميعها من رواية عائشة (رضي اللـه عنها).

([3]) : صحيح البخاري بشرح الكرماني، ج1، ص31، ط2، 1981، دار احياء التراث العربي، بيروت-لبنان.

(سمعت أبا قتادة عن النبي (ﷺ) قال: [**الرؤيا من الـلـه والحلم من الشيطان**])[1]

ويعلق ابن حجر شارحاً بالقول: (وظاهر قوله (ﷺ) الرؤيا من الـلـه والحلم من الشيطان، أن التي تضاف الى الـلـه لا يقال لها حلماً والتي تضاف للشيطان لا يقال لها رؤيا وهو تصرف شرعي والا فالكل يسمى رؤيا)[2].

ويفيد التخصيص بالرؤيا الصالحة، أي لا الرؤيا السيئة ولا الكاذبة المسماة بأضغاث الاحلام والصلاح إما باعتبار صورتها وإما بإعتبار تعبيرها التي تقوَّم استناداً له.

ويؤكد ذلك أيضاً صاحب إرشاد الساري بالقول: (وذكر النوم بعد الرؤيا المخصوصة به لزيادة الايضاح والبيان او لدفع وهم من يتوهم ان الرؤيا تطلق على رؤية العين، فهو صفة موضحة ، أو لان غيرها يسمى حلماً، أو تخصيص دون السيئة والكاذبة المسماة بأضغاث الاحلام)[3].

فكلام الـلـه بمعنى وحيه عن طريق الرؤيا فهو خاص بالانبياء من جهة ان الآثار المترتبة على هذا الطريق هي وحي معصوم تترتب عليه أحكام وتكاليف مثل ما فعل سيدنا ابراهيم (عليه السلام) مع ولده اسماعيل (عليه السلام) وسيدنا محمد (ﷺ) في الحديبية.

فعن ابي هريرة قال: سمعت رسول الـلـه (ﷺ) يقول: (**لم يبق من النبوة الا المبشرات قالوا وما المبشرات؟ قال: الرؤيا الصالحة**)[4].

---

(1) : صحيح البخاري، 91- التعبير 3.

(2) : ابن حجر: فتح الباري، ج12، ص369، مصدر سابق.

(3) : العسقلاني: ارشاد الساري ، ج1، ص61، مصدر سابق.

(4) : صحيح البخاري، 91- التعبير 5.

أما ما يشاكل هذا الوحي عند غير الأنبياء فهو معونه لاترقى الى درجة هذا الوحي، فهو وحي من قبيل الاصطلاح اللغوي أو بالاصطلاح لغير الانبياء[1].

وقد إحتاطت السنة لهذا الشكل من الوحي فروي أن النبي (ﷺ) قال: **(الرؤيا ثلاثة، فالرؤيا الصالحة بشرى من الله، ورؤيا تحزين من الشيطان ورؤيا مما يحدث المرء نفسه)**[2].

فالرؤيا التي هي من أسباب الهداية وهي الباقية من بركات النبوة، تلك التي تكون من الله خاصة، وقد حصل هذا لسيدنا محمد (ﷺ) في مرحلة النبوة التي سبقت وحي الرسالة الصريح، أول عهده بالوحي ثم حصل في مناسبات سجل القرآن بعضها كما في قوله تعالى: **﴿لَقَدْ صَدَقَ اللهُ رَسولَهُ الرُّؤْيا بِالْحَقِّ لَتَدْخُلُنَّ الْمَسْجِدَ الْحَرامَ إِنْ شاءَ اللهُ آمِنينَ مُحَلِّقينَ رُؤوسَكُمْ وَمُقَصِّرينَ لا تَخافونَ فَعَلِمَ ما لَمْ تَعْلَموا فَجَعَلَ مِنْ دونِ ذَلِكَ فَتْحاً قَريباً﴾**[3].

فهذه الاية وافية الدلالة على أن الرؤيا النبوية جزء من الوحي والنبوة للرسول (ﷺ)، فنص هذه الرؤيا كان أيضاً نصاً ضمن الوحي المنزل عليه (ﷺ) فحكى في القرآن الكريم ما كان في الرؤيا.

إذن فلا مناص مع الأدلة القرآنية والنبوية من عد الرؤيا وحياً بل وجزءاً من النبوة لما يلازمها من القطع والتثبت والتعيين بأنها من الله ويؤكد ذلك طهماز بالقول: (فالرؤى التنبئية واقع مشاهد لا يمكن انكاره، ومع الانبياء والمرسلين تكون الرؤى صادقة، وهي بذلك تشكل أنموذجاً مصغراً لظاهرة الوحي، ومثال مقرب لمعناه

---

(1) : ينظر: شلبي: الوحي في الاسلام ، ص60، مصدر سابق.

(2) : صحيح مسلم، 42 كتاب الرؤيا 6 (2263) وقريب منه في البخاري مع بعض التقديم والتأخير ينظر91- كتاب التعبير 3.

(3) : القرآن الكريم: الفتح (27).

وحقيقته، ولهذا عد رسول الـلـه (ﷺ) الرؤيا التنبئية الصادقة جزءاً من ستة وأربعن جزءاً من النبوة، لأنها تشبه الوحي في إلقائها وخفائها وتشبهه أيضاً بصدقها وموافقتها للحقيقة)[1].

وقد روي ان عائشة أم المؤمنين (رضي الـلـه عنها) أنها قالت: **(أول ما بديء به رسول الـلـه (ﷺ) من الوحي: الرؤيا الصالحة في النوم، فكان لا يرى رؤيا إلا جاءت مثل فلق الصبح)**[2].

وعلى هذا الحديث يعلق الشيخ عرجون بالقول: (وموضع الدلالة من هذا الحديث على سبق النبوة وتقدمها زمناً على الرسالة، واضح في قول عائشة (رضي الـلـه عنها)، وهذه الرؤيا هي أول مراتب وحي النبوة التي دخل بها محمد (ﷺ) ساحة الامتياز البشري والاعداد الروحاني الخاص توطئة وتمهيداً لمجيء الرسالة)[3].

وجاء في طرح التثريب تفسير ذلك السبق للرؤيا الصادقة قيل وهي الرسالة ما نصه: (إنما ابتدىء عليه الصلاة والسلام بالرؤيا لئلا يفجأه الملك ويأتيه صريح النبوة بغتة فلا تحتملها قوى البشرية، فبدىء بأوائل خصال النبوة، وتباشير الكرامة من صدق الرؤيا وسلام الحجر عليه بالنبوة)[4].

([1]) : طهماز، عبد الحميد: الوحي والنبوة والعلم في سورة يوسف، ص20، ط1، 1990، دار القلم – دمشق.

([2]) : صحيح البخاري، 1- كتاب بدء الوحي 3، وكذا في صحيح مسلم، 1- كتاب الايمان، 252 (160).

([3]) : عرجون : محمد رسول الـلـه : ص469، مصدر سابق.

([4]) : العراقي، ابي الفضل عبد الرحيم بن الحسين العراقي، ت(806هـ) وولده ولي الدين: طرح التثريب في شرح التقريب ج4، ص184، دار المعارف، حلب ، سوريا.

هذا وقد لبث (ﷺ) ستة أشهر كان الوحي اليه فيها بطريق الرؤيا الصادقة وقد ورد عنه (ﷺ) انه قال: (**الرؤيا الحسنة من الرجل الصالح جزء من ستة واربعين جزءاً من النبوة**)[1].

وحكى البيهقي ان مدة الرؤيا كانت ستة أشهر وعلى هذا فإبتداء النبوة بالرؤيا من شهر مولده وهو ربيع الاول بعد إكماله أربعين سنة وابتداء وحي اليقظة وقع في رمضان[2].

وقد عرفت حكمة هذا الكسر بعد وفاته (ﷺ) لانه قبض بعد ثلاث وعشرين سنة من مبعثه، وظهر ان مدة ستة الأشهر التي كان الوحي اليه فيها بالرؤيا الصادقة بالنسبة لمدة نبوته كلها جزء من ستة وأربعين جزءاً، فكأنه أخبر بتحديد عمره الشريف وحصر سني نبوته مقدماً وأنبأ بالغيب[3].

وقد أحسن ابن قيم الجوزية تخريج وتفسير هذه الرواية ، سيما اذا علمنا أن هناك روايات أخرى بأن الرؤيا جزء من ستة واربعين او سبعين جزء من النبوة، فقال الاولى للصديقين والثانية لعموم المؤمنين[4].

وعلى الرغم من كثرة الاحاديث التي تقطع بصحة رؤيا الانبياء، الا أن بعض المفسرين كالشريف المرتضى والطوسي يشترطون أن تكون الرؤيا قد سبقت بوحي في اليقظة يؤكد أمر ما سيرد في الرؤيا[5].

([1]) : صحيح البخاري، 91- كتاب التعبير 2، صحيح مسلم 42 كتاب الرؤيا 8.

([2]) : ابن حجر: فتح الباري ج1، ص26، مصدر سابق.

([3]) : رضا: منشور في ذكرى الهجرة النبوية وجعلها تاريخا عاما للنشر، ص10-11، د. ت.

([4]): ابن قيم الجوزية، محمد بن ابي بكر، مدارج السالكين في مراتب اياك نعبد واياك نستعين، ج1، ص50، دار الحديث – القاهرة.

([5]) : ينظر: الاعرجي: الوحي ودلالاته في القرآن الكريم، ص141، مصدر سابق.

ويرى المؤلف أن هذا الشرط يتعذر تطبيقه مطلقاً، إذ كيف يمكن التحقق من رؤيا النبي في مرحلة ما قبل الرسالة أي في مرحلة النبوة التي كانت تأتيه فيها الرؤى بالمنام ثم تأتي كفلق الصبح، وفي هذه الفترة لم يكن وحي اليقظة قد بدأ وعلى الشرط الذي فرضوه لا مجال للتأكد من الرؤى المنامية بوحي يقظة فلا مجال لتحقق الشرط ونرى أنه زيادة في التحوط والاحتراز، سيما اذا أدركنا حكمة الرؤى باديء الامر حيث المقصود منها التدريب والاستئناس بالوحي قبل تجليه في اليقظة رحمة ورأفة بالرسل عليه السلام ومنهم خاتمهم محمد (ﷺ).

ويذهب د. البوطي الى الاخذ بالرؤيا ولكن بعد ان يكون قد جاءه صريح النبوة في اليقظة لكنه لم يجعله شرطاً فيقول: (ولا مجال لهذا الوحي في ابتدائه إلا حال اليقظة التامة، فليس للرؤى والاحلام إذ ذاك أي علاقة باثبات معنى النبوة أو الوحي الالهي، الذي يعد الدعامة الاولى للنبوة، فاذا ثبتت دلائل النبوة لنا، فإن رؤى الانبياء تعد بعد ذلك من الوحي مالم يأت وحي في اليقظة يعارضه أو يرده)[1].

ثانيا: الالقاء في القلب يقظة:

أي إلقاء الـلـه معنى في النبي يقظة، ويتم ذلك من غير واسطة ملك، مع خلق علم ضروري عند النبي بأن هذا المعنى قد قذفه الـلـه قطعاً، فهو نور ينبلج في القلب فلا يندفع ولا يحتمل الشك أو التأويل [2].

ومن هذا ما أشار اليه تعالى بقوله: ﴿**إِنَّا أَنْزَلْنا إِلَيْكَ الْكِتابَ بِالْحَقِّ لِتَحْكُمَ بَيْنَ النّاسِ بِما أَراكَ الـلـهُ وَلا تَكُنْ لِلْخائِنِينَ خَصِيماً**﴾[3].

([1]) : د. البوطي، محمد سعيد رمضان: كبرى اليقينات الكونية، ص152، ط6، 1399هـ ، دار الفكر ، بيروت.

([2]) : ينظر: الالوسي: روح المعاني ، ج27، ص50، مصدر سابق وينظر الوحي الالهي ، ص12، مصدر سابق.

([3]) : القرآن الكريم: النساء (105).

يقول الامام الرازي في تفسير الآية أن قوله (بما أراك اللـه) معناه بما أعلمك اللـه سمى ذلك العلم بالرؤية ، لان العلم اليقيني المبرأ عن جهات الريب يكون جارياً جرى الرؤية في القوة والظهور، لان اللـه تعالى يخلق علماً ضرورياً في الانبياء بأنهم يوحى اليهم[1].

وجاء كذلك في روح المعاني في تفسيره لقوله (بما أراك اللـه): أي بما عرفك وأوحى به اليك[2].

وكان عمر (ﷺ) يقول: لايقولن أحد قضيت بما أراني اللـه تعالى فان اللـه لم يجعل ذلك الا لنبيه، وأما الواحد منا فرأيه يكون ظناً ولا يكون علماً[3].

ويؤكد هذا الفهم صاحب المنار فيقول (بما أراك اللـه): أي أعلمك علماً يقيناً كالرؤية في القوة والظهور وما ذلك الا الوحي الذي يفهم منه مراد اللـه فهماً قطعياً[4].

بناءً على ما تقدم يمكن القول بأن الالقاء في القلب يقظة يكون قد سُبق بأوائل خصال النبوة وتباشير النبوة من إرهاصات النبوة فصِدق الرؤيا وسلام الحجر عليه بالنبوة؛ لئلا يفجأه الملك ويأتيه صريح النبوة والوحي دون سابق معرفة وأنس بالملك المكلف بنقل الرسالة من اللـه الى مبلغها(ﷺ) الى العالمين، فيروى عن الرسول (ﷺ) أنه قال: **(إني لاعرف حجراً بمكة كان يسلم علي قبل أن أبعث إني لأعرفه الآن)**[5].

([1]) : الرازي، الامام محمد الرزاي فخر الدين ابن العلامة ضياء عمر الشهير بخطيب الري ت604هـ: التفسير الكبير (مفاتيح الغيب) ج11، ص35 وما بعدها ط1، 1938، المطبعة البهية المصرية.

([2]) : الآلوسي: روح المعاني، ج5 ، ص130، مصدر سابق.

([3]) : الرازي: مفاتيح الغيب، ج11، ص35، مصدر سابق.

([4]) : رضا: تفسير القرآن الحكيم الشهير بتفسير المنار: ج5، ص395، ط3، 1370هـ دار المنار، مصر.

([5]) : صحيح مسلم، 43- كتاب الفضائل 2- (2277).

ثالثا: النفث في الروع:

يتفق كل من طالعت مؤلفاتهم من المفسرين وعلماء المسلمين على أن النفث في الروع هو أحد صيغ الوحي لنبينا محمد (ﷺ)، هذا وقد ذكر القرطبي قولاً لمجاهد[1] بصدد تفسيره للآية الجامعة لصيغ الوحي الالهي قال تعالى: ﴿**وَما كانَ لِبَشَرٍ أَنْ يُكَلِّمَهُ اللهُ إِلّا وَحْياً أَوْ مِنْ وَراءِ حِجابٍ أَوْ يُرْسِلَ رَسولاً فَيوحِيَ بِإِذْنِهِ ما يَشاءُ إِنَّهُ عَلِيٌّ حَكيمٌ**﴾[2]، فقد ذكر في تفسير معنى قوله تعالى (إلا وحياً): (نفث ينفث في قلبه فيكون إلهاماً)[3] مشيراً الى ان ذلك يكون بوساطة روح القدس ونلمس ذلك من خلال حديث النفث في الروع الذي استشهد به للتمثيل على هذه الصيغة.

وقد ذكر القرطبي والطبرسي أيضاً أن الانبياء سوى محمد وعيسى وموسى وزكريا عليهم السلام قد كان الوحي اليهم وحياً إلهاماً في المنام، أما هؤلاء الانبياء فكانوا يسمعون الوحي نطقاً ويرون الملك عياناً، علاوة على أن سيدنا محمد (ﷺ) كان ينفث في روعه حسبما يفيدنا الحديث الشريف[4] وهكذا على ما قالاه فان الانبياء غير من أسموهم فان الوحي اليهم يكون بصيغة النفث في الروع فقط بلا وحي جلي ملائكي صريح .

وتجدر الاشارة الى أن هناك اختلافاً في كون هذه الصيغة منامية أم يقظية، إذ يرى القاسمي في تفسيره لقوله تعالى: (إلا وحياً): (إن هذه الصيغة هي من قبيل الالهام

---

(1) : مجاهد: شيخ القراء والمفسرين الامام ابو الحجاج المكي الاسود مولى السائب بن أبي السائب المخزومي، ت(102)هـ روى عن ابن عباس وعنه أخذ القرآن والتفسير والفقه ، ينظر: الذهبي: سير اعلام النبلاء، ج4، ص455، مصدر سابق.

(2) : القرآن الكريم: الشورى (51).

(3) : القرطبي، ابي عبد اللـه محمد بن أحمد الانصاري: الجامع لاحكام القرآن ج16، ص53 ط 1965، دار إحياء التراث العربي ، بيروت وينظر الطبرسي ، مجمع البيان ج16، ص53.

(4) : القرطبي: الجامع لاحكام القرآن ج16، ص53، مصدر سابق.

والقذف في القلب منه بلا واسطة ـ فيما نرى أيضاً ـ ان قوله (أو يرسل رسولاً) : أن ذلك يكون على سبيل الالقاء والنفث في الروع والالهام او الهتاف او المنام)[1].

وبهذا نخلص الى أنه يعد للنفث بالروع طريقتين أحداهما بوساطة والاخر بلا واسطة فضلا عن عدم تحديده لكون ورودها وحدوثها في منام أو يقظة.

وقريب من هذا قال الدكتور حجازي في تفسيره الواضح لقوله (إلا وحياً): (بأن الله ينفث في قلبه ويلقي في روحه سواء كان هذا في اليقظة أم في المنام)[2].

ومع كل ذلك فقد كانت الكلمات تضيق على الشراح والمفسرين قدماء وجدد، فتراهم يسرعون الى اختصار التعابير والامثلة والوقوف على حدود الحديث النبوي الشريف (ان روح القدس نفث في روعي: ان نفساً لن تموت حتى تستوفي رزقها فأجملوا في الطلب ولا يحملنكم إستبطاء الرزق على أن تطلبوا شيئاً من فضل الله بمعصية الله، فانه لاينال ما عند الله الا بطاعته)[3].

ومن الجدير بالذكر أنني لم أعثر على شاهد آخر للتمثيل به على هذه الصيغة، فمن خلال التأمل والمقارنة يبدو ـ و الله أعلم ـ أن هذه الصيغة من صيغ نزول الوحي وتلقيه بأنه ليس كلام إفصاح ومشافهة وإنما معارف يقينية جديدة تنطبع في فؤاد سيدنا محمد على شكل معاني مقطوع بسلامة مصدرها زيادة على طمأنينة نفس المتلقي الكريم (ﷺ) لصحتها.

ويمكن دفع التشابه القائم بين هذه الصيغة وصيغة الالقاء في القلب بأن هذه الصيغة تكون من الله عبر الروح القدس جبريل (عليه السلام)، أما تلك فمن الله مباشرة

([1]) : القاسمي، علامة الشام محمد جمال الدين ت(1332هـ): محاسن التأويل ج14، ص5254، ط1، 1957، دار احياء التراث العربي.

([2]) : حجازي، محمد محمود: التفسير الواضح، ج25 ، ص28، ط4، 1968، مطبعة الاستقلال الكبرى. القاهرة.

([3]) : الهندي، علاء الدين علي المتقي بن حسام الدين ت(975هـ): كنز العمال في سنن الاقوال والافعال ج4، ص24(9311) وهناك روايات لمتون مقاربة (9306-9317) وينظر العجلوني، اسماعيل بن محمد ت(1162هـ) : كشف الخفاء ومزيل الالباس لما أشتهر من الاحاديث على ألسنة الناس، ج1، ص231 ط2، 1351هـ دار احياء التراث العربي – بيروت، ويقول المؤلف صححه الحاكم عن ابن مسعود.

فالاختلاف في المصدر الموحي أمر تعضده الروايات فتبرهن على صحة تأطيرنا لصيغ الوحي الكريم.

كما لمس المؤلف اختلافاً لاينكر قد ورد في تعابير تسمية هذه الصيغة فالبعض يسميها الالقاء في الروع وآخرون النفث وغيرهم القذف ونرى أن الاقرب في الوصف ما إختاره المصطفى (ﷺ) ، وهو النفث في الروع وبناءً على ذلك أسسنا.

المطلب الثاني

صيغ ارسال الملك للنبي (ﷺ)

اولا: ملاقاته للنبي (ﷺ) على صورته الحقيقية:

تكتسب هذه الصيغة أهمية خاصة لانها مثلت الانطلاقة والشروع لوحي الرسالة بعد كل المقدمات والارهاصات التي صاحبت وحي النبوة قبل البعثة والتي حفت بها العناية الالهية شخص الرسول الكريم .

ففي حديث مستفيض على الالسن آثرت ان اذكره كاملاً لمحوريته وأهميته وتناوله مشاهد وتفاصيل اللقاء الاول إذ يروي الشيخان وغيرهما عن عائشة أم المؤمنين انها قالت: **(أول ما بديء به رسول الـلـه (ﷺ) من الوحي الرؤيا الصالحة في النوم، فكان لا يرى رؤيا الا جاءت مثل فلـق الصبح، ثم حبب اليه الخلاء، وكان يخلو بغار حراء فيتحنث فيه ـ وهو التعبد ـ الليالي ذوات العدد، قبل ان ينزع الى أهله ويتزود لذلك، ثم يرجع الى خديجة فيتزود لمثلها، حتى جاء الحق وهو في غار حراء، فجاءه الملك فقال: أقرأ ، قال: ما أنا بقاريء. قال: فأخذني فغطني حتى بلغ مني الجهد، ثم أرسلني فقال إقرأ. قلت ما أنا بقاريء، فأخذني فغطني الثانية حتى بلغ**

مني الجهد، ثم أرسلني فقال: إقرأ ، فقلت: ما أنا بقاريء، فأخذني فغطني الثالثة، ثم أرسلني فقال: [إقرأ باسم ربك الذي خلق، خلق الانسان من علق، إقرأ وربك الاكرم] فرجع بها رسول الـلـه (ﷺ) يرجف فؤاده، فدخل على خديجة بنت خويلد (رضي الـلـه عنها) فقال: زملوني زملوني، فزملوه حتى ذهب عنه الروع، فقال لخديجة وأخبرها الخبر: لقد خشيت على نفسي. فقالت خديجة: كلا و الـلـه ما يخزيك الـلـه أبداً، إنك لتصل الرحم وتحمل الكل وتكسب المعدوم وتقري الضيف وتعين على نوائب الحق، فانطلقت به خديجة حتى أتت به ورقة بن نوفل بن أسد بن عبد العزى ـ إبن عم خديجة ـ وكان امرءاً تنصر في الجاهلية، وكان يكتب الكتاب العبراني، فيكتب من الانجيل بالعبرانية ما شاء الـلـه أن يكتب، وكان شيخاً كبيراً قد عمي، فقالت له خديجة: يا إبن عم إسمع من ابن أخيك، فقال له ورقة: يا إبن أخي ماذا ترى؟! فأخبره رسول الـلـه (ﷺ) خبر ما رأى، فقال له ورقة : هذا الناموس الذي نزل الـلـه على موسى، ياليتني فيها جذعاً، ليتني أكون حياً إذ يخرجك قومك، فقال رسول الـلـه (ﷺ) أو مخرجي هم؟ قال نعم ، لم يأت رجل قط بمثل ما جئت به الا عودي وإن يدركني يومك أنصرك نصراً مؤزراً، ثم لم ينشب ورقة ان توفي وفتر الوحي)[1].

ويخالف هذا الحديث ما رواه الطبري عن عبد الـلـه بن الزبير في وصف رؤية النبي (ﷺ) في السماء أي في الافق: **(قال رسول الـلـه ، فجاءني وأنا نائم بنمط من ديباج فيه كتاب فقال اقرأ .... ثم أنصرف عني وهببت من نومي وكأنما كتب في قلبي كتاب)**[2].

([1]) : صحيح البخاري: 1- بدء الوحي (3) واللفظ له وأيضاً 60- الانبياء (3392) ، 65- التفسير (4953)، (4955) ، (4957) ، 91- التعبير (6982) ، وصحيح مسلم 1-كتاب الايمان 252 (160) وهو الحديث المشتهر بحديث بدء الوحي.

([2]) : لم أعثر له على أثر في كتب الحديث المعتبرة ، ينظر: تاريخ الطبري (تاريخ الامم والملوك)، م1، ج، ص467-468، ط1، 1985، مؤسسة عز الدين للطباعة والنشر – بيروت. وينظر كذلك السيرة النبوية: ابن هشام، ج1، ص236 مصدر سابق.

ويظهر التعارض بين حديث بدء الوحي الثابت في الصحيحين وغيرهما وبين هذا الحديث أن الاول صريح في أن هذا اللقاء كان في اليقظة وهذه الرواية من مراسيل عبيد بن عمير وهو ثقة وله صحبة ولكن رواية الصحيحين المسندة المرفوعة هي المعتمدة، وقد أفاد أعداء الاسلام من هذا الحديث المرسل إذ قالوا بان ما رآه محمد قد كان وهو نائم فهو من سبيل الرؤى والاحلام ولا علاقة له بالوحي وكم كنت فرحاً عندما توصلت لغلبة حديث بدء الوحي على هذا المرسل الذي لو تحقق له مقدار ضبط وصحة اعلى لاحدث لنا بلبلة في الرد والترجيح والتغليب، سيما ان المستشرقين قد ألحوا كثيراً على مسألة الاحلام والوساوس كما سنرى ولكن الحق كان بجانب الحقيقة كي تبقى ناصعة رغم كل ما يراد لها من التشويه والعبث.

ويحاول ابو زرعة الخروج بحل لهذا التعارض فيقول: (يحتمل ان يكون هذا هو الانزال المذكور في هذا الحديث وتكون هذه الرواية شاذة لمخالفتها للرواية الصحيحة التي فيها ان انزال ذلك في اليقظة، ويحتمل ان هذا انزال متقدم على نزولها عليه في اليقظة، فتكون نزلت عليه مرتين الواحدة في النوم ثم الاخرى في اليقظة)[1].

وقد أشار الشيخ رضا الى محاولة جمع بين الحديثين من قبل بعضهم الذين لم يذكرهم فيقول: (وجمع بعضهم بين الروايتين بأنه رآه أولاً في المنام فاستقرأه، ثم رآه في اليقظة، ولو وقع هذا في المنام لزال خوفه ورعبه (ﷺ) بعد اليقظة ولم يذهب الى خديجة يرجف فؤاده)[2].

ولكنا نقول لولا تلك المقدمات لكانت نتيجة تأثر النبي بهذا اللقاء أضعاف ما وردنا عنه (ﷺ) من شدة وجدها في هذه الملاقاة الاولى ـ كما يحلو لي أن أسميها ـ لأنني

([1]) : ابو زرعة وولده: طرح التثريب، ج4، ص184، مصدر سابق.

([2]) : رضا: الوحي المحمدي، ص61، مصدر سابق.

أعتقد ان تعبير المواجهة الذي يوحي بمعاني الندية والخصومة منتفٍ من أصل الحالة.

وما تأكيدنا لهذه الرهبة والشدة والفزع الا لنصل الى حقيقة ان الرسول (ﷺ) بشر عادي في خصائصه وتركيبته النفسية وأن سلامته من كل عارض تستدعي ان يصدر مثل هذه الانفعالات المتوقعة من أي شخص سليم قد يتعرض لما يشبه هذا الموقف الجلل و الله أعلم.

كما نعود ونؤكد غير مرة أن القرآن لم ينزل منه شيء في المنام أو بالالهام بل كله أوحي به في اليقظة بصيغة الوحي الجلي ويجب أن لا يفهم من حديث الطبري المرسل أن تلقي الآيات الخمس الاولى من سورة العلق كان مناماً كما يفهم من ظاهر هذا الحديث.

ويمكن القول أيضاً انه حتى لو صح الحديث يمكن توجيه معنى النوم بأنه (ﷺ) كان في هيئة النائم متمدداً ولا مانع من القول بأن احتمال نومه وارد أيضاً ولكن ذلك التأكيد في الغط بمرات ثلاث موجب للصحو والاستفاقة القصوى، فلعل النبي (ﷺ) كان نائماً وقت نزول جبريل (عليه السلام) عليه في الغار ولكن مع غطه وضمه مرات أفاق (ﷺ) وتلقى الايات الاولى، على الرغم من تأكيدنا المستند الى قوة حديث بدء الوحي أن ذلك كان يقظة ولم يخالجه نوم أو نعاس[1].

وبمقابلة حديث بدء الوحي مع ما ورد في الصحيحين: ان جابر بن عبد الله الانصاري كان يحدث عن فترة الوحي قال : قال رسول الله (ﷺ): **(بينما انا أمشي إذ سمعت صوتاً من السماء فرفعت بصري فاذا الملك الذي جاءني بحراء جالس على**

([1]) : ينظر: ابن حجر: فتح الباري، ج1، ص23، مصدر سابق.

كرسي بين السماء والارض، فرعبت منه، فرجعت فقلت: زملوني، فانزل الـلـه تعالى: [يا أيها المدثر قم فأنذر- الى قوله والرجز فأهجر] فحمي الوحي وتتابع)[1]، من هنا نستنتج ان الرسول (ﷺ) قد طابق بين ما رآه في اللقاء الاول في حراء وبما رآه أيضاً في فترة الوحي، وبما أنه في المرة الاخيرة قد تعرف على وصفه وأدرك من ذلك الموقف أنه قد شاهده ورآه في حراء فان ذلك يجعلنا نحسم ان رؤيته للملك في حراء هي رؤية للملك على صورته الحقيقية الملائكية.

ومع ذلك يجمع أغلب المفسرين والمحدثين على الاخذ بنص الحديث الذي ترويه أم المؤمنين عائشة (رضي الـلـه عنها) في صحيح مسلم عن قوله تعالى: (ولقد رآه بالافق المبين) - (ولقد رآه نزلة آخرى) فقالت: (أنا أول هذه الامة سأل عن ذلك رسول الـلـه (ﷺ) فقال: (**إنما هو جبريل لم أره على صورته التي خلق عليها غير هاتين المرتين، رأيته منهبطاً من السماء ساداً عظم خلقه ما بين السماء الى الارض)**[2].

وعلى سبيل تحديد هاتين المرتين يقول ابن حجر: (وبين أحمد ان الاولى كانت عند سؤاله إياه أن يريه صورته التي خلق عليها والثانية عند المعراج)[3].

بينما صح عند مسلم عن ابن عباس قال: (رآه بفؤاده مرتين)[4]، هذا وقد انفرد الترمذي برواية عن طريق مسروق عن عائشة (رضي الـلـه عنها): (لـم يـر محمد (ﷺ) جبريل (عليه السلام) في صورته الا مرتين، مرة عند سدرة المنتهى ومرة في أجياد له ستمائة جناح قد سد الافق)[5].

([1]) : صحيح البخاري ، 1-كتاب بدء الوحي (3) ، صحيح مسلم ،1- كتاب الايمان (255-256).

([2]) : صحيح مسلم ، 1-الايمان (177).

([3]) : ابن حجر: فتح الباري ج1، ص23، مصدر سابق.

([4]) : صحيح مسلم، 1-الايمان (58).

([5]) : الترمذي، ابن عيسى محمد بن عيسى بن سورة ت(279)هـ : سنن الترمذي ج9، ص29 (3274)، تعليق واشراف: عزت الدعاس، ط1،1968، مطابع الفجر الحديث - حمص ، سوريا.

وبذلك تكون هذه المرة غير المرتين المذكورتين وانما لم يضمها وغيرها من المرات التي اخبرت عنها بعض الروايات لاحتمال ان لايكون رآه فيها على تمام صورته أو أنها حصلت بعد هذا فلم تضم[1].

وقد كان أكثر المتحدثين في هذه المسألة تحديداً د. وهبة الزحيلي أذ يقول: (وقد استقام جبريل على صورته التي خلقه الله عليها حين أحب النبي (ﷺ) رؤيته كذلك، فظهر له في الافق الاعلى أي في الجهة العليا من السماء وهو أفق الشمس، فسد الافق عندما جاء بالوحي الى النبي اول ما جاءه الوحي... فأوحى جبريل الى عبد الله ورسوله محمد (ﷺ) ما أوحاه من القرآن في تلك النزلة)[2].

وأما الرؤية الثانية للملك بصورته الحقيقية فقد وقعت في السماء السابعة وسنتحدث عنه باستقلال لما لها من خصوصية وإختلاف في بعض تفاصيل مشهد الايحاء الكريم في السماء[3].

وإزاء تحديد حديث عائشة (رضي الله عنها) في هذا الشأن لعدد مرات مشاهدة النبي للملك على صورته الحقيقية بإثنتين، فإن النظر يتجه الى سلامة الاحاديث التي أشارت الى رؤية الملك في غيرها أو الى عد رؤية جزء من الملك مستثناة او لاعتبارات الزمن بمعنى احتمالية حصول رؤية عدا ما ذكر بعد هذا الحديث، لذا لم يشملها الحصر الوارد فيه.

([1]) : ينظر: ابن حجر: فتح الباري، ج1، ص23، مصدر سابق.

([2]) : الزحيلي، وهبة: التفسير المنير في العقيدة والشريعة والمنهج ج27، ص101، بيروت، دار الفكر المعاصر.

([3]) : ينظر: القرطبي: الجامع لاحكام القرآن، م 9 ج17، ص 89-93، مصدر سابق وقد أورد ابن كثيراً أحاديث كثيرة في قصة الاسراء والمعراد ينظر منه: تفسير القرآن العظيم ج4 ص248 ، وللمزيد أيضاً مع مناقشة خلاف المفسرين والمحدثين ، ينظر: علي يوسف بك: نهاية اللجاج في موضوع المعراج ص65-70، ط1 ، 1985، دار ابن زيدون..

ثانيا: الوحي المباشر:

مما لاشك فيه أن هذه الصيغة تكتسب أهمية مميزة لها نظراً للظروف التي رافقت هذه الرحلة وحصراً موقف التلقي في مشهد رحلة المعراج الى السماوات العلى.

قال تعالى: ﴿**وَلَقَدْ رَآهُ نَزْلَةً أُخْرى ، عِنْدَ سِدْرَةِ الْمُنْتَهى**﴾[1].

فقد رأى محمد (ﷺ) جبريل نازلاً مرة أخرى على صورته التي خلقه اللـه عليها وذلك ليلة الاسراء والمعراج، عند سدرة المنتهى هذا ما قال به أكثر المفسرين[2] ومن الجدير بالذكر ان المعراج كان بالروح والجسد وليس بالروح فقط كما يرى بعضهم وإلا لما كان المعراج معجزة.

إذ لو كان الاسراء والمعراج بالروح فقط، أي ان ذلك حصل في المنام لما كانت معجزة ولما استهجنت من قبل الكافرين إذ أن الانسان العادي قد يرى في منامه أشياء لايراها في اليقظة ولا بد من كونها معجزة فعلية من حدوثها في اليقظة وبالروح والجسد معاً، إذ كيف تكون فتنة للناس وإختباراً لايمانهم بالرسول (ﷺ) كما قال تعالى: ﴿**وَإِذْ قُلْنا لَكَ إِنَّ رَبَّكَ أَحاطَ بِالنّاسِ وَما جَعَلْنا الرّؤيا الّتي أَرَيْناكَ إلّا فِتْنَةً لِلنّاسِ والشَّجَرَةَ الْمَلْعونَةَ في الْقُرْآنِ وَنُخَوِّفُهُمْ فَما يَزيدُهُمْ إلّا طُغْياناً كَبيراً**﴾[3].

فلو كانت رؤيا منامية فليس من الممكن كونها فتنة للناس لان أحداً لن يناقشها لا تصديقاً ولا تكذيباً[4].

([1]) : القرآن الكريم: النجم (13-14).

([2]) : الزحيلي: التفسير المنير، ج27، ص101-103، مصدر سابق.

([3]) : القرآن الكريم: الاسراء (60).

([4]) : ينظر: الشعراوي، محمد متولي : الاسراء والمعراج، ص27، ط1، 1985، دار العالم-بيروت.

ففي ليلة المعراج أوحى الـلـه الى محمد (ﷺ) عبده ورسوله ما أوحى أو أوحى الـلـه الى عبده جبريل ما أوحى الى محمد (ﷺ) أو أوحى جبريل الى محمد (ﷺ) ما أوحاه اليه أو كلمه به ويعود سر الخلاف بين المفسرين على مصدر الوحي أهو جبريل في تلك الرحلة أم هو مباشر من الـلـه ولذلك تعددت الاراء في نسبة ضمائر الدنو والتدلي والايحاء أهي من فعل جبريل أم أنها كانت من الباري عز وجل، مع إتفاقهم المطلق على أن مصدر الوحي الاصلي هو الـلـه تعالى وجبريل واسطة الوحي الى سيدنا محمد (ﷺ)[1].

وعن طبيعة الوحي المتلقى في ذلك المشهد الخالد يتساءل القرطبي ممهداً للاجابة بالقول: (وهذا الوحي هل هو مبهم؟ لا نطلع عليه نحن وتعبدن بالايمان به على محمد ، ألم أجدك يتيماً فآويتك ، ألم أجدك ضالاً فهديتك، ألم أجدك عائلاً فأغنيتك وقيل أوحى الـلـه اليه أن الجنة حرام على الأنبياء حتى تدخلها يا محمد وعلى الأمم حتى تدخلها أمتك)[2].

ويخبرنا ما جاء في صحيح البخاري عما جاء في وحي المعراج: **(ثم علا به فوق ذلك بما لايعلمه الا الـلـه، حتى جاء سدرة المنتهى، ودنا الجبار رب العزة، فتدلى حتى كان منه قاب قوسين أو أدنى، فأوحي اليه ما أوحى خمسين صلاة في كل يوم وليلة)**[3].

من ناحية ثانية يرى الامام السيوطي أن القرآن كله قد نزل في اليقظة ولما كان رحمه الـلـه مع القائلين بأن الاسراء والمعراج وقع مناماً وبالروح فقط ـ كما يبدو واضحاً من رأيه ـ فقد عد ما ورد من وحي المعراج وحياً منامياً وسنقوم هذا الرأي لان هناك

([1]) : ينظر القرطبي: الجامع لاحكام القرآن م9، ج17، ص90، مصدر سابق، هذا وقد أشارت معظم التفاسير لهذا الخلاف حتى غدت هذه المسألة وما ترتب عليها من رؤية الـلـه تعالى ومواقف المثبتين والنافين مسألة كلامية قامت فيها الدنيا وربما قعدت في أكثر مواقع البحث والنبش.

([2]) : ينظر: المصدر نفسه، ص93.

([3]) : صحيح البخاري، ج6، ص2730، رقم الحديث 7079.

ما يجعله مرجوحاً، ونظهر ذلك في قوله بعد أن أكد أن وحي القرآن كله يقظي بالقول: (وليس في القرآن من هذا النوع شيء ـ فيما أعلم ـ نعم يمكن أن يعد منه سوى آيتين من آخر سورة البقرة وآية واحدة في الزخرف وأسأل من ارسلنا قبلك من رسلنا.... الآية) [1]، وقد عده من النوع السمائي.

وقد افاد السيوطي من الحديث الذي يرويه مسلم عن إبن مسعود قال: **(لما أسرى برسول الـلـه (ﷺ) إنتهى الى سدرة المنتهي ... فأعطي رسول الـلـه (ﷺ) ثلاثاً، أعطي الصلوات الخمس، واعطي خواتيم سورة البقرة، وغفر لمن لم يشرك بالله من أمته شيئاً المقحمات)** [2].

وعضد السيوطي رأيه برواية أوردها الهذلي: (نزلت آمن الرسول إلى آخر البقرة بقاب قوسين) [3].

وقد عقب د. ابو شهبة على ما ذهب اليه السيوطي بالقول :(ان رواية مسلم ليس فيها تصريح بنزول خواتيم سورة البقرة عن طريق تكليم الـلـه، فلعل المراد بأعطائه اياها، اعلام الـلـه له باختصاصه (ﷺ) وأمته بما تدل عليه، تمنناً عليه في هذا الموقف العظيم... الا ترى أنه أعطي الصلوات الخمس وفرضت مع أنها لم ينزل فيها قرآن هذه الليلة !! وليس في رواية الهذلي على فرض صحتها تصريح بنزول الايتين عن

([1]) : ينظر : السيوطي ، شيخ الاسلام جلال الدين عبد الرحمن، ت(911هـ): الاتقان في علوم القرآن، ج1 ، ص23، ط1951، دار الندوة الجديدة - بيروت.

([2]) : صحيح مسلم، ج1، ص157، رقم الحديث 173.

([3]) : السيوطي: الاتقان ، ج1، ص23، مصدر سابق.

طريق التكلم، كما أن الاسراء والمعراج كان قبل الهجرة بمكة وسورة البقرة كلها مدنية، فكيف تنزل خواتيمها بمكة؟!)[1].

ويرى المؤلف أن ما أكده السيوطي أول الامر من كون القرآن كان نزوله جميعاً في يقظته (ﷺ) هو الصحيح والثابت وبذلك أجد أبو شهبة أكثر اتفاقاً مع هذا لما فيه من تنزيه للوحي القرآني عن شبهة النوم والاحلام التي تفتح باباً بلا مسوغ او دليل لبعض المستشرقين، وقد تناولت ذلك في غير موضع من هذه الرسالة لتأكيد أن القرآن كان في كمال اليقظة والتنبه، هذا فضلا عن منطقية الادلة التي سطرها ابو شهبة.

استناداً لما سبق أجد نفسي مضطراً للخلوص الى نتيجة مفادها أن الوحي الذي تلقاه الرسول (ﷺ) لم يكن وحياً قرآنياً على الرغم من تناوله لموضوعات الايات الكريمة المشار اليها وغيرها كما أوضح القرطبي و الـلـه أعلم.

ومما يفيدنا في تعضيد هذا الاستنتاج أنه لم يرد عن النبي (ﷺ) ـ على الرغم من كثرة الاحاديث المسهبة التي تناولت قصة الاسراء والمعراج ـ انه عالج من التنزيل شدة أو أغشي عليه أو أحمر وجهه الكريم أو تربد، بل ان كل ذلك منتفٍ تماماً ونعلم ان هذه الاعراض تلازم بلا افتراق ظاهرة الوحي مقترنة ومؤكدة لها ولما لم يرد هنا أي ذكر لذلك فإننا لانمنع أنفسنا من عد وحي ليلة المعراج وحياً غير وحي التنزيل القرآني الجلي.

ثالثا: تمثل الملك بصورة بشرية:

هذه الصيغة كان الملك فيها يظهر على صورة الآدمي ونلاحظ أن ما يحدث في مثل هذه الاحوال هو عملية عكسية لما في الوحي الجلي الذي فيه ينتقل النبي الى حالة

([1]) : ابو شهبة : المدخل لدراسة القرآن الكريم ، ص59، مصدر سابق.

يمكنه معها تحقيق لقاء يتلقى فيه الوحي القرآني وهو الذي شهد له مشاهدوه بآثار لشدة هذا اللقاء بين النبي والآدمي وبين الملك المرسل.

بينما في هذه الصيغة يظهر الملك ويبادر لتكييف صورته بطريقة تسمح بتحقيق اللقاء فيظهر بصورة أدمي مألوف أو أعرابي كما أشارت روايات عدة.

ومن الامثلة المشتهرة على هذه الصيغة ما روى مسلم من حديث طويل ان الرسول (ﷺ) قال لعمر (ﷺ) عندما جاء الملك جبريل الى مجلس النبي وبحضور جمع من الصحابة، وسأل الملك النبي فيه عن الايمان والاسلام والاحسان والساعة قال: (..**ياعمر!! أتدري من السائل؟! قلت : الـلـه ورسوله أعلم ، قال : فانه جبريل أتاكم يعلمكم دينكم**)[1].

ولعل حكمة ظهوره على الصورة البشرية واضحة الدلالة على معناها من حيث كونها أكثر ايناساً وتأميناً للمخاطب، وقد أخبر الرسول (ﷺ) عن هذا في جوابه للحارث بن هشام عن سؤاله النبي كيف يأتيك الوحي؟! فقال (ﷺ): (**وأحياناً يتمثل لي الملك رجلاً فيكلمني فأعي ما يقول**)[2].

الا ان قدومه على صورة بشرية لايعني مطلقاً أن ذات الملك قد انقلبت رجلاً[3].

فعن ابن عمر (ﷺ) قال: (**إن جبريل كان يأتي رسول الـلـه (ﷺ) في صورة دحية الكلبي**[*] **وكان دحية يضرب به المثل في حسن الصورة**)[1].

([1]) : صحيح مسلم : 1- كتاب الايمان 2.

([2]) : صحيح البخاري :1- كتاب بدء الوحي 2 وكذا في صحيح مسلم 43- كتاب الفضائل 87.

([3]) : رضا: تفسير المنار، ج9 ، ص165، والوحي المحمدي، ص61، مصدر سابق.

([*]) : دحية بن خليفة بن فروة بن فضالة بن زيد بن امرىء القيس بن الخزرج الكلبي، صاحب رسول الـلـه (ﷺ) ، شهد احداً وما بعدها وكان جبريل ياتي النبي (ﷺ) في صورته احيانا، وبعثه رسول الـلـه (ﷺ) الى

وبهذه الصورة كان يأتيه الملك في مجالسه (ﷺ) يسأله ويبلغه وحياً من الـلـه ويجب التنبه الى أن الوحي بهذه الصيغة يكون وحياً فيما عدا وحي التنزيل الذي ما برحت التأكيد على خصوصية صيغته المتمثلة بالظاهرة الوحيية، وبهذا تكون هذه الصيغة وسيلة لايصال وحي السنة وما يشمله من حديث قدسي فحسب.

رابعاً: الوحي الجلي:

هذه الصيغة الكريمة كانت واسطة الملك وطريقته في تبليغ الرسول (ﷺ) النص القرآني المقدس وبها كان الوحي يأتيه من الملك صوتاً مجرداً قوياً مجلجلاً، هنا بالنسبة للالفاظ الموحى بها وبالنسبة للملك فانه يأتي بخفاء ولا يظهر الا للنبي (ﷺ) ولقدومه ووحيه أثار تظهر على النبي عليه السلام[2]، كما يمكن تسميته الوحي الصريح اذا قصدنا اللفظ الموحى به.

إن أصدق وصف لحالة نزول الملك بالوحي على النبي قد بينه عليه السلام ولا ينبئك مثل خبير سأله حارث ابن هشام: **(كيف يأتيك الوحي؟ فقال (ﷺ) : أحياناً يأتيني مثل صلصلة الجرس وهو أشده علي فيفصم عني وقد وعيت عنه ما قال،... الحديث)**[3].

والصلصلة في الاصل : صوت وقوع الحديد بعضه على بعض ثم أطلق على كل صوت له طنين، وقيل الصلصلة المذكورة: صوت الملك بالوحي، وقيل: بل هو صوت

قيصر رسولا سنة ست في الهدنة فامن به قيصر وامتنع عليه بطارقته، الجزري، عز الدين بن الاثير ابي الحسن علي بن محمد، ت(630هـ): اسد الغابة في معرفة الصحابة، ج2، ص6، ط1989، دار الفكر للطباعة والنشر والتوزيع – بيروت.

([1]) : سنن النسائي ج8 ، ص102 وقد سبق تخريجه.

([2]) : عتر: نبوة محمد في القرآن ، ص183، بتصرف . مصدر سابق.

([3]) : سبق تخريجه في الصيغة الثالثة من هذا المبحث.

حفيف أجنحة الملك ، وبالمحصلة فلن يخرج المعنى عن كونه ذلك الصوت الذي يرافق الوحي قدوماً وايحاءاً[1].

هذا وقد التبس على بعضهم[*] ان الصلصلة هي تلقي القرآن يسمعه ولا يتبينه أول ما يسمعه حتى يفهمه ويعيه بعد ذلك، الا أننا نجد في تعبير الرسول (ﷺ) الدقيق (فيفصم عني وقد وعيت...) قد جاء بصيغة الماضي، مما يفيد أن الوعي حصل في أثناء تلقيه ووجوده مع الملك وكان واعياً تماماً مدركاً حاضراً في أتم حالة الحضور والاستعداد مع ملك الوحي وبقدر غيبة الرسول النسبية[*] عن الجو البشري الا انه كان حاضر القلب والسمع والحواس، حافظاً منطبعاً في قلبه وعقله ولسانه كل ما نزل به الوحي[2] وكذا في مسند الامام أحمد بن حنبل عن عبد الله بن عمر قلت: **(يا رسول الله هل تحس بالوحي؟ فقال رسول الله (ﷺ) نعم، اسمع صلاصل ثم أسكت ـ عند ذلك ـ فما من مرة يوحى الي الا ظننت ان نفسي تقبض)**[3].

وبذلك تكون الصلصلة التي أصبحت جزءاً لايتجزء من ظاهرة الوحي الجلي بمثابة مقدمات تسبق الوحي إيذاناً بتعظيمه والاهتمام به لان الكلام لا بد له من تهيئة وتقديم[4].

هذا وللتقريب ـ بلا تشابه ـ يمكن عد الموسيقى والالحان الخاصة كالسلام الوطني الذي يسبق خطب الزعماء والقادة العسكريين من هذا الباب ؛ ايذاناً ببدء كلام من

([1]) : ابن حجر: فتح الباري ج1، ص20، مصدر سابق.

([*]) : منهم الخطابي وقد ذكر ذلك ابن حجر في الفتح ج1 ، ص20 وكذلك السيوطي في اتقانه ج1، ص44.

([*]) : يرى المؤلف ان الغيبة والانسلاخ عن البشرية نسبية للاسباب المشار اليها أعلاه ولا أرى تعبير الانسلاخ الذي رسخه ابن خلدون في هذه المسألة هو الانسب وأرى بديلاً عنه تقريب الطبيعة البشرية الى الجو الملائكي ولعدم وضوح حدود هذه العلاقة فان في الامر سعة أيضاً.

([2]) : ينظر: هاشم: الوحي الالهي، ص19، مصدر سابق.

([3]) : مسند الامام احمد بن حنبل وبهامشه كنز العمال في سنن الافعال والاقوال: م2، ص222، المكتب الاسلامي للطباعة والنشر، دار صادر للطباعة والنشر – بيروت.

([4]) : ابن حجر: فتح الباري، ج1 ،ص20، مصدر سابق.

نوع خاص واستجلابا لوقار السامع واشعارا له باهمية ما سيلقى عليه ولكنه بلا شك قياس مع الفارق.

وفي هذه الحالة يأتيه ملك الوحي في صورته الملائكية، فتعتريه (ﷺ) شدة منشؤها تقريب الطبيعة البشرية الى الاوضاع الملكية والجو الملائكي[1].

وقد وصلتنا روايات عديدة تصف حال النبي (ﷺ) عند التلقي بهذه الصيغة وكلها تظهر وتشير الى الشدة التي كانت تصيب النبي (ﷺ) في هذه الحالة المتكررة[*] كونها الأكثر وطأً على رسول الله (ﷺ) على حد تعبير النبي (ﷺ) في الحديث (وهو أشده).

قالت عائشة (رضي الله عنها): **(ولقد رأيته ينزل عليه الوحي في اليوم الشديد البرد فيفصم عنه، وإن جبينه ليفصد عرقاً)**[2].

وعن أسماء بنت عميس قالت: **(كان رسول الله (ﷺ) اذا انزل عليه الوحي يكاد يغشى عليه فقد كان (ﷺ) يجد ثقلاً عند نزول الوحي ويتحدر جبينه عرقاً في البرد كأنه الجمان وربما غط كغطيط البكر محمرة عيناه)**[3].

ونحن في هذا المقام نضم صوتنا الى من قالوا ـ على كثرتهم ـ أن هذا الطريق الملائكي بصيغة الوحي الجلي الصريح هو فقط الطريق الوحيد بالنسبة لنزول القرآن الكريم وأن ما سواه مما سبقت الاشارة اليه من صيع في هذا المبحث هو بخصوص وحي السنة او النبوة السابقة لها.

([1]) : ينظر ابن خلدون: المقدمة ، ص59، مصدر سابق.

([*]) : يروى ان جبريل نزل على الرسول عشرين الف مرة وبالتأكيد ان ذلك ليس للوحي القرآني الجلي ولكنه مقبول ومعقول ان كان في عموم صيغ نزوله وهذا يعزز فهمنا لقوله تعالى :(وما ينطق عن الهوى ان هو الا وحي يوحى) النجم (3) ، ينظر : البكري، عبد المجيد شوقي: كتاب الوحي والتنزيل، ص77 ط 1951، الموصل، هذا وجاء في ارشاد الساري: (وفي تفسير ابن عادل ان جبريل نزل على النبي (ﷺ) اربعة وعشرين الف مرة، كذا قاله والعهدة عليه)، ينظر: القسطلاني، ج1، ص60، مصدر سابق.

([2]) : صحيح البخاري:1- كتاب بدء الوحي2.

([3]) : صحيح البخاري ، فضائل القرآن 28.

ولا يخالف هذا ما ورد في صحيح مسلم عن أنس (رضي الله عنه) قال: **(بينما رسول الله (صلى الله عليه وسلم) بين أظهرنا إذ أغفى إغفاءة... ثم رفع رأسه مبتسماً ، فقلنا، ما أضحكك يا رسول الله ؟ فقال انه نزل علي آنفاً سورة فقرأ [بسم الله الرحمن الرحيم * إنا أعطيناك الكوثر * فصل لربك وانحر * إن شانئك هو الابتر]**[1])[2].

يقول د. ابو شهبة: (إذ ليس المقصود بالاغفاءة في الحديث: النوم وانما المقصود الحالة التي كانت تعتريه عند نزول الوحي وهي الغيبوبة عما حوله)[3].

وبهذا يتعزز القول الفصل بان نزول القرآن هو فقط في اليقظة وبالوحي الجلي ولم يعرف القرآن طريقاً الى قلب نبيه سواه فجاء بأحلى الصيغ وأكثرها وضوحاً بين طرفي العلاقة.

ولتوضيح معنى وعي القلب وإنتقاس كلمات الوحي القرآنية فيه نذكر نموذجاً من ذلك الوعي المطلق، فخذ على سبيل العبرة والمثال سورة الانعام وهي مئة وخمس وستون آية وقد نزلت بمكة ليلاً جملة في إيحاء واحد دفعة واحدة، ثم ما أن انصرف ملك الوحي حتى أمر كتاب الوحي بكتابتها من الليلة ذاتها، فأملاها عليهم من حفظه ووعيه كأنما طبعت على قلبه طبعاً، فهذا دليل الوعي والعناية الالهية التي ضمنت تمام الحفظ وتمام الفهم وتمام العمل من حين ساعة الالقاء عليه ثم تمام التبليغ والتنفيذ[4].

([1]) : القرآن الكريم: الكوثر (1-4).

([2]) : صحيح مسلم، ج1، ص300، رقم الحديث 400.

([3]) : ابو شهبة : المدخل لدراسة القرآن الكريم ، ص59 ، مصدر سابق.

([4]) : ينظر: البروسوي : الامام اسماعيل حقي ت(1137هـ) : تفسير روح البيان ج3، ص2، بيروت ، دار الفكر وكذلك : الهيثمي، الحافظ نور الدين علي بن ابي بكر ت(807هـ): مجمع الزوائد ومنبع الفوائد ج9 ، ص20، ط2، 1968، بيروت ، دار الكتاب.

الفصل الثاني

الوحي عند المفسرين

المبحث الاول

الوحي المحمدي وأنماطه
في ضوء الوحي النبوي العام

المطلب الاول

الوحي المحمدي في ضوء الوحي النبوي العام

اقتضت حكمة الـلـه تعالى ان يكلم انبياءه ورسله عبر طريق الوحي لابلاغهم هديا ما او امرا بالدعوة لرسالة ينشرها الرسول الموحى اليه في قومه.

ولما كان الخطاب القرآني مشتملا على معاني الايحاء الى مخلوقات كثيرة، فقد دفعنا ذلك الى تحديد الوحي الخاص بالانبياء متخذا من ذلك منطلقا في تكوين تصور كلي للوحي المحمدي فقد اوحى الـلـه تعالى الى الملائكة بقوله: ﴿**واذ يوحي ربك للملائكة اني معكم**﴾[1] **كما اوحى عزوجل الى السماوات والارض لقوله: ﴿فَقَضاهُنَّ سَبْعَ سَماواتٍ فِي يَوْمَيْنِ وَأَوْحى فِي كُلِّ سَماءٍ أَمْرَها وَزَيَّنَّا السَّماءَ الدُّنْيا بِمَصابِيحَ وَحِفْظاً ذَلِكَ تَقْدِيرُ الْعَزِيزِ الْعَلِيم﴾**[2]

([1]) : القرآن الكريم: الانفال (12).

([2]) : القرآن الكريم: فصلت (12).

ويوحي تعالى ايضا الى البشر ﴿**وَإِذْ أَوْحَيْتُ إِلى الْحَوارِيّينَ أَنْ آمِنوا بي وَبِرَسولي قالوا آمَنّا واشْهَدْ بِأَنّنا مُسْلِمونَ**﴾[1] وبذلك تكون هذه الامثلة من الايحاء من ضرب الالهام الالهي.

كما يمكن القول ان الوحي عن طريق الالهام او الالقاء في الروع لغرض الهداية والارشاد والتوجيه بدون ملك لايزال قائما، لان الملك لا ياتي إلا للانبياء حاملا وحيا من الـلـه ولكن المعنى اللغوي يسوغ فهم هذه الايات حسب مقام كل منها من قبيل المجاز او اللغة[2].

إلا أن وحي الانبياء هو وحي رسالة معصوم ويترتب عليه تكاليف وشرائع وعقائد حتى ولو كان الهاما او رؤيا بدليل تنفيذ سيدنا ابراهيم (عليه السلام) لرؤيا منامية أُمر فيها بذبح إبنه إسماعيل (عليه السلام) الا ان الـلـه فداه، وليس كل من اوحي اليه الوحي العام يكون نبيا.

وتعد المبشرات من ضروب الايحاء المستمرة لبني البشر، التي اكد وجودها واستمرارها محمد (صلى الله عليه وسلم) بقوله: (لم يبق من النبوة الا المبشرات)[3] والتي نميل الى القول بازديادها مع تقادم الازمان بعدا عن الرسالة الخاتمة والتي يزداد فيها الناس حاجة للصلة مع السماء بالبشارات والدلائل، فهذه الضروب معونة وكرم لا ترقى بحال من الاحوال الى درجة هذا الوحي وهي من قبيل الاصطلاح لغير الانبياء والرؤيا التنبؤية الصالحة بالنسبة للمؤمن بشرى من الـلـه تعالى له في حياته الدنيا[4] قال تعالى:

([1]) : القرآن الكريم: المائدة (111).

([2]) : ينظر: شلبي: الوحي في الاسلام، ص53، مصدر سابق.

([3]) : صحيح البخاري، 91- التعبير 5.

([4]) : ينظر: طهماز ، عبد الحميد محمود: الوحي والنبوة والعلم في سورة يوسف، ص21، مصدر سابق.

﴿أَلا إِنَّ أَوْلِياءَ اللـهِ لا خَوْفٌ عَلَيْهِمْ وَلا هُمْ يَحْزَنون، الَّذينَ آمَنوا وَكانوا يَتَّقون، لَهُمُ الْبُشْرى فِي الْحَياةِ الدُّنْيا وَفِي الْآخِرَةِ لا تَبْديلَ لِكَلِماتِ اللـهِ ذَلِكَ هُوَ الْفَوْزُ الْعَظيمُ﴾ .

وعن عبادة بن الصامت (ﷺ) انه سأل رسول اللـه (ﷺ) فقال يا رسول اللـه أرايت قول اللـه تعالى: (لهم البشرى في الحياة الدنيا وفي الاخرة)؟، فقال: **(تلك الرؤيا الصالحة يراها الرجل او ترى له)**[1] ويقول ابن تيمية في قوله تعالى: (وما كان لبشر ان يكلمه اللـه الا وحيا) [2] ، (يتناول وحي الانبياء وغيرهم كالمحدثين الملهمين كما في الصحيحين عن النبي (ﷺ) انه قال: **(قد كان في الامم قبلكم محدثون فان يكن في امتي احد فعُمر منهم))**[3]

وقد حددت سورة الشورى اشكال الوحي الالهي لعباده المرسلين بقوله تعالى: **﴿وَما كانَ لِبَشَرٍ أَنْ يُكَلِّمَهُ اللـهُ إِلّا وَحْياً أَوْ مِنْ وَراءِ حِجابٍ أَوْ يُرْسِلَ رَسولاً فَيوحِيَ بِإِذْنِهِ ما يَشاءُ إِنَّهُ عَلِيٌّ حَكيمٌ﴾**[4]، هذا وقد تنوعت التفاسير في تحليل مضامين هذه الاية الجامعة التي تبرز اشكال الوحي الالهي، كما رصد المؤلف بعض الاختلاف في الملك الموحي، حامل الوحي المكلف بمهمة ايصال الوحي الرباني الى المراد من الانبياء والرسل.

فقد ذكر القرطبي في تفسير الاية الكريمة: (او يرسل رسولا): (قال زهير هو جبريل فيوحي باذنه ما يشاء وهذا الوحي من الرسل خطاب منهم للانبياء يسمعونه

([1]) : مسند الامام احمد بن حنبل، ج1، ص219، مصدر سابق.

([2]) : القرآن الكريم: الشورى (51).

([3]) : ابن تيمية، احمد: كتاب النبوات، ص247، ط1985، دار الكتب العلمية بيروت.

([4]) : القرآن الكريم: الشورى (51).

نطقا ويرونه عيانا، وهكذا كانت حال جبريل (عليه السلام) اذا نزل بالوحي على النبي محمد (صلى الله عليه وسلم))[1]

وهو المشهور اذا ذكر الوحي تبادر للذهن جبريل (عليه السلام) امين الوحي وحامله وهذا في الغالب الاعم. اما ابن كثير فيميل الى ان الوحي ينقله أكثر من ملك، ولعل عدم تعليله لما ذهب اليه او تعضيده لرأيه باثر او دليل، هو توظيف لعموم قوله تعالى (رسولا) اذ ليس في هذا الخطاب القرآني تحديد مما دفعه الى القول في تفسيره لقوله تعالى (او يرسل رسولا فيوحي باذنه ما يشاء): (كان ينزل جبريل (عليه السلام) وغيره من الملائكة على الانبياء (عليهم السلام))[2].

وقد عَد السيوطي الملاك (اسرافيل) (عليه السلام) من رسل الوحي الذي قُرن بنبوة محمد (صلى الله عليه وسلم) ثلاث سنين عندما فتر الوحي فكان يعلن الكلمة والشيء ولم ينزل عليه قرآن على لسان اسرافيل (عليه السلام)[3].

اما القاسمي فيحذو حذو ابن كثير في تفسيره فيقول: (اي من ملائكته كجبريل)[4] وكما هو ظاهر فانه مع علمهم بان الوحي كان كله لسيدنا محمد (صلى الله عليه وسلم) عبر جبريل (عليه السلام) ولكن الفهم اللغوي صرفهم عن تحديد وحصر ذلك بجبريل (عليه السلام) بخلاف ما عليه جُل المفسرين.

ويذهب الشيخ البكري الى القول بان غير جبريل (عليه السلام) قد نزل بوحي ذاكرا ادلته قائلا: (ان ارسال الرسول الملائكي يكون بملائكة اخرين سوى (جبريل

---

(1) : القرطبي: الجامع لاحكام القرآن، ج16، ص53 .

(2) : ابن كثير: تفسير القرآن العظيم، ج4، ص124، ط2، 1990، دار الجيل بيروت.

(3) : السيوطي: الاتقان، ج1، ص45، مصدر سابق.

(4) : القاسمي: محاسن التاويل، ج14، ص5254 .

واسرافيل) كالملائكة الذين بشروا زكريا (عليه السلام) بولده يحيى لقوله تعالى: ﴿**فَنادَتْهُ الْمَلائِكَةُ وَهُوَ قائِمٌ يُصَلّي فِي الْمِحْرابِ أَنَّ اللّهَ يُبَشِّرُكَ بِيَحْيى مُصَدِّقاً بِكَلِمَةٍ مِنَ اللّهِ وَسَيِّداً وَحَصوراً وَنَبِيّاً مِنَ الصّالِحينَ**﴾ [1]، وبشروا مريم بولدها المسيح لقوله تعالى: ﴿**إِذْ قالَتِ الْمَلائِكَةُ يا مَرْيَمُ إِنَّ اللّهَ يُبَشِّرُكِ بِكَلِمَةٍ مِنْهُ اسْمُهُ الْمَسيحُ عيسى ابْنُ مَرْيَمَ وَجيهاً فِي الدُّنْيا والْآخِرَةِ وَمِنَ الْمُقَرَّبينَ**﴾ [2] وكما اخبروا لوطا بهلاك قومه[3].

ونضم صوتنا للقائلين بان وحي الرسالة كان بطريق جبريل (عليه السلام) وحده وان ما سواه من الملائكة ان صح خبر نقلهم وارسالهم لوحيٍ الى من ذكر من الانبياء ممن اشار اليهم السيوطي والشيخ البكري فان ذلك مما يعد وحي نبوة لا وحي رسالة، خاصة في مسالة وحي اسرافيل للنبي قبل ان يوكل جبريل بوحي الرسالة فيما اصطلح عليه بالوحي الجلي فضلا عن ان الوحي الى مريم لم يكن وحي رسالة مطلقا بل ليزيل وحشتها، سيما انه تمثل لها بشرا سويا، مما ينفي كونه وحي نبوة او رسالة سواء اكان الملك جبريل من قام بتلك المهمة او على ما ذهب اليه البكري من ان الذي بشر مريم هو ملاك اخر.

وبذلك نخلص الى القول بان وحي الرسالات جميعا كان يقوم به ملك الوحي (الروح الامين) جبريل للرسل جميعا وان كان جبريل قد اوحى للانبياء والرسل غير وحي رسالاتهم من وحي اخر غير ما ضمته صحفهم وكتبهم عليهم السلام كوحي السنة لمحمد (صلى الله عليه وسلم).

([1]) : القرآن الكريم: آل عمران (39).

([2]) :القرآن الكريم: آل عمران (45).

([3]) : البكري: كتاب الوحي والتنزيل، ص74-75، ط1951 - الموصل.

ومع ذلك فان قيمة ما سبق تتحقق في استكشاف تاريخ الوحي وصولا الى الوحي المحمدي. وأياً كان الملك الذي كُلف بحمل الوحي فان ذلك لا يتعدى كونه واسطة امينة للنقل ويبقى مصدر هذا الوحي هو المهم بل الاهم اذ به تتحقق الهية الوحي او تنتفي.

وكما اسلفت يتفق علماء المسلمين ومن قبلهم المفسرون على ان كل الانبياء والرسل قد تلقوا وحيا من الـلـه تعالى، الا ان هناك تعددا في وصفهم وتقديرهم لكيفيات نزول هذا الوحي، فهل يتفق وحي الانبياء والرسل قبل محمد (ﷺ) مع ما كان ينزل على سيدنا محمد من حيث آلية التلقي وكيفية النزول ووحي السنة، ام ثمة خلاف في هذه التفريعات مع وحي سابقيه؟!

في الرد على هذا التساؤل انقسم المفسرون في الاجابة عليه الى قائل بوحدة الموحي الى جميع الانبياء جنسا ونوعا فالجنس للوحي والنوع للطريقة او الصورة.

وبهذا قال ابن كثير في تفسيره لقوله تعالى: ﴿**كَذَلِكَ يوحي إِلَيْكَ وَإِلى الَّذينَ مِنْ قَبْلِكَ الـلـهُ الْعَزيزُ الْحَكيمُ**﴾[1] : (اي كما نزل اليك هذا القرآن، كذلك انزل الكتب والصحف على الانبياء قبلك ثم يذكر حديث (كيف ياتيك الوحي؟!) عندما سال الحارث بن هشام النبي (ﷺ) كما اورد حديث عائشة في ثقل الوحي)[2].

ولعل ايراده هذه الاحاديث بعدما قرر تطابق الوحي النبوي قبل سيدنا محمد (ﷺ) مع الوحي القرآني لمحمد (ﷺ) فهذا يعني بالضرورة انه يقصد ان هذا الوحي الجلي الذي به جاء القرآن قد حصل لجميع المرسلين دون ان يخصص احدا منهم.

([1]) : القرآن الكريم: الشورى (3).

([2]) : ابن كثير: تفسير القرآن العظيم، ج4، ص108، مصدر سابق.

وبهذا يكون قد اشترك الرسل جميعهم في الوحي جنسا ونوعا حسب تفسير ابن كثير، وقال بهذا ايضا الالوسي في تفسير قوله تعالى: **﴿وَما أَرْسَلْنا قَبْلَكَ إِلّا رِجالاً نوحي إِلَيْهِمْ فاسْأَلوا أَهْلَ الذِّكْرِ إِنْ كُنْتُمْ لا تَعْلَمونَ﴾**[1]:نوحي اليك يا محمد كما اوحينا للمرسلين الى اممهم قبل ارسالك الى امتك من غير فرق بينكم في حقيقة الوحي وحقيقة مدلوله)[2].

وكذلك يقرر الدكتور حجازي وحدة الوحي النبوي عند تناوله تفسير قوله تعالى: **﴿إِنّا أَوْحَيْنا إِلَيْكَ كَما أَوْحَيْنا إِلى نوحٍ والنَّبِيّينَ مِنْ بَعْدِهِ وَأَوْحَيْنا إِلى إِبْراهيمَ وَإِسْماعيلَ وَإِسْحاقَ وَيَعْقوبَ والْأَسْباطِ وَعيسى وَأَيّوبَ وَيونُسَ وَهارونَ وَسُلَيْمانَ وآتَيْنا داوُدَ زَبوراً﴾**[3] وذلك بقوله: (انهم لو امنوا بالرسل حقيقة لامنوا بك فالوحي جنس واحد لم يتغير)[4].

فقوله هذا يكشف عن اعتقاده بوحدة الوحي وثباته منذ نوح اول الرسل الى محمد (ﷺ) طريقاً لكلام اللـه وهديه.

وبعبارة أكثر صراحة وافصاحا عن المعنى وتفصيلا لهذه الاشكالية يقول الشهيد سيد قطب في تفسيره لقوله تعالى: **﴿كَذَلِكَ يوحي إِلَيْكَ وَإِلى الَّذينَ مِنْ قَبْلِكَ اللـهُ الْعَزيزُ الْحَكيمُ﴾**[5].

([1]) : القرآن الكريم: الانبياء (7).
([2]) : ينظر: الالوسي: روح المعاني م9، ص12، مصدر سابق.
([3]) : القرآن الكريم: النساء (163).
([4]) : حجازي: التفسير الواضح، م1 ج6، ص13.
([5]) : القرآن الكريم: الشورى (3).

يقول: (اي مثل ذلك وعلى هذا النسق وبهذه الطريقة يكون الوحي اليك والى الذين قبلك فهو كلمات والفاظ وعبارات مصوغة من الاحرف التي يعرفها الناس ويفهمونها ويدركون معانيها ولكنهم لا يملكون ان يصوغوا مثلها مما بين ايديهم من احرف يعرفونها... ومن ناحية اخرى تقرر وحدة الوحي ووحدة مصدره فالموحي هو الله العزيز الحكيم والموحى اليهم هم رسل على مدار الزمان والوحي واحد في جوهره على اختلاف الرسل واختلاف الزمان)[1].

وهناك من المفسرين من قال باختلاف شكل الوحي (صيغته) بين محمد (ﷺ) والمرسلين قبله او بين حالة واخرى حسب طريقة تلقيها للوحي ففي البحر المحيط يقول ابن حيان في تفسيره للاية (51) من الشورى قائلا: (قال النخعي كان من الانبياء من يخط له في الارض او بان يسمع كلامه دون ان يعرف هو للمتكلم جهة ولا حيزا كموسى (عليه السلام))[2] .

اما ابن عاشور فيذهب الى تميز وحي محمد (ﷺ) عن سابقيه مع اقراره باتفاق الجنس طبعا ويظهر موقفه هذا من خلال تفسيره لقوله تعالى: ﴿**إِنّا أَوْحَيْنا إِلَيْكَ كَما أَوْحَيْنا إِلى نوحٍ والنَّبِيّينَ مِنْ بَعْدِهِ وَأَوْحَيْنا إِلى إِبْراهيمَ وَإِسْماعيلَ وَإِسْحاقَ وَيَعْقوبَ والْأَسْباطِ وَعيسى وَأَيّوبَ وَيونُسَ وَهارونَ وَسُلَيْمانَ وآتَيْنا داوُدَ زَبوراً**﴾[3]. فيقول: (والتشبيه في قوله (كما اوحينا الى نوح) تشبيه بجنس الوحي وان اختلفت انواعه فإن الوحي إلى النبي (ﷺ) كان بأنواع من الوحي، ورد بيانها في حديث عائشة في الصحيح عند سؤال

([1]) : قطب، سيد: في ظلال القرآن م5، ص3138 ، ط9، 1980، دار الشروق - بيروت.

([2]) : الاندلسي: ابن حيان، ت(754هـ) النهر الماد من البحر المحيط، ج2، ق2، ص905، تقديم وضبط: بوران وهديان الضاوي، ط1، 1987، مركز الخدمات والابحاث الثقافية - دار الفكر.

([3]) : القرآن الكريم: النساء (163).

الحارث بن هشام (ﷺ) النبي (ﷺ) كيف ياتيك الوحي - بخلاف الوحي الى غيره ممن سماهم اللـه تعالى فانه يحتمل بعض الانواع، على انه الوحي للنبي (ﷺ) كان منه الكتاب القرآن ولم يكن لبعضهم ذكر معه كتاب.

ولم يختلف العلماء في ان الرسل والانبياء يوحى اليهم، فلم يقدح في رسالة الرسل انهم لم ينزل عليهم كتاب من السماء)[1].

ويذكر القرطبي قولا لابن عباس يخص فيه الموحى اليهم عبر جبريل (عليه السلام) فان ما عداهم لم يتلقوا وحيا مباشرا من ملك الوحي: (نزل جبريل (عليه السلام) على كل نبي ولم يره منهم الا محمد وعيسى وموسى وزكريا عليهم السلام، فاما غيرهم فكان وحيا الهاما في المنام)[2]. وبذلك قال الالوسي، حيث عَد الوحي الى داود وحيا الى القلب بلا واسطة في اليقظة وهو ليس هذا الذي يسمى الان (مزامير داود) بل هو كلام اللـه انزله على داود[3].

([1]) : ابن عاشور، الشيخ محمد الطاهر: التحرير والتنوير، ج6، ص31، ط1984، الدار التونسية للنشر.
([2]) : القرطبي: الجامع لاحكام القرآن، ج16، ص53، مصدر سابق.
([3]) : الالوسي: روح المعاني ج25، ص50، مصدر سابق.

المطلب الثاني

أنماط الوحي المحمدي

لكل من القرآن والحديث عامة: القدسي والنبوي سمات مميزة تحفظ تميزه بحدود وصف كل منهما وكذلك من حيث كيفية نزول ملك الوحي به ومن حيث الخصائص الذاتية ومن حيث الاسناد، فضلا على ان لكل من الحديث القدسي والنبوي سمات مميزة له عن الاخر.

قال ابن حزم: (القرآن والخبر الصحيح بعضها مضاف الى بعض وهما شيء واحد في انهما من عند الـلـه تعالى)[1]، ويقول إمام الحرمين موضحا الفرق بين الوحي القرآني ونزوله بالسنة عامة: (كلام الـلـه المنزل قسمان قسم قال الـلـه لجبريل: قل للنبي الذي انت مرسل اليه، ان الـلـه يقول: افعل كذا وكذا وأمر بكذا، ففهم جبريل ما قاله ربه ثم نزل بذلك على النبي، وقال له ما قاله ربه ولم تكن العبارة تلك العبارة، كما يقول الملك لمن يثق به: قل لفلان، يقول لك الملك، اجتهد في خدمة الجند واجمع جندك للقتال، فان قال الرسول: يقول الملك، لا تتهاون في خدمتي ولا تترك الجند تتفرق وحثهم على المقاتلة، لا ينسب الى كذب ولا تقصير في اداء الرسالة، وقسم آخر: قال الـلـه لجبريل: إقرأ على النبي هذا الكتاب فنزل جبريل بكلمة من الـلـه من غير تغيير كما

---

(1) : ابن حزم، الحافظ ابي محمد علي بن احمد بن حزم الاندلسي الظاهري، ت(455هـ)، الاحكام في أصول الاحكام، ص109، تحقيق: محمد احمد عبد العزيز ، ط1، 1978، مكتبة عاطف - القاهرة.

يكتب الملك كتابا ويسلمه الى أمين ويقول: اقراه على فلان، فهو لا يغير منه كلمة ولا حرفا)[1].

ويعلق السيوطي معقبا على كلام الجويني بقوله: (قلت القرآن هو القسم الثاني بالنسبة لكلام الجويني، والقسم الاول هو السنة، كما ورد ان جبريل كان ينزل بالسنة كما ينزل بالقرآن ومن هنا جاز رواية السنة بالمعنى، لان جبريل اداه بالمعنى، ولم تجز القراءة بالمعنى، لان جبريل اداه باللفظ ولم يبح له ايحاؤه بالمعنى)[2].

ويفهم الامام ابن حزم من قوله تعالى: **﴿وَما يَنْطِقُ عَنِ الْهَوى، إِنْ هُوَ إِلّا وَحْيٌ يوحى﴾**[3]: ان الوحي ينقسم من الله عزوجل الى رسوله (ﷺ) على قسمين:

احدهما: وحي متلو مؤلف تأليفا معجز النظام وهو القرآن.

والثاني: وحي مروي فنقول غير مؤلف ولا معجز النظام ولا متلو لكنه مقروء وهو الخبر الوارد عن رسول الله (ﷺ) وهو المبين عن الله تعالى مراده منا[4].

ويزيدنا بيانا وتفصيلا العلامة الشهاب الهيتمي مفصلا الفرق ين القرآن والاحاديث القدسية؛ فذكر ان الكلام المضاف اليه تعالى اول قسم منه واشرفه (القرآن الكريم) لتميزه من البقية باعجازه من اوجه كثيرة وكونه معجزة باقية على مر الدهر ومحفوظة من التغيير والتبديل وبحرمة مسه لمحدث وروايته بالمعنى وبتعيينه في الصلاة وبتسميته قرآناً وغيره من بقية الكتب والاحاديث القدسية لا

(1) : السيوطي: الاتقان، ج1، ص58، مصدر سابق.
(2) : المصدر نفسه، ج1، ص59.
(3) : القرآن الكريم، النجم (3-4).
(4) : ابن حزم: الاحكام، ص87.

يثبت لها شيء من ذلك، فيجوز مسه وتلاوته لمن ذكر وروايته بالمعنى ولا يجزيء في الصلاة بل يبطلها.[1]

وفي تعريفه المحيط بالحديث القدسي يقول: (واما الاحاديث القدسية وهي ما نقل الينا آحادا عنه (ﷺ) مع اسناده لها عن ربه، فهي من كلامه تعالى، مضاف اليه وهو الاغلب ونسبتها اليه حينئذ نسبة انشاء لانه المتكلم بها اولا وقد تضاف الى النبي (ﷺ) لانه المخبر بها عن الـلـه تعالى بخلاف القرآن فانه لا يضاف الا اليه تعالى فيقال فيه قال الـلـه تعالى، وفيها قال رسول الـلـه (ﷺ) فيما يرويه عن ربه تعالى[2] وزيادة في الاحاطة فقد التفت الى كيفية وحي الحديث القدسي بقوله: (ولا تنحصر تلك الاحاديث القدسية في كيفية من كيفيات الوحي بل يجوز ان تنزل باية كيفية من كيفياته كرؤيا بالنوم والالقاء في الروع وعلى لسان الملك)[3].

الا ان المؤلف يرى نزول ملك الوحي بالوحي الجلي في ما عدا القرآن، فخالف لما علمناه من تميز نزول وحي القرآن الجلي، لان لتلك الحالة الملائكية ما يسوغ ظهور الملك فيها لعظم المقال والمقام والذي اختص الـلـه بها قرانه الكريم عن صيغ الوحي الاخرى تكريما وتشريفا وتمييزا.

كمـا يمكن توجيه ظروف حديث الرجل المتضمخ بالطيب - الذي يرويه يعلى بن امية - وقد جاء النبي (ﷺ) يساله في عمرته هذه فسكت النبي (ﷺ) ساعة حتى جاءه الوحي، ولما سُري عنه قال: (اين السائل عن العمرة فجيء به، فقال عليه الصلاة

([1]) : الهيتمي، شهاب الدين احمد بن حجر، ت(974هـ): فتح المبين لشرح الاربعين، ص201، ط1978، دار الكتب العلمية، بيروت - لبنان.

([2]) : الهيتمي: فتح المبين لشرح الاربعين، ص201، المصدر السابق.

([3]) : المصدر نفسه، ص201.

والسلام: (اما الطيب الذي بك فاغسله ثلاث مرات واما الجبة فانزعها واصنع في عمرتك ما تصنع في حجك)[1].

ان الفاظ الحديث مشعرة بالقطع بان تلك الصيغة من صيغ الوحي الذي نزل على سيدنا محمد (ﷺ) هي الوحي الجلي ومع ذلك يمكن القول بان كل ما حصل وحيا الهيا وفق صيغة الوحي القرآني الا انه من المحتمل ان ذلك كان وحيا نقل فيه الملك كلاما من الله تعالى بلفظ ومعنى، ولكنه اعلمه بانه ليس بقران ولم يطلب منه تلاوته وتبليغه كما نزل، والا لكان من آي القرآن الكريم ذلك اللقاء، وهو ما حصل اذ رد النبي باسلوبه على المتضمخ بالطيب مجيبا على سؤاله.

اذ ليس هناك ما يمنع من ان ينزل ملك الوحي ناقلا كلام رب العالمين عزوجل حاملا خبرا من السماء غير آي القرآن الكريم ويلقيه الى الرسول (ﷺ) بصيغة الوحي الجلي.

اما بقية السنة ممثلة بالاحاديث النبوية فاختلف فيها المفسرون وعلماء الدين اهي كلها وحي ام لا؟!

فالاية الكريمة: ﴿**وَما يَنْطِقُ عَنِ الْهَوى، إِنْ هُوَ إِلّا وَحْيٌ يوحى**﴾[2] تدعم وتؤيد الأول لانه سواء اكانت بوحي ابتداءً ام باجتهاد النبي الخاص واقره الله تعالى عليه والشارع الكريم لا يقره الا على الحق فتصبح في حكم الوحي، والقاسمي في تفسيره يقول: (وارجعه بعضهم الى ما ينطق به مطلقا، واستدل على ان السنن القولية من الوحي، وقواه بما في مراسيل ابي داود عن حسان بن عطية قال: (كان جبريل ينزل على

(1) : صحيح مسلم، ج2، ص837، رقم الحديث (1179).
(2) : القرآن الكريم: النجم (3-4).

رسول الـلـه (ﷺ) بالسنة كما ينزل عليه بالقرآن ويعلمه اياها كما يعلمه القرآن) ... فلا قوة في المراسيل لما تقرر في الأصول)[1].

وللدكتور دراز راي اخر في نسبة مادة الحديث الى وحي الهي فيقسم الاحاديث النبوية الى قسمين: قسم توفيقي استنبطه النبي (ﷺ) بفهمه من كلام الـلـه وبتأمله في حقائق الكون وهذا القسم ليس من كلام الـلـه مطلقا، القسم الثاني توثيقي تلقى الرسول مضمونه من الوحي فبينه للناس بكلامه وهذا القسم وان كان ما فيه من العلوم منسوبا الى معلمه وملهمه سبحانه وتعالى ولكنه من حيث هو كلام حري ان ينسب الى الرسول (ﷺ)، لا الكلام انما ينسب الى واضعه وقائله الذي الفه على نحو خاص، فالحديث النبوي اذا خارج بقسميه (التوفيقي والتوقيفي عن كونه كلام الـلـه)[2].

الا انه ليس هناك من مانع من عده وحيا الهيا نقل بالمعنى عبر الملك الموحي بصيغة ما ونقله سيدنا محمد (ﷺ) وبلغه كذلك بالمعنى ونتفق مع ما ذهب اليه د.دراز في تفصيله المتقدم، لانه لو كان منزلا بلفظه وحرفه لكان له من الحرمة والقدسية في التشريع ما للنظم القرآني، اذ المنطق يقضي بان لا مجال للتفرقة بين لفظين منزلين من المصدر الالهي وليس من قائل بذلك لوضوح الفرق واتضاح الخصائص المميزة لكل منهما.

فهو يقصد انه ليس كلام الـلـه الحرفي مع يقينه ان القسم التوقيفي متلقى بمعناه عن طريق الوحي.[3]

([1]) : القاسمي: محاسن التاويل، ج15، ص2554، مصدر سابق.

([2]) : دراز: النبأ العظيم، ص25، مصدر سابق، وينظر: الزرقاني: مناهل العرفان ج1، ص91، مصدر سابق.

([3]) : ينظر: السلفي: السنة اهميتها ومكانتها في الاسلام، ص49، مصدر سابق.

اما ابن حزم فقد اتخذ موقفا أكثر اعتبارا لطبيعة محتوى الحديث النبوي في تداوله لمعنى قوله تعالى: **﴿وَإِذا تُتْلى عَلَيْهِمْ آياتُنا بَيِّناتٍ قالَ الَّذينَ لا يَرْجونَ لِقاءَنا ائْتِ بِقُرْآنٍ غَيْرِ هَذا أَوْ بَدِّلْهُ قُلْ ما يَكونُ لي أَنْ أُبَدِّلَهُ مِنْ تِلْقاءِ نَفْسي إِنْ أَتَّبِعُ إِلّا ما يوحى إِلَيَّ إِنّي أَخافُ إِنْ عَصَيْتُ رَبّي عَذابَ يَوْمٍ عَظيمٍ﴾**[1]. فيقول: (يتضح ان كلام رسول الـلـه كله في الدين وحي من عند الـلـه عزوجل، لا شك ولا خلاف بين احد من اهل اللغة والشريعة في ان كل وحي نزل من عند الـلـه فهو ذكر منزل والوحي كله متلوه وغير متلوه فهو من عند الـلـه عزوجل)[2] ومع تاكيداته السالفة الا ان الامر ليس بهذه الحدية اذ ان النبي كان يتصرف في مسائل في الحياة بوحي خبرته الشخصية وبحدوده المعرفية الانسانية المجردة عن الصلة بالوحي الالهي. ويقول ابو البقاء في كلياته: (والحاصل ان القرآن والحديث يتحدان في كونهما وحيا منزلا من عند الـلـه بدليل (ان هو الا وحي يوحى) الا انهما يتفارقان من حيث ان القرآن هو المنزل للاعجاز والتحدي به بخلاف الحديث، وان الفاظ القرآن مكتوبة في اللوح المحفوظ وليس لجبريل ولا لرسول الـلـه (ﷺ) ان يتصرف فيها اصلا)[3].

ومما يعضد ما ذهب اليه القائلون بان السنة وحي على الغالب الاعم ما رواه الامام مالك: (كان رسول الـلـه يسال عن الشيء فلا يجيب حتى ياتيه الوحي من السماء)[4]. الا انه لم يفصح عن كيفية تلقي وحي الحديث وباية صيغة ولعل اشتهار صيغ الالهام والصورة البشرية في تعليم النبي (ﷺ) امور الدين خلال لقاءاته مع ملك

([1]) : القرآن الكريم: يونس (15).

([2]) : ابن حزم: الاحكام، ص131، مصدر سابق.

([3]) : ابو البقاء، ايوب بن موسى الحسيني الكفوي، ت(1094هـ)، الكليات (معجم في المصطلحات والفروق اللغوية)، ج4، ص38، اعداد وفهرسة: الدكتور عدنان درويش، محمد المصري، ط1976، دار الكتب الثقافية، منشورات وزارة الثقافة والارشاد القومي – دمشق.

([4]) : ابن حزم: الاحكام، ص197، مصدر سابق.

الوحي حال دون تفصيل ذلك مع ان حديث المعتمر السالف يدفعنا الى الاعتقاد بامكان قدوم وحي السنة عبر صيغة الوحي الجلي وهو ما قاله ابن عاشور في تفسيره: (ان النبي كان ينطق بغير القرآن عن وحي كما في حديث الحديبية في جوابه للسائل)[1].

وفي استدلال اخر يقطع بصلة الحديث النبوي بالوحي ما قاله ابن كثير في تفسيره لقوله تعالى: ﴿ما قَطَعْتُمْ مِنْ لينَةٍ أَوْ تَرَكْتُموها قائِمَةً عَلى أصولها فَبِإِذْنِ اللـهِ وَلِيُخْزِيَ الْفاسِقِينَ﴾[2]. اذ لانجد في القرآن ذلك الاذن، فثبت قطعيا ان الرسول (ﷺ) كان ياتيه الوحي بغير القرآن ايضا لظهور إنصياعه (ﷺ) لامر الهي سابق كما يظهر من الاية الكريمة[3].

هذا وقد ذكر البخاري أحاديث عدة تحت باب ما كان يسال مما لم ينزل عليه الوحي، فيقول: لا ادري او لم يجب، حتى ينزل عليه الوحي.[4]

([1]) : ابن عاشور: التحرير والتنوير، ج27، ص94، مصدر سابق.

([2]) : القرآن الكريم: الحشر (5).

([3]) : ابن كثير: تفسير القرآن العظيم، ج4، ص333-334، مصدر سابق.

([4]) : ينظر: ابن حجر: فتح الباري، ج13، ص290 ومابعدها، مصدر سابق.

المبحث الثاني

تحليل المفسرين
لمواقف المنكرين للوحي والرسالة
في ضوء آيات الوحي

المطلب الاول

القرآن يقرر الصفات العامة لصاحب الوحي

لابد من الاشارة في سياق الحديث عن اطراف العلاقة بظاهرة الوحي ان نؤكد استحالة الفصل بين القرآن الكريم بوصفه مادة الوحي الالهي وبين محمد (ﷺ) نبيا مرسلا ومتلقيا لهذا الوحي، فالذي يجري في الدلالة على صحة ايهما يجري على الاخر.

فقد اكد القرآن اطراف العلاقة في موضوع الوحي متناولا الحديث عن كل طرف بحجم دوره، حيث نسب الايحاء الى مصدره الرباني في مواضع كثيرة في القرآن وكذلك حامل الوحي الملك جبريل (عليه السلام) والذي كلف بنقل الوحي الى الرسل وكذلك الرسول الكريم متلقي هذا الوحي ومبلغه فقد تناول القرآن تاكيدات واجلاءآت غالبا ما كانت تحمل صفة الرد على المنكرين والمكابرين بل الجاهلين بحقيقة الوحي والنبوة معا.

هذا وقد أجاب القرآن الكريم عن تساؤل اهل مكة في الايات والسور الاولى فأفصح عن طبيعة من ينتقيهم ويصطفيهم الله عزوجل للقيام بمهمة نشر رسالة و الدعوة اليها، قال تعالى: ﴿**وَما أَرْسَلْنا مِنْ قَبْلِكَ إِلّا رِجالاً نوحي إِلَيْهِمْ مِنْ أَهْلِ الْقُرى أَفَلَمْ يَسيروا فِي الْأَرْضِ فَيَنْظُروا كَيْفَ كانَ عاقِبَةُ الَّذينَ مِنْ قَبْلِهِمْ وَلَدارُ الْآخِرَةِ خَيْرٌ لِلَّذينَ اتَّقَوْا أَفَلا تَعْقِلونَ**﴾[1]. قال القرطبي في صدد استخلاص الصفات المؤكدة لصدق الرسول الكريم والتي تظهر مطابقتها لدعوته القائمة على الوحي الالهي مصدرا لها: (هذا رد على القائلين (لولا انزل عليه ملك) اي ارسلنا رجالا ليس منهم امراة ولا جني ولا ملك، ومن اهل القرى، ولم يبعث الله نبيا من اهل البادية لغلبة الجفاء والقسوة على اهل البدو ولان اهل الامصار اعقل وأحلم وافضل، قال الحسن: لم يبعث الله نبيا من اهل البادية قط ولا من النساء ولا من الجن، وقال العلماء من شرط الرسول ان يكون رجلا آدميا مدنيا، وانما قالوا آدميا تحرزاً من قوله [يعوذون برجال من الجن])[2]. ويؤكد ابن تيمية على بشرية الرسول (ﷺ) وضرورة كونه بشرا مستدلا من قوله تعالى: ﴿**أَكانَ لِلنّاسِ عَجَباً أَنْ أَوْحَيْنا إِلى رَجُلٍ مِنْهُمْ أَنْ أَنْذِرِ النّاسَ وَبَشِّرِ الَّذينَ آمَنوا أَنَّ لَهُمْ قَدَمَ صِدْقٍ عِنْدَ رَبِّهِمْ قالَ الْكافِرونَ إِنَّ هَذا لَساحِرٌ مُبينٌ**﴾[3]. يقول: (وقوله تعالى دل على انه منذر لجنس الناس وانه من جنس الناس لا يختص به العرب دون غيرهم، وان كان اول من ارسل اليهم وبلسانهم)[4].

ويبرز الالوسي ممانعة كون المرسل ملاكا لانه مخالف للحكمة سيما ان السابقين من الانبياء والمرسلين هم من جنس البشر الرجال، قائلا: (فحيث لم يعلموا ان بعث

([1]) : القرآن الكريم: يوسف (109).

([2]) : القرطبي: الجامع لاحكام القرآن ج9 ص274 مصدر سابق.

([3]) : القرآن الكريم: يونس (2).

([4]) : ابن تيمية: كتاب النبوات، ص242، مصدر سابق.

الملك انما يكون عند كون المبعوث اليهم ملائكة، كما في قوله تعالى: ﴿**قُلْ لَوْ كانَ فِي الْأَرْضِ مَلائِكَةٌ يَمْشُونَ مُطْمَئِنِّينَ لَنَزَّلْنا عَلَيْهِمْ مِنَ السَّماءِ مَلَكاً رَسولاً**﴾ [1]. وانما الذي تقتضيه الحكمة بعث الملك من بينهم الى الخواص المختصين بالتقوى الزكية المؤيدين بالقوة القدسية المتعقلين بكلا العالمين الروحاني والجسماني لتتأتى لهم الإستفاضة والإفاضة)[2].

وقد تناول شيخ الاسلام إبن تيمية حكمة اختصاص المرسلين في كونهم بشرا لكونهم من جنس البشر ناطقين بلسانهم وهم بهذا اتم في الحكمة ورحمة ورأفة بالناس إذ ليس بوسعهم الأخذ عن ملك وأنه لو نزل ملكا لكان يجعله في صورة بشر لياخذوا عنه وهذا ما يفسر ويعلل عدم رؤية البشر العاديين للملائكة الا في صورة الآدميين كما ورد ان جبريل كان ياتي في صورة دحية الكلبي او صورة اعرابي ولما جاؤوا ابراهيم (عليه السلام) وإمرأته حاضرة كان في صورة بشر ايضا.[3]

وبهذه الخصائص الواضحة من ضرورات الصفات الرئيسة للنبي محمد (ﷺ) التي اكدها القرآن الكريم فقد جاء الاستنكار والاستهجان والتعجب ازاء عجبهم من نبوة محمد (ﷺ). والوحي النازل عليه، بعد ان اظهر لهم تمام مطابقة حال النبي فضلا عن معجزته القرآنية الخالدة، الا ان اقرار تلك الحقائق كان مدخلا ضروريا للايمان والاقتناع بالوحي، فضلا عن ربط ذلك بتاريخ الوحي مع المرسلين من قبل سيدنا محمد.

([1]) : القرآن الكريم: الاسراء (95).

([2]) : الالوسي: روح المعاني، م6 ج11 ص61 مصدر سابق.

([3]) : ابن تيمية: كتاب النبوات ص243 مصدر سابق.

المطلب الثاني

اسباب عدم فهم المشركين للوحي والنبوة

لقد شاء الله تعالى ان يكون مهد الوحي في مكة وشعابها وبين ظهراني اهلها كما اقتضت مشيئته عزوجل ان تكون قريش على دين الوثنية للاصنام، اذ لم يعرفوا من قبل بعثته (ﷺ) توحيدا ولا نبوة الا افراداً قليلون كانوا على دين الحنيفية او تنصروا.

وبذلك لم تكن العرب قد حفلت بشيء من العلم عن طبيعة الوحي وطريقه كونه خارجا عما اعتادوه من النظائر، وبذلك تظافرت عوامل كثيرة وكثيرة لتشكل ارضية لإنكار الوحي، فإذا تناولنا الجانب العقلاني - بعيدا عن عصبياتهم - من موقف المشركين فانه ينطلق من جهل مطبق بالرسالات وعدم استيعاب لمفهوم الوحي بالمعنى الاصطلاحي له فان ما تكون لديهم من دلالات للوحي هو مما جادت به سعت اللفظة في العربية.

وبذلك تشكلت نواة الانكار والتعجب والرفض والتسخيف للدين الجديد بادىء الامر، مما جعل من هم الدعوة والتبليغ هما مضاعفا تحمل اعباءه بداية سيدنا محمد (ﷺ) مقنعا مرة ومقدما براهين نبوته واعجاز قرانه حينا اخر ورادا على تحدياتهم واسئلتهم ومتحملا اذى المعاندين الجاحدين تارة اخرى.

ويتضح ذلك من خلال استقراء مواقفهم تجاه قضية الوحي في الايات القرآنية سيما في الفترة المكية من الدعوة ونزول القرآن والتي يظهر من خلالها تشوه الفهم الجاهلي لمقتضيات النبوة,وان لم يكن مقصودنا تتبع هذه المواقف بقدر ما نريد

مماحكة ومحاسبة افكار المنكرين للوحي من المشركين الاوائل الى ان نصل الى الثورة الاستشراقية في فهمها العقيم للقضية ذاتها.

وبذلك نحقق اعتقادا علميا مؤصلا عن حقيقة الوحي قاطعين بهذا الاعتقاد القول بالالهية الوحي المحمدي مصدرا اوحدا له، معتمدين في ذلك على المشارب الاولى من كتب المفسرين واخذين من تفاسير القرون الاخيرة لنحسن تقويم تلك المواقف الاولى التي رافقت مسيرة الوحي ورسمت الاسئلة الاولى له، حتى بات لدينا تصور جامع يجمع شتات الافكار المتعلقة بالوحي.

وعلى هذا يقول صاحب الظلال في معرض تفسيره لقوله تعالى: ﴿**قُلْ لا أَقولُ لَكُمْ عِنْدي خَزائِنُ اللـهِ وَلا أَعْلَمُ الْغَيْبَ وَلا أَقولُ لَكُمْ إِنّي مَلَكٌ إِنْ أَتَّبِعُ إِلّا ما يوحى إِلَيَّ قُلْ هَلْ يَسْتَوي الْأَعْمى والْبَصيرُ أَفَلا تَتَفَكَّرونَ**﴾[1]: (لقد شاعت في الجاهليات المتنوعة صور من (النبوءات) الزائفة يدعيها متنبئون ويصدقها مخدوعون .... ومن بينها نبوءات السحر والكهانة والتنجيم وتسخير نواميس الطبيعة بالرقى والتعاويذ او بغيرها من الوسائل والاساليب وتتفق كلها في الوهم والضلالة)[2].

فمن المؤكد ان المشركين كانوا ضحايا فكريين لهذه النبوات الزائفة التي رسخت فيهم الفهم المشوه للوحي، فبمثل هذه التصورات الباطلة عن حقيقة النبوة وطبيعة النبي، كان الناس يلتمسون ممن يدعي النبوة مثل هذه الامور.

ومما يؤكد فساد فكرتهم تجاه الوحي سؤالهم للنبي ان ياتيهم بايات كونية شاهد صدق على نبوته، وقد حكى اللـه سبحانه وتعالى على لسانهم في القرآن: ﴿**وَإِذا لَمْ تَأْتِهِمْ**

([1]) : القرآن الكريم: الانعام (50).

([2]) : قطب: سيد: في ظلال القرآن، م2، ص1095، مصدر سابق.

بِآيَةٍ قالوا لَوْلا اجْتَبَيْتَها قُلْ إِنَّما أَتَّبِعُ ما يوحى إِلَيَّ مِنْ رَبِّي هَذا بَصائِرُ مِنْ رَبِّكُمْ وَهُدىً وَرَحْمَةٌ لِقَوْمٍ يُؤْمِنونَ﴾[1]، فلما لم يجابوا الى طلبهم قالوا على سبيل التعنت هلا اختلقتها من عندك، يقصدون ان محمدا ياتي بالقرآن من نفسه وليس له مصدرٌ اخر)[2].

فكما نلاحظ انه لم يتحقق - حسب فكرتهم ونظرتهم - في محمد (ﷺ) القدرات التي اعتادوا على سماعها من المشعوذين الذين يّدعون صلاتٍ عدةً بالمجهول وعالم الاشباح، فقد عدوها دعوة مزيفة ووحيا كاذبا ياتي به محمد من تلقاء نفسه.

يقول سيد قطب في تناوله هذه الآية: (انهم لم يكونوا يدركون طبيعة الرسول ووظيفته، كذلك لم يكونوا يعرفون ادبه مع ربه وان يتلقى منه ما يعطيه ولا يقدم بين يدي ربه ولا يقترح عليه ... فقد كانت الصورة الزائفة للمتنبئين في الجاهليات تتراءى لهم ولم يكن لهم فقه ولا معرفة بحقيقة الرسالة وطبيعة الرسول)[3].

فهم بتكذيبهم كانوا ضحايا خاسرين لميزان النبوءات الذي اعتمدوه والذي لم يصدقهم الكيل في حسم نبوة محمد (ﷺ) فكان نتاج ذلك انكارهم لدعواه ووحيه

يقول القاسمي: (وانما أنكر القرآن تعجبهم من بشرية الرسول لكون سنة اللـه جارية ابدا على هذا الاسلوب في الايحاء الى الرجال وانما كان تعجبهم لبعدهم عن مقامه وعدم مناسبة حالهم لحاله ومنافاة ما جاء به لما اعتقدوه)[4].

وبعد مرحلة من الدعوة استطاع محمد (ﷺ) ان يفتح ابواب فكرهم ويوصل اليهم فكرة الرسالة والبعثة الالهية للأمم والشعوب الا انهم اعتقدوا ان تلك المهمة امر

([1]) : القرآن الكريم: الاعراف (203).

([2]) : ينظر: حجازي: التفسير الواضح، م1 ج9، ص55.

([3]) : قطب: في ظلال القرآن، م3، ص1420، مصدر سابق.

([4]) : القاسمي: محاسن التاويل: ج9، ص3322، مصدر سابق.

خارق لا يمكن ان يقوم به بشر وان ذلك هو مناط مخلوقات اخرى كالملائكة او الجن، واذا امعنا النظر في تفاصيل العلاقة بين الوحي والرسالة التي صدر عنها الموقف الانكاري للمشركين نجد ان اعتقادهم بالوحي يتلخص بقدرة مدعيه على اقتحام عالم المجهول، وازاء تاكيد الايات الكريمة والحاحها على حقائق الرسالة والبعثة الربانية لمن يصطفيه الـلـه (عزوجل) دون طموح او تطلع، فانهم ان ادركوا بعد حين اهداف الرسالات وحكمتها، الا ان تكليف الـلـه لبشر ان يقوم بهذه المهمة امر لم يكونوا قد عقلوه بعد، ولعل شعورهم بأن كل ذلك منطلق من عالم اخر وان من هذا العالم يكون طرفا العلاقة باعث الرسل والرسل انفسهم جاء تعجبهم واستنكارهم لكون النبي المرسل بشرا لا ملكا، كما افترضوا تاسيسا مجزوءا لفهم ما اخبرهم به محمد (ﷺ) الذي اخذوا منه فكرة الرسالة ونفوها عنه.

يقول الفخر الرازي في تحليل عجب الكفار من خلال قوله تعالى: (اكان للناس عجبا ان اوحينا الى رجل منهم) : (ان هذا التعجب اما ان يكون من ارسال الـلـه تعالى رسولا من البشر او سلموا انه لا تعجب في ذلك وانما تعجبوا من تخصيص الـلـه تعالى محمد (ﷺ) بالوحي والرسالة)[1] ويميل المؤلف للرأي الأول إذ انهم لم يتصوروا في أيامهم أن الرسول الإلهي يمكن أن يكون بشراً وأن فكرة بشرية الرسول هي نتاج تأثرهم بما أخبرهم به النبي وتأكدوا منه من خلال أهل الكتاب.

ويقول القرطبي: (نزلت في مشركي مكة حين انكروا نبوة محمد (ﷺ)، وقالوا: الـلـه أعظم من ان يكون رسوله بشرا فهلا بعث الينا ملكا، فرد الـلـه تعالى عليهم بقوله: (وما ارسلنا من قبلك) الى الامم الماضية يا محمد (الا رجالا) آدميين، فان لم يؤمنوا

([1]) : الفخر الرازي: التفسير الكبير، ج17، ص6، ط1، 1938، المطبعة البهية المصرية.

فهم معترفون بان الرسل كانوا من البشر)[1]. ولقد احسن ابن عاشور استخلاص موقفهم من خلال تفسيره لقوله تعالى: ﴿قُلْ لا أَقولُ لَكُمْ عِنْدي خَزائِنُ اللـهِ وَلا أَعْلَمُ الْغَيْبَ وَلا أَقولُ لَكُمْ إِنِّي مَلَكٌ إِنْ أَتَّبِعُ إِلّا ما يوحى إِلَيَّ قُلْ هَلْ يَسْتَوي الْأَعْمى والْبَصيرُ أَفَلا تَتَفَكَّرونَ﴾[2]، فيقول: (كان العرب يتوهمون ان الرسالة تقتضي ان يكون الرسول من غير جنس البشر فلذلك قالوا: (ما لهذا الرسول ياكل الطعام ويمشي في الاسواق))[3]. لو لم يكن ذلك وهمهم وفكرتهم عن الرسول لما كان سائغا تعجبهم من سلوكه البشري. وفي استشفاف باهر لاساس التعجب عند المشركين من بشرية الرسول (ﷺ) يقول سيد قطب في معرض تفسيره لقوله تعالى: ﴿أَكانَ لِلنّاسِ عَجَباً أَنْ أَوْحَيْنا إِلى رَجُلٍ مِنْهُمْ أَنْ أَنْذِرِ النّاسَ وَبَشِّرِ الَّذينَ آمَنوا أَنَّ لَهُمْ قَدَمَ صِدْقٍ عِنْدَ رَبِّهِمْ قالَ الْكافِرونَ إِنَّ هَذا لَساحِرٌ مُبينٌ﴾[4] : يقول: (سؤال استنكاري، يستنكر هنا التعجب الذي تلقى به الناس حقيقة الوحي منذ كانت الرسل، لقد كان السؤال الدائم الذي قوبل به كل رسول: ابعث اللـه بشرا رسولا؟!

ومبعث هذا السؤال هو عدم ادراك قيمة (الانسان) عدم ادراك الناس انفسهم لقيمة (الانسان) الذي يتمثل فيهم، فهم يستنكرون على بشر ان يكون رسول اللـه، او يتصل اللـه به - عن طريق رسول - فيكلفه هداية الناس، انهم ينتظرون ان يرسل اللـه ملكا او خلقا آخر أعلى مرتبة من الانسان من عند اللـه، غير ناظرين الى تكريم اللـه لهذا المخلوق)[5].

([1]) : القرطبي: الجامع لاحكام القرآن، ج10، ص108، مصدر سابق.
([2]) : القرآن الكريم: الانعام (50).
([3]) : ابن عاشور: التحرير والتنوير، ج7، ص242، مصدر سابق.
([4]) : القرآن الكريم: يونس (2).
([5]) : قطب: في ظلال القرآن، م3، ص1759، مصدر سابق.

وقد جاء الرد القرآني حاسما في تقرير كون الرسل تاريخيا هم من البشر وان جهلهم بذلك ليس عذرا، اذ بامكانهم مفاتحة اهل الكتاب وتقصي هذه الحقيقة من خلال ما عرفوه من كون المرسلين اليهم بشرا تلقوا الوحي من الـلـه عبر الملك قال تعالى: ﴿**وَما أَرْسَلْنا مِنْ قَبْلِكَ إِلّا رِجالاً نوحي إِلَيْهِمْ فاسْأَلوا أَهْلَ الذِّكْرِ إِنْ كُنْتُمْ لا تَعْلَمونَ**﴾[1].

قال الماوردي: (قوله تعالى: (فسألوا أهل الذكر) الاية، فيها ثلاثة اوجه:

احدها: اهل التوراة والانجيل، قاله حسن وقتادة.

الثاني: انهم علماء المسلمين، قال علي (رضي الله عنه).

الثالث: مؤمنو أهل الكتاب قاله ابن شجرة)[2]. ونميل للأخذ بالوجه الأول لظهور معنى الثقة والتاكيد فيه ولقوة دلالته على الحسم واليقين.

اما الفخر الرازي فيقول: (فالمعنى انه تعالى امرهم ان يسالوا اهل الذكر وهم اهل الكتاب، حتى يعلموا ان رسل الـلـه الموحى اليهم كانوا بشرا ولم يكونوا ملائكة وانما احالهم الى هؤلاء لانهم كانوا يتابعون المشركين في معاداة رسول الـلـه (صلى الله عليه وسلم))[3].

وجاء في روح المعاني في الابانة عن المقصود من اهل الذكر: (قال ابن عباس والحسن والسدي اي اهل الكتاب من اليهود والنصارى، قال في البحر والمراد من لم يسلم من اهل الكتاب لانهم الذين لا يتهمون عند أهل مكة في اخبارهم بان الرسل (عليهم السلام) كانوا رجالا فإخبارهم بذلك حجة عليهم والمراد كسر حجتهم والزامهم، وقال

([1]) : القرآن الكريم: النحل (43).

([2]) : الماوردي: ابي الحسن علي بن حبيب: النكت والعيون، ج3، ص38، تحقيق خضر محمد خضر، ط1، 1982.

([3]) : الرازي: التفسير الكبير: ج22 ، ص144، مصدر سابق.

الاعمش وابن عينية وابن جبير: المراد من اسلم منهم كعبد الله بن سلام وسلمان الفارسي (رضي الله عنه) ويضعفه ان قول من اسلم لا حجة فيه على الكفار)[1].

المطلب الثالث

مظاهر سوء فهم النبوة والوحي

انعكست اثار التشوه في مفهوم الوحي والنبوة عند المشركين في فهمهم لرسالة سيدنا محمد بالعديد من المواقف التي افصحت عن تصورهم الاخرق للمفهومين شديدي الاتصال وتمثل ذلك بجملة من المواقف التي تدل على نقصان الفهم والذي لا يمكن من خلاله تاسيس قناعة بالوحي وبنبوة سيدنا محمد.

وان انكارهم كان تعبيرا عن قصور التصور الكلي للوحي وحقيقة العلاقة بين الله والنبي المرسل فان من استعدل فهمه للامر فقد سارع لاعلان ايمانه، كما لا يعد نفور نفر من المشركين مثلبا على الوحي، بعد ان عرفنا انحراف مقياسهم الذي اختبروا به نبوة محمد (صلى الله عليه وسلم).

اذ ان هذا الانكار والتعجب لايمس سمو الوحي ونقاء النبوة طالما انه لم ينطلق من وعي محكم بجوهر الوحي الرباني.

اولا: انكار نبوة محمد (صلى الله عليه وسلم):

مع تكرار الحجج والبراهين والادلة القرآنية من قصص الانبياء والرسل مع أقوامهم الذين جاؤوهم برسالات وهدى لم يكن من المشركين الا ان صدعوا من حيث

([1]) : الالوسي: روح المعاني، م7، ص147، مصدر سابق.

المبدأ الى فكرة بشرية الرسول الا ان ذلك لم يثنهم عن انكار النبوة لشخص محمد بن عبد الله (ﷺ) منطلقين من عناد ولجاج لا عن بصيرة وحق ومن جملة مظاهر ذلك الانكار.

1- استكثار النبوة على يتيم ابي طالب:

يقول البروسوي في تفسيره لقوله تعالى: ﴿أَكَانَ لِلنَّاسِ عَجَباً أَنْ أَوْحَيْنَا إِلَى رَجُلٍ مِنْهُمْ أَنْ أَنْذِرِ النَّاسَ وَبَشِّرِ الَّذِينَ آمَنُوا أَنَّ لَهُمْ قَدَمَ صِدْقٍ عِنْدَ رَبِّهِمْ قَالَ الْكَافِرُونَ إِنَّ هَذَا لَسَاحِرٌ مُبِينٌ﴾[1]:

(فإنهم كانوا يقولون العجب ان الله تعالى لم يجد رسولا يرسله الى الناس الا يتيم أبي طالب وهو من فرط حماقتهم وقصر نظرهم على الامور العاجلة وجهلهم بحقيقة الوحي والنبوة، فانه عليه السلام لم يكن يقصر عن عظمائهم في النسب والحسب والشرف وكل ما يعتبر في الرياسة من كرم الخصال الا في المال ولا مدخل له في شرف النفس ونجابة جوهرها الا انهم لعظم الغنى في أعينهم تعجبوا من اصطفائه للرسالة)[2].

فهم بذلك عبروا عن جهلهم بحكمة الله وتفرده باختيار اصفيائه واسقطوا قياساتهم للنبوة على ما عرفوا من خصال الرياسة والصدارة فكان حكمهم ظاهر الانحراف.

يقول القرطبي في تفسيره لقوله تعالى: ﴿وَمَا تَفَرَّقُوا إِلَّا مِنْ بَعْدِ مَا جَاءَهُمُ الْعِلْمُ بَغْياً بَيْنَهُمْ وَلَوْلَا كَلِمَةٌ سَبَقَتْ مِنْ رَبِّكَ إِلَى أَجَلٍ مُسَمَّىً لَقُضِيَ بَيْنَهُمْ وَإِنَّ الَّذِينَ أُورِثُوا الْكِتَابَ مِنْ بَعْدِهِمْ لَفِي

_____

[1] : القرآن الكريم: يونس (2).
[2] : البروسوي: روح البيان، م4، ص5 مصدر سابق.

شَكٍّ مِنْهُ مُرِيبٍ﴾[1] اي ان قريشا كانوا يتمنون ان يبعث اليهم نبي، فالمشركون قالوا لما خص بالنبوة، واليهود حسدوه لما بعث وكذا النصارى، (بغيا بينهم) اي بغيا من بعضهم على بعض طلبا للرياسة، فليس تفرقهم لقصور في البيان والحجج ولكن للبغي والظلم)[2].

2- اقتراحهم بدلاء لحمل الرسالة:

يقول السيوطي: (فلما كرر الـلـه عليهم الحجج وقالوا: واذا كان بشرا فغير محمد كان احق بالرسالة ﴿وَقالوا لَوْلا نُزِّلَ هَذا الْقُرْآنُ عَلى رَجُلٍ مِنَ الْقَرْيَتَيْنِ عَظِيمٍ﴾[3]، يقولون اشرف من محمد يعني الوليد بن مغيرة من مكة ومسعود بن عمرو الثقفي من الطائف)[4] فهم بهذا يصدرون – كما اشرت – الى اعتماد مواصفات بشرية لمن يرونه اهلا للرياسة، وجدوا انها اكمل في غير محمد (ﷺ) متجاهلين ان حقيقة الاختيار امر يعود الى الـلـه تعالى العالم بدواخل الناس وقدراتهم واهليتهم لحمل الرسالة والذين صنعهم على عين رعايته واختار فيهم من كمال صفات البشر ما يجعلهم مناط هذا التكليف المشرف لحامليه ومن بعدهم السائرين على هديهم.

ثانيا: ادعاء النبوة:

اندفع بعض المشركين المنكرين للوحي المحمدي للادعاء بانهم يوحى اليهم، ولم يدعوا انهم رسل بل كانت دعواهم انهم يتلقون وحيا من الـلـه محاولين نظم عبارات مسجوعة واعطاءها مسوحاً رهبانية لغواية اتباعهم بدعواهم.

([1]) : القرآن الكريم: الشورى (14).

([2]) : القرطبي: الجامع لاحكام القرآن، ج16، ص12، مصدر سابق.

([3]) : القرآن الكريم: الزخرف (31).

([4]) : السيوطي: الدر المنثور في التفسير الماثور، م4، ص340، ط1، 1983، دار الفكر – بيروت.

قال تعالى: ﴿وَمَنْ أَظْلَمُ مِمَّنِ افْتَرَى عَلَى اللّـهِ كَذِباً أَوْ قَالَ أُوحِيَ إِلَيَّ وَلَمْ يُوحَ إِلَيْهِ شَيْءٌ وَمَنْ قَالَ سَأُنْزِلُ مِثْلَ مَا أَنْزَلَ اللّـهُ﴾[1].

يقول القرطبي: (نزلت في رحمان اليمامة والأسود العنسي وسجاح زوج مسيلمة كلهم تنبأ وزعم ان اللـه قد اوحى اليه)[2].

والمقصود بـ (رحمان اليمامة) هو مسيلمة الكذاب وهو من اشار اليه سهيل بن عمرو في اثناء اعداد وثيقة صلح الحديبية عندما رفض ترويسة الوثيقة بـ بسم اللـه الرحمن الرحيم، فقال: ما نعرف الرحمن الا صاحب اليمامة[3] وقيل الاسود العنسي هو صاحب صنعاء فقد ذكر ذلك البروسوي ولكنه سماه في غير موضع بـ العبسي، اي باء عقب العين لا نون[4] وقد يكون ذلك من اخطاء الطباعة اما السيوطي فقد اخرج عن ابن جرير وابي الشيخ عن عكرمة في قوله تعالى (ومن اظلم ممن افترى...) قال نزلت في مسيلمة فيما كان يسجع ويتكهن به[5].

الا ان القول بنزولها في مسيلمة حصرا وعلى ادعائه النبوة يقتضي ان يكون مسيلمة قد ادعى النبوة قبل هجرة الرسول (ﷺ) الى المدينة لان السورة مكية، والثابت ان مسيلمة لم يدع النبوة الا بعد ان وفد على النبي في قومه بني حنيفة بالمدينة سنة تسع للهجرة طامعاً في أن يجعل له رسول اللـه (ﷺ) الامر بعده فلما رجع خائباً إدعى النبوة في قومه[6].

([1]) : القرآن الكريم: الانعام (93).

([2]) : القرطبي: الجامع لاحكام القرآن، ج7، ص39، مصدر سابق.

([3]) ينظر: المصدر نفسه ج9 ص318.

([4]) ينظر: البروسوي: روح البيان، م3، ص67، مصدر سابق.

([5]) السيوطي: الدر المنثور في التفسير الماثور م3، ص317، مصدر سابق.

([6]) ينظر: ابن عاشور: التحرير والتنوير ج7، ص375، مصدر سابق.

ويعلل ابن عاشور ذكر القرطبي للاسود العنسي بانه على سبيل التنظير مع مسيلمة على الرغم من انه اثبت خطأ القول بنزولها في مسيلمة فضلا عن الاسود الذي ما ادعى النبوة الا في اخر حياة الرسول (ﷺ)[1].

ويرى ابن حيان: (ان الاية نزلت في النضر بن الحارث ومن معه من المستهزئين لانه عارض القرآن بكلام سخيف لا يذكر لسخفه ويندرج في عموم من افترى مسيلمة والاسود)[2] لكنه لم يحدد من اي صنف كان النضر بن الحارث حيث تشتمل الاية على ثلاثة اصناف من المفترين لكنه لم يحدد من اي صنف كان النضر بن الحارث، وعلى كل فقد نجا من نسبة سبب نزولها في مسيلمة المُبطلة، واصاب المعنى في عده مسيلمة والاسود في عموم من تصدق بحقهم الاية الكريمة.

فقد اشتملت هذه الاية على ثلاثة اصناف للافتراء على الـلـه؛ الاول: في من افترى على الـلـه كذباً، وقد تناولنا الاقوال في من افتروا على الـلـه كذباً سواء من نزلت فيه الآية او انطبق عليه الوصف، والثاني قوله (او قال اوحي الي ولم يوح اليه شيء)، حيث يقول الامام الرازي في هذا الصنف: (الفرق بين هذا القول وبين ما قبله ان في الاول كان يدعي انه اوحي اليه وما كان يكذِّب بنزول الوحي على محمد واما في هذا القول فقد اثبت الوحي لنفسه ونفاه عن محمد (ﷺ) وكان هذا جمعا بين نوعين عظيمين من الكذب وهو اثبات ما ليس بموجود ونفي ما هو موجود)[3].

([1]) المصدر نفسه: ج7، ص375.

([2]) ابن حيان: النهر الماد من البحر المحيط ج1، ص718.

([3]) : الفخر الرازي: التفسير الكبير، ج13، ص84، مصدر سابق.

وفي قوله تعالى (.... ومن قال سانزل مثل ما انزل الـلـه) يرى الواحدي بانها نزلت في عبد الـلـه بن سعد بن ابي سرح العامري وكان قد اسلم بمكة، وكان يكتب الوحي للنبي (ﷺ) ثم ارتد عن الاسلام[1].

وقد خالفه الرازي في النازلة بسببه الاية لقوله: (سانزل مثل ما انزل اليه) قال المفسرون المراد ما قاله النضر بن الحرث وهو قوله: (لو نشاء لقلنا مثل هذا) وقوله في القرآن: انه من اساطير الاولين وكل احد يمكنه الإتيان بمثله وحاصله ان هذا القائل يدعي معارضة القرآن)[2] وان كان قد سبق ابن حيان في نسبتها للنضر الا ان ابن حيان عده المراد من صور الافتراء الواردة في الاية كلها لذا قدم.

ويرى القرطبي ان سبب ذلك فيما يقول المفسرون: (انه لما انزلت الاية التي في المؤمنون : (ولقد خلقنا الانسان من سلالة من طين) دعاه النبي (ﷺ) فاملاها عليه، فلما انتهى الى قوله (ثم انشاناه خلقا اخر) عجب عبد الـلـه في تفصيل خلق الانسان، فقال: (تبارك الـلـه احسن الخالقين) فقال رسول الـلـه (ﷺ): (هكذا انزلت علي) فشك عبد الـلـه حينئذ وقال: لئن كان محمد صادقا لقد اوحي الي كما اوحي اليه، ولئن كان كاذبا لقد قلت كما قال، فارتد عن الاسلام ولحق بالمشركين)[3]. وبذلك يكون القرطبي قد ذكر أكثر من سبب لنزول هذه الاية لاشارتها لأكثر من نوع من الافتراء وقد وجد من تنطبق فيهم دواعي نزولها.

([1]) : الواحدي، ابي الحسن علي بن احمد: اسباب النزول، ص216، تحقيق: السيد احمد صقر، ط1، 1969، دار الكتاب الجديد.

([2]) : الفخر الرازي: التفسير الكبير، ج13، ص84، مصدر سابق.

([3]) : القرطبي: الجامع لاحكام القرآن، ج7، ص40، مصدر سابق.

وقد تناول ابن حيان قصة ابن أبي سرح ولكنه افترض عدم ايمانه بالوحي من اللـه قائلا: (وقوله: مثل ما انزل اللـه، ليس معتقده ان اللـه انزل شيئا وانما المعنى مثل ما انزل اللـه على زعمكم واعادة (من) تدل على تغاير مدلوله لمدلول من المتقدمة فالذي قال سانزل غير من افترى او قال اوحي الي، وقوله (سانزل) وعد كاذب وتسميته انزالا مجاز وانما المعنى سانظم كلاما يماثل ما ادعيته ان اللـه تعالى انزله وهذه الاية وان كان سبب نزولها في مخصوصين فهي شاملة لكل من ادعى مثل دعواهم كطلحة الاسدي والمختار بن ابي عبيد وسجاح وغيرهم)[1].

واستشهد السيوطي برواية اخرى يؤكد فيها انها نزلت في ابن ابي سرح قائلا: (اخرج ابن ابي حاتم عن السدي في قوله ﴿**وَمَنْ أَظْلَمُ مِمَّنِ افْتَرَى عَلَى اللـهِ كَذِباً أَوْ قالَ أوحيَ إِلَيَّ وَلَمْ يوحَ إِلَيْهِ شَيْءٌ وَمَنْ قالَ سَأُنْزِلُ مِثْلَ ما أَنْزَلَ اللـهُ**﴾[2] قال: نزلت في عبد اللـه بن سعد بن ابي سرح القريشي، اسلم وكان يكتب للنبي (ﷺ) فكان اذا املى عليه (سميعا عليما) كتب (عليما حكيما) او اذا قال (عليما حكيما) كتب (سميعا عليما) فشك وكفر وقال: ان كان محمد يوحى اليه فقد اوحي الي)[3].

وقد خالف ابن عاشور المفسرين القائلين بانها نزلت في عبد اللـه بن ابي سرح العامري بعد ان ابطل اقوال المفسرين في قولهم انها نزلت في مسيلمة والأسود، فيقول: (وهذا ايضا لا ينثلج له الصدر، لان عبد اللـه بن ابي سرح ارتد بعد الهجرة ولحق بمكة وهذه السورة مكية)[4].

([1]) : ابن حيان: النهر الماد من البحر المحيط، ج1، ص718، مصدر سابق.
([2]) : القرآن الكريم: الانعام (93).
([3]) : السيوطي: الدر المنثور في التفسير المأثور، م3، ص317، مصدر سابق.
([4]) : ابن عاشور: التحرير والتنوير، ج7، ص375، مصدر سابق.

وان كان الخلاف في حدود سبب النزول الا انه حقق الافادة في تعضيد الروايات التي تناولت مدعي النبوة وبواعث الادعاء وهو في حقيقة الامر لا يعدو كونه تعبيرا عن سوء الفهم انطلاقا الى المماثلة والمشابهة وتجسيدا للحسد والطمع بشرف النبوة الذي حجب عنهم وكان لمن اختاره الـلـه، او كفرا وجحودا وليس للكفر تسويغ مقنع لانه مطلق الظلم.

ثالثا: محاولة الفتنة:

حاول الكفار كدأبهم في كل العصور تجريب كل وسائل العبث بالقرآن واختبار وحي محمد (ﷺ) وصدقه فيما ادعاه من وحي منزل فلما صدعوا لفكرة بشرية الرسول واخفق مدعي النبوة في تحقيق هدفهم بتدمير الرسالة لم يجدوا مناصا من اتباع اسلوب جديد لكنه هذه المرة لا يعتمد على المواجهة بل على المفاوضة.

قال تعالى: ﴿**وَإِنْ كادوا لَيَفْتِنونَكَ عَنِ الَّذي أَوْحَيْنا إِلَيْكَ لِتَفْتَرِيَ عَلَيْنا غَيْرَهُ وَإِذاً لاتَّخَذوكَ خَليلاً**﴾ [1]. وعن معنى قوله تعالى قال القرطبي: (اي لتختلق علينا غير ما اوحينا اليك وهو قول ثقيف: حرم وادينا كما حرمت مكة شجرها وطيرها ووحشها، فان سالتك العرب لما خصصتهم فقل: الـلـه امرني بذلك حتى يكون عذرا لك)[2].

وعن مناسبتها يروي ايضا عن قتادة: (ذكر لنا ان قريشا خلوا برسول الـلـه (ﷺ) ذات ليلة الى الصبح يكلمونه ويفخرونه ويسودونه ويقاربونه، فقالوا: انك تاتي بشيء

([1]) : القرآن الكريم: الاسراء (73).

([2]) : القرطبي: الجامع لاحكام القرآن، ج10، ص299، مصدر سابق.

لا ياتي به احد من الناس وانت سيدنا يا سيدنا وما زالوا به حتى كاد يقاربهم في بعض ما يريدون، ثم عصمه الـلـه من ذلك وانزل الـلـه هذه الاية)[1].

فقد كان رسول الـلـه شغوفا بايمانهم ويعز عليه ان يراهم في ظلالهم، حتى كاد يفعل ما يحببهم بدعوته ويجذبهم عبره للاسلام لكن عصمة الـلـه له انجته من مكرهم واستدراجهم، قال تعالى: ﴿**وَإذا تُتْلى عَلَيْهِمْ آياتُنا بَيِّناتٍ قالَ الَّذينَ لا يَرْجونَ لِقاءَنا ائْتِ بِقُرْآنٍ غَيْرِ هَذا أَوْ بَدِّلْهُ قُلْ ما يَكونُ لي أَنْ أُبَدِّلَهُ مِنْ تِلْقاءِ نَفْسي إِنْ أَتَّبِعُ إلّا ما يوحى إِلَيَّ إِنّي أَخافُ إِنْ عَصَيْتُ رَبّي عَذابَ يَوْمٍ عَظيمٍ**﴾[2].

ويقول الفخر الرازي في صدد تفسيره لهذه الاية: (انهم طلبوا من رسول الـلـه (ﷺ) احد امرين على البدل: فالاول: ان ياتيهم بقران غير هذا القرآن والثاني: ان يبدل هذا القرآن واذا كان كذلك فان كل واحد منهما شيء واحد، وايضا مما يدل على ان كل واحد منهما هو عين الاخر انه (ﷺ) اقتصر الجواب على نفي احدهما وهو قوله: (ما يكون لي ان ابدله من تلقاء نفسي) واذا ثبت ان كل واحد من هذين الامرين هو نفس الاخر كان القاء اللفظ على الترديد والتخيير فيه باطلا)[3].

وهكذا لم يألُ الكفار جهدا في إظهار أسباب الإنكار والجحود للنبوة والوحي وان الدوافع غير التقليدية للكفار لا تنم عن وعي ومسؤولية في التفكير بل تنطلق من ثوابت غير قابلة للتصرف والاعتبار ولعل انتقالهم واضطرابهم في الثبات على شكل من اشكال الرفض للنبوة والوحي يدل بوضوح على خلو اذهانهم من علم الرسالات

([1]) : المصدر نفسه، ج10، ص300.

([2]) : القرآن الكريم: يونس (15).

([3]) : الفخر الرازي: التفسير الكبير، ج17، ص55، مصدر سابق.

وأصول التعامل معها واساليب التحقق من ربانيتها، والا لما تدرج موقف الانكار من رفض بشرية الرسول ثم الايمان بالرسول البشري كفكرة ونفيها عن محمد ثم النظر الى محمد (ﷺ) نظرة من لايستحق هذا الشرف الرفيع الى ان اقترحوا اسماء اخرى فهو تطور في الموقف الانكاري بصورة انعكاسية للواقع المحمدي الجديد ثم كانت ادعاءات النبوة الزائفة، فهذا يدل على ان أكثر الناس معايشة لفترة الرسالة لم يستطيعوا ان يحفلوا بمظهر شكلي واحد يصمد في وجه البرهان المحمدي الساطع على صدق نبوته وسلامة مصدر وحيه، ويابى اللـه الا ان يظهر دينه ولو كره المشركون.

المبحث الثالث

شهادة المحتوى القرآني

ادرك العرب الاقحاح بصفاء قرائحهم وسلامة السنهم اعجاز القرآن وتفوقه على ما الفوه وعرفوه من بدائع القول وفنون الكلام ومع تضاد مواقفهم بين الايمان والانكار فقد صدعوا للاقرار بان القرآن ليس بقول بشر فان ايات هذا القرآن النازل على محمد (ﷺ) قد جاءت لتؤكد صدق انتماء مصدر هذا الكلام لله تعالى فكان القرآن خصما وحكما وشاهدا في ان واحد.

ولما كانت الايات التي تشهد بصدق الوحي المحمدي هي من ضمن من اقروا باعجازها فقد كانت الحجة ابلغ ليردوا ظلالاتهم الى انفسهم، الا المعاندين منهم الذين لا تثنيهم حجة فاولئك ممن لا نستمريء الجدل معهم اذ لا يفيد معهم حجة او برهان.

المطلب الاول

الشهادة الالهية الصريحة

قال تعالى: ﴿**قُلْ أَيُّ شَيْءٍ أَكْبَرُ شَهادَةً قُلِ اللـهُ شَهيدٌ بَيْني وَبَيْنَكُمْ وَأوحِيَ إِلَيَّ هَذا الْقُرْآنُ لِأُنْذِرَكُمْ بِهِ وَمَنْ بَلَغَ أَإِنَّكُمْ لَتَشْهَدونَ أَنَّ مَعَ اللـهِ آلِهَةً أُخْرى قُلْ لا أَشْهَدُ قُلْ إِنَّما هوَ إِلَهٌ واحِدٌ وَإِنَّني بَريءٌ مِمّا تُشْرِكونَ**﴾[1].

قال القرطبي: (واوحي الي هذا القرآن) اي والقرآن شاهد بنبوتي)[2]. اي بما جئتكم به من قصص الامم الغابرة مما لا قبل لكم بمعرفته، هذا فضلا عما لمستموه من اعجاز لا يزال التحدي به قائم.

وعن سبب النزول ومقدمات الاية الكريمة يقول الالوسي: (روى الكلبي ان كفار مكة قالوا لرسول اللـه (ﷺ) يا محمد اما وجد اللـه تعالى رسولا غيرك، ماترى احدا يصدقك فيما تقول، ولقد سالنا عنك اليهود والنصارى فزعموا انه ليس لك عندهم ذكر فارنا من يشهد انك رسول اللـه فنزلت، واخرج ابن جرير وغيره عن ابن عباس (رضي الله عنه) قال: جاء النحام بن زيد قردم بن كعب وبحري بن عمرو فقالوا يا محمد ما تعلم مع اللـه الها غيره؟ فقال الرسول (ﷺ): لا اله الا اللـه تعالى بذلك بعثت والى ذلك ادعو، فانزل اللـه تعالى هذه الاية والاول اوفق باول الاية والثاني باخرها)[3].

([1]) : القرآن الكريم: الانعام (19).

([2]) : القرطبي: الجامع لاحكام القرآن، ج6، ص399، مصدر سابق.

([3]) : الالوسي: روح المعاني، م4، ص117، مصدر سابق.

هذا وقد سأل مشركو قريش أهل الكتاب عن رأيهم في النبي (ﷺ) ودينه فقالوا ليس في التوراة والانجيل شيء دال على نبوته، وقد شهدوا له بالرسالة والصدق قبل ان يثبت كذب اهل الكتاب في شهادتهم وكتمانهم مافيه من البشارة بمحمد بعد عيسى (عليه السلام)، قال تعالى: ﴿**الَّذينَ آتَيْناهُمُ الْكِتابَ يَعْرِفونَهُ كَما يَعْرِفونَ أَبْناءَهُمُ الَّذينَ خَسِروا أَنْفُسَهُمْ فَهُمْ لا يُؤْمِنونَ**﴾ [1].

حيث يورد السيوطي رواية اخرى لا تتعارض مع ما سبق في المحتوى فيقول: (اخرج ابن جرير والبيهقي في الاسماء والصفات عن مجاهد قوله: (قل اي شيء اكبر شهادة) قال: امر محمد (ﷺ) ان يسال قريشا اي شيء اكبر شهادة، ثم امره ان يخبرهم فيقول: (الله شهيد بيني وبينكم)[2].

ويزيد القاسمي الامر ابانة بقوله: (المعنيُّ بالشهادة هو شهادته تعالى في ثبوت النبوة له (ﷺ) هو الذي جنح اليه الأكثر، وكان مشركو مكة طلبوا منه (ﷺ) شاهدا على نبوته فقيل لهم: اكبر شيء شهادة هو الله تعالى، وقد شهد لي بالنبوة لانه اوحى الي هذا القرآن، وتحداكم بمعارضته فعجزتم وانتم انتم في مقام البلاغة. واذا كان معجزا كان اظهاره تعالى اياه على وفق دعواي شهادة منه على صدق في النبوة)[3].

وجاء في زاد المسير: (قوله تعالى: [قل اي شيء اكبر شهادة] سبب نزولها ان رؤساء مكة أتوا رسول الله (ﷺ) فقالوا: يا محمد، ما نرى احداً يصدقك بما تقول، ولقد سألنا عنك اليهود والنصارى، فزعموا انه ليس لك عندهم ذكر ولا صفة، فأرنا من يشهد

([1]) : القرآن الكريم: الانعام (20).

([2]) : السيوطي: الدر المنثور في التفسير الماثور، م3، ص256، مصدر سابق.

([3]) : القاسمي: محاسن التاويل، ج6، ص226، مصدر سابق.

انك رسول الله، فنزلت هذه الآية، وقال الزجاج: أمره الله ان يحتج عليهم بأن شهادة الله في نبوته أكبر شهادة وأن القرآن الذي أتى به يشهد له انه رسول الله)[1].

وبذلك تكون الشهادة الالهية الصريحة بصدق محمد خير دليل وادمغ برهان على سلامة المصدر الالهي للوحي ولهم ان يستانسوا بعلم اهل الكتاب ليعلموا ان ذلك مصداق لقوله تعالى.

المطلب الثاني

محمد رسول لا مبتدع رسالة

اكد القرآن في غير موضع نبوة محمد (ﷺ) بتكليفه بالرسالة فقال تعالى: **﴿قُلْ ما كُنْتُ بِدْعاً مِنَ الرُّسُلِ وَما أَدْري ما يُفْعَلُ بي وَلا بِكُمْ إِنْ أَتَّبِعُ إِلّا ما يوحى إِلَيَّ وَما أَنا إِلّا نَذيرٌ مُبينٌ﴾**[2].

وقال عز من قائل: **﴿قُلْ إِنَّما أَنا بَشَرٌ مِثْلُكُمْ يوحى إِلَيَّ أَنَّما إِلَهُكُمْ إِلَهٌ واحِدٌ فَمَنْ كانَ يَرْجو لِقاءَ رَبِّهِ فَلْيَعْمَلْ عَمَلاً صالِحاً وَلا يُشْرِكْ بِعِبادَةِ رَبِّهِ أَحَداً﴾**[3].

وقال رب العزة : **﴿كَذَلِكَ يوحي إِلَيْكَ وَإِلى الَّذينَ مِنْ قَبْلِكَ اللهُ الْعَزيزُ الْحَكيمُ﴾**[4].

وقال الله في محكم كتابه: **﴿وَلَقَدْ أوحِيَ إِلَيْكَ وَإِلى الَّذينَ مِنْ قَبْلِكَ لَئِنْ أَشْرَكْتَ لَيَحْبَطَنَّ عَمَلُكَ وَلَتَكونَنَّ مِنَ الْخاسِرينَ﴾**[5].

([1]) : ابي الفرج، جمال الدين عبد الرحمن بن علي بن محمد الجوزي القرشي البغدادي، ت(597هـ): زاد المسير في علم التفسير، ج3، ص13، ط1، 1965، المكتب الاسلامي للطباعة والنشر - بيروت.

([2]) : القرآن الكريم: الاحقاف (9).

([3]) : القرآن الكريم: الكهف (110).

([4]) : القرآن الكريم: الشورى (3).

([5]) : القرآن الكريم: الزمر (65).

وقال في كتابه العزيز: ﴿**وَما أَرْسَلْنا مِنْ قَبْلِكَ مِنْ رَسولٍ إِلّا نوحي إِلَيْهِ أَنَّهُ لا إِلَهَ إِلّا أَنا فاعْبُدونِ**﴾[1].

وقال تعالى: ﴿**إِنّا أَوْحَيْنا إِلَيْكَ كَما أَوْحَيْنا إِلى نوحٍ والنَّبِيّينَ مِنْ بَعْدِهِ وَأَوْحَيْنا إِلى إِبْراهيمَ وَإِسْماعيلَ وَإِسْحاقَ وَيَعْقوبَ والْأَسْباطِ وَعيسى وَأَيّوبَ وَيونُسَ وَهارونَ وَسُلَيْمانَ وَآتَيْنا داوُدَ زَبوراً**﴾[2].

ففي تفسيره للاية الاخيرة يقول القرطبي: (فاعلم تعالى ان امر محمد (ﷺ) كامر من تقدمه من الانبياء، وقال ابن عباس فيما ذكره ابن اسحاق: نزلت في قوم من اليهود قالوا للنبي (ﷺ) ما اوحى الله الى احد من بعد موسى فكذبهم الله)[3].

كما ذكر السيوطي ما اخرجه ابن جرير عن الطبري بن خثيم في قوله: ﴿**إِنّا أَوْحَيْنا إِلَيْكَ كَما أَوْحَيْنا إِلى نوحٍ والنَّبِيّينَ مِنْ بَعْدِهِ**﴾[4]: (قال: اوحي اليه كما اوحي الى جميع النبيين من قبله)[5].

وفي روح البيان اشارة الى انها نزلت لاهل الكتاب واحتجاجا عليهم وان شانه في حقيقة الإرسال وأصل الوحي كشان سابقيه من مشاهير الانبياء الذين لا ريب لاحدهم في نبوتهم[6].

---

(1) : القرآن الكريم: الانبياء (25).
(2) : القرآن الكريم: النساء (163).
(3) : القرطبي: الجامع لاحكام القرآن، ج6، ص15، مصدر سابق.
(4) : القرآن الكريم: النساء (163).
(5) : السيوطي: الدر المنثور في التفسير الماثور، م2، ص745، مصدر سابق.
(6) : البروسوي: روح البيان، م2، ص322، مصدر سابق.

كذلك في هذه الاية تعجب مستتر من موقف اهل الكتاب، كما يرى الدكتور حجازي في قوله: (المعنى : انا بما لنا من العظمة والقدرة قد اوحينا اليك يا محمد هذا القرآن ايحاء كايحائنا الى الانبياء قبلك، ما كنت بدعا من الرسل وهم قد امنوا بهم، فكيف يطلبون منك ان تنزل عليهم كتابا من السماء، على انهم لو امنوا بالرسل حقيقة لامنوا بك فالوحي جنس واحد لم يتغير وفي كتبهم بشارة بك ووصفك)[1] ويقول ايضا في تناوله لتفسير الآية الكهف (110): (قل لهم انما انا بشر مثلكم تماما لا علم لي بشيء ابدا، لم احضر عند معلم ولم اقرأ كتابا ولم اجلس لانسان يهديني لهذا الذي اجبتكم به ولكني اوحي الي وعلمني ربي من لدنه علما)[2].

كما جاء في محاسن التاويل: (اي خصصت بالوحي وتميزت عنكم به)[3].

المطلب الثالث

الوحي نافذة لعلم الغيب

في المرحلة المكية من نزول القرآن كانت الايات تترى في وصف احوال الامم السابقة كما رصدت الايات طبيعة تلقي الناس لدعوات الانبياء وما وجدوه من قسوة وشدة ففي ذلك تصبير للنبي على تحمل اعباء الرسالة وتوعد للمشركين من مغبة الانحراف عن طريق الصواب، كما كانت للعبرة والاتعاظ ايضا.

ولما كانت الرسالة المحمدية خاتمة الرسالات السماوية وللناس كافة فقد اطلع الله نبيه على تاريخ تلك الاقوام ومسيرة حياتها وكثيرا من اخبارها مما لا وسيلة له

([1]) : د. حجازي: التفسير الواضح، ج6، ص13، مصدر سابق.

([2]) : المصدر نفسه، ج16، ص12.

([3]) : القاسمي: محاسن التاويل، ج11، ص4112، مصدر سابق.

مطلقا في علمه الا عن طريق ملك الوحي وكانت تلك المعارف المتلقاة ضمن نصوص القرآن الكريم ومن اياته الكريمة وقد انتقى المؤلف من تلك القصص النبوية ما خوطب به النبي بلفظ مباشر اليه عبر الوحي كقوله تعالى: (نوحيه اليك ونوحيها اليك) ولسبب اوجه هو ان هذه القصص مما يعد من امور الغيب التي لم يشهدها احد من الاحياء، ولعل اخرها قصة مريم عليها السلام وهي بعيدة مئات السنين وقت نزول القرآن، فكان في علمه بها ما يوجب على منكري الوحي في عصر النبي (ﷺ) والى يومنا هذا مراجعة مواقفهم واعادة قراءة التنزيل القرآني بروية وبصيرة، قال تعالى: ﴿**تِلْكَ مِنْ أَنْباءِ الْغَيْبِ نوحيها إِلَيْكَ ما كُنْتَ تَعْلَمُها أَنْتَ وَلا قَوْمُكَ مِنْ قَبْلِ هَذا فاصْبِرْ إِنَّ الْعاقِبَةَ لِلْمُتَّقِينَ**﴾ [1]، جاءت الاية الكريمة في سياق الحديث عن طوفان قوم لوط وعصيانهم وكذلك صبر نوح وتحمله الاذى من اجل اداء رسالته، قال القرطبي في تفسيره: (اي ذلك النبا والقصص من انباء ما غاب عنك)[2] وهي لاثارة الانتباه والعظة للمشركين والتفكير في سبل معرفة محمد لتلك الاخبار الموغلة في القدم ويقول الدكتور حجازي (اما العبرة ومنها هنا الدلالة على نبوة محمد (ﷺ) فما كان يعلم هو ولا احد من قومه القصص المحكم التام الشامل لاخبار نوح وقومه وكيف كانت عاقبة الظالمين)[3] .

تناول القرآن قصة يوسف (عليه السلام) منذ ان كانت رؤيا رآها يوسف الى نهايتها عل فيها عبرة للمشركين واهل الكتاب خصوصا ، لانه من انبياء بني اسرائيل ، قال تعالى: ﴿**ذَلِكَ مِنْ أَنْباءِ الْغَيْبِ نوحيهِ إِلَيْكَ وَما كُنْتَ لَدَيْهِمْ إِذْ أَجْمَعوا أَمْرَهُمْ وَهُمْ يَمْكُرونَ**﴾ [4] .

---

(1) : القرآن الكريم: هود (49).

(2) : القرطبي: الجامع لاحكام القرآن، ج9، ص49، مصدر سابق.

(3) : حجازي: التفسير الواضح ، م2، ج12، ص33، مصدر سابق.

(4) : القرآن الكريم: يوسف: (102).

جاء في البحر المحيط في معرض تفسيرها (ذلك من انباء الغيب) قال ابن الانباري: سالت قريش واليهود رسول الله عن قصة يوسف فنزلت مشروحة شرحاً شافيا وامل (ﷺ) ان يكون سببا لاسلامهم، فخالفوا تاميله فعزاه الله بقوله: (وما أكثر الناس ولو حرصت بمؤمنين)[1] وعن المعنى الموضوعي للاية يذهب القاسمي للقول: (كالدليل على كونه نبأ غيبيا ووحيا سماويا، اي لم تعرف هذا النبا الا من جهة الوحي .... يعني ان مثل هذا التحقيق لا يتصور الا بالحضور والمشاهدة واذا ليس ذلك بالحضور فهو بالوحي)[2] .

وعن سبيل حصول النبي على هذه المعارف والاخبار عبر طريق الوحي الالهي لانتفاء الاسباب المادية والمنطقية وانعدامها يقول: (نعم هذه اخبار كيف وصلت اليك؟ هل كنت حاضرا او شاهدا امرها، ام وصلت اليك عن طريق الرواية ممن حضرها؟! ... لا هذا ولا ذاك ولم تكن هناك كتب فيها هذا القصص المحكم بهذه الصورة، فلم يبق الا انها وصلت اليك عن طريق الوحي الالهي وهذا بلا شك من دلائل النبوة وعلامات الرسالة، وكان هذا يكفي في ايمان الناس بل وتصديقهم لرسالتك لو ان الله اراد ذلك)[3].

وقال تعالى: ﴿**ذَلِكَ مِنْ أَنْباءِ الْغَيْبِ نوحيهِ إِلَيْكَ وَما كُنْتَ لَدَيْهِمْ إِذْ يُلْقونَ أَقْلامَهُمْ أَيُهُمْ يَكْفُلُ مَرْيَمَ وَما كُنْتَ لَدَيْهِمْ إِذْ يَخْتَصِمونَ**﴾[4]، في الاشارة الى ما سبق من حديث عمن يكفل مريم عليها السلام قال ابو حيان: (اي من شاننا ان نوحي اليك بالمغيبات، اي ما كنت معهم

([1]) : ابي حيان: النهر الماد من البحر المحيط، ج2 ق1 ص153، مصدر سابق.
([2]) : القاسمي: محاسن التاويل، ج9، ص3601، مصدر سابق.
([3]) : د. حجازي: التفسير الواضح، م2 ج13، ص25. مصدر سابق
([4]) : القرآن الكريم: آل عمران: (44).

ولا بحضرتهم اذ يلقون اقلامهم ونفي المشاهدة وان كانت منتفية بالعلم ولم ينفِ القراءة والتلقي من حفاظ الانبياء على سبيل التهكم بالمنكرين للوحي، وقد علموا انه ليس ممن يقرا ولا ممن ينقل عن الحفاظ الاخبار، نافين ان يكون علمه بذلك عن وحي من الله اليه)[1].

وقال القرطبي مبينا المناسبة والدلالة في قوله تعالى: (اي الذي ذكرنا من حديث زكريا ويحيى ومريم عليهم السلام من اخبار الغيب، (نوحيه اليك) فيه دلالة على نبوة محمد (ﷺ) حيث اخبر عن قصة زكريا ومريم ولم يكن قرأ الكتب، واخبر عن ذلك وصدقه اهل الكتاب بذلك، والايحاء هنا الارسال الى النبي (ﷺ) والوحي يكون الهاما وايحاءا وغير ذلك)[2]. وقريبا من هذا يقول الالوسي: (ان رسولنا اخبركم بما لا سبيل الى معرفته بالعقل مع اعترافكم بانه لم يسمع ولم يقرا في كتاب وتنكرون انه وحي، فلم يبق مع هذا ما يحتاج الى النفي سوى المشاهدة التي هي اظهر الامور انتفاءً لاستحالتها المعلومة عند جميع العقلاء)[3].

اما البروسوي فقد عد اربعة طرائق يمكن بها معرفة انباء الغيب المتصفة بهذا الوصف المنطبق بحكم تقادم السنون، فاصبحت في عداد الغيب لبعد الزمان عن الزمن فيقول: (من انباء الغيب اي من اخبار الغيب التي لا يوقف عليها الا بالمشاهدة او قراءة كتاب او تعلم من عالم او يوحي من عند الله تعالى، وانعدمت الثلاثة الاولى فتعينت

([1]) : ابي حيان: النهر الماد من البحر المحيط، ج1 ، ص325، وقد اشار القاسمي للطيفة (النفي التهكمي للمشركين) ينظر تفسيره ج4، ص843.

([2]) : القرطبي: الجامع لاحكام القرآن، ج4، ص85. مصدر سابق

([3]) : الالوسي: روح المعاني، م2، ص158. مصدر سابق

الرابعة وهو الوحي، (يوحيه اليك) اي ننزله عليك، دلالة على صحة نبوتك والزاما على من يجاحدونك من الكفار)[1].

وهكذا يكون ايحاء اللـه تعالى للنبي بقصص لم يطلع عليها هو ولا قومه قبل ذلك حجة ودليل صدق للنبوة وان طريقه في العلم هو بلا شك طريق الوحي الالهي الذي علمه ما لم يعلم قال تعالى: **﴿والَّذي أَوْحَيْنا إِلَيْكَ مِنَ الْكِتابِ هُوَ الْحَقُّ مُصَدِّقاً لِما بَيْنَ يَدَيْهِ إِنَّ اللـهَ بِعِبادِهِ لَخَبيرٌ بَصيرٌ﴾**[2].

يقول الرازي مفسرا لهذه الاية: (قوله (مصدقا لما بين يديه) ان هذا الوحي مصدق لما تقدم لان الوحي لو لم يكن وجوده لكذب موسى وعيسى (عليهما السلام) في انزال التوراة والانجيل فاذا وجد الوحي ونزل على محمد (ﷺ) علم جوازه وصدق به ما تقدم وعلى هذا ففيه لطيفة: وهي انه تعالى جعل القرآن مصدقا لما مضى مع ان ما مضى ايضا مصدق له لان الوحي اذا نزل على واحد جاز ان ينزل على غيره وهو محمد (ﷺ) ولم يجعل ما تقدم للقران لان القرآن كونه معجزة في تصديقه بانه وحي واما ما تقدم فلا بد معه من معجزة تصدقه)[3].

وبهذا يكون القرآن قد حقق اعجازا ذاتيا في تاكيد صلته بالوحي ومصدقا ما نزل قبله لتفرده عنها بان اعجازه فيه ولا يحتاج لاثبات صدق نسبه الى اللـه الى معجزة اخرى علاوة على تلك المغيبات التي شكلت صدمة للمشركين والمؤمنين من اهل الكتاب مما حدا بالكثيرين منهم الى ان يدخلوا في دعوة محمد ويؤمنوا برسالته وكل ما يترتب على هذا الايمان من وحي ونبوة.

([1]) : البروسوي: روح البيان، م2، ص33. مصدر سابق

([2]) : القرآن الكريم: فاطر: (31).

([3]) : الفخر الرازي: التفسير الكبير، ج26، ص23. مصدر سابق

المطلب الرابع

التهديد بالذهاب بالوحي

خاطب القرآن سيدنا محمد (ﷺ) امرا اياه بعدم العناء في حفظ واستجماع آي القرآن لان ذلك خارج عن مهمة رسول الله لقوله تعالى: ﴿إِنَّا نَحْنُ نَزَّلْنَا الذِّكْرَ وَإِنَّا لَهُ لَحَافِظُونَ﴾ [1]، وقال عزوجل: ﴿فَإِذَا قَرَأْنَاهُ فَاتَّبِعْ قُرْآنَهُ﴾ [2]، حتى فيما يخص حفظ شخص الرسول الكريم، اذ ينتقش في قلبه الوحي فور نزوله عليه وليس بحاجة الى تذكره واستحضاره فهو كالنقش في القلب وقال عز من قائل: ﴿فَتَعَالَى اللهُ الْمَلِكُ الْحَقُّ وَلَا تَعْجَلْ بِالْقُرْآنِ مِنْ قَبْلِ أَنْ يُقْضَى إِلَيْكَ وَحْيُهُ وَقُلْ رَبِّ زِدْنِي عِلْماً﴾ [3]، فيقول القاسمي: (اي انصت فاذا فرغ الملك من قراءته فاقراه بعد وقد كان رسول الله اذا لقنه جبريل الوحي، فيتبعه عند تلفظ كل حرف وكل كلمة، لكمال اعتنائه بالتلقي والحفظ فأرشده الى ان لا يسابقه في قراءته وان يتأنى عليه ريثما يسمعه ويفهمه) [4]، ولما لم يكن للنبي ارادة وامر في نزول القرآن مع حاجته الماسة اليه فان امر الذهاب به ايضا هو ارادة الله، فالله تعالى مثلما انزله قادر على الذهاب به وجعله نسيا منسيا، قال تعالى: ﴿وَلَئِنْ شِئْنَا لَنَذْهَبَنَّ بِالَّذِي أَوْحَيْنَا إِلَيْكَ ثُمَّ لَا تَجِدُ لَكَ بِهِ عَلَيْنَا وَكِيلاً﴾ [5].

وقد تناول القرطبي في تفسيره هذه الاية قدرة الله تعالى على اخذ الوحي الذي انزله ومحيه من القلوب والاوراق فهو المتحكم الازلي بهذا الشأن الخارج عن ارادة الذات

(1) : القرآن الكريم: الحجر: (9).

(2) : القرآن الكريم: القيامة: (18).

(3) : القرآن الكريم: طـه: (114).

(4) : القاسمي: محاسن التاويل، ج11، ص4212 ـ مصدر سابق

(5) : القرآن الكريم: الاسراء: (86).

المحمدية فيقول: (يعني القرآن: اي كما قدرنا على انزاله نقدر على إذهابه حتى ينساه الخلق ويتصل هذا بقوله: (وما اوتيتم من العلم الا قليلا) اي لو شئت ان اذهب بذلك القليل لقدرت عليه.

ويقول ايضا ابو الاحوض عن عبد العزيز بن رفيع عن شداد بن معقل قال: قال عبد الـلـه ويعني ابن مسعود: (**ان هذا القرآن الذي بين اظهركم يوشك ان ينزع منكم: قلت كيف ينزع منا وقد اثبته الـلـه في قلوبنا وثبتناه في مصاحفنا؟! قال: يسرى عليه في ليلة واحدة فينزع ما في القلوب ويذهب ما في المصاحف ويصبح الناس فقراء ، ثم قرأ: (ولئن شئنا لنذهبن بالذي اوحي اليك)** وهذا اسناد صحيح)[1] .

كما ذكر رواية اخرى عن ابن عمر (رضي الله عنه) قال: (**لا تقوم الساعة حتى يرجع القرآن من حيث نزل له دوي كدوي النحل فيقول الـلـه ما بالك، فيقول يا ربي منك خرجت وإليك أعود أبكي ولا يعمل بي ، أبكي ولا يعمل بي**)[2]

([1]) : القرطبي: الجامع لاحكام القرآن، ج10، ص325، مصدر سابق.

([2]) : القرطبي: الجامع لاحكام القرآن، ج11، ص325.

الفصل الثالث

الظاهـرة الاستشـراقيـــة

المبحث الاول

المستشرقون والعلوم الاسلامية

لم يعد خافيا على احد ان للاستشراق اهدافا سياسية ودينية وثقافية وعلمية تداخلت فيما بينها وأنجبت مؤلفات وموسوعات ودوائر معرفية وترجمات تطرفت الآراء في تقويمها فالبعض يقومها بناءً على الهدف الذي نشأ من اجله[1]. فيما نظر اليه الاخرون بقيمة علمية مجردة[2] وتحفظ غيرهم على بعض الجهود الاستشراقية او دوافعها[3].

الا اننا نعتقد انه باقترابنا ومعرفتنا للمصادر المعرفية والثقافية للمستشرقين الخاصة بالاسلام فان ذلك يتيح لنا فرصة الحكم المنصف والتقويم العلمي لانتاج المستشرقين اذا اعتمدنا النظر فيما اخذوا منه احكامهم وخلصوا منه لاستنتاجاتهم وعلى هذا يقول حجة الاسلام الغزالي: (انه لا يقف على فساد ونوع من العلوم من لا يقف على منتهى ذلك العلم حتى يساوي اعلمهم من اهل ذلك العلم، ثم يزيد عليه

([1]) : ينظر: الديب، د. عبد العظيم: المستشرقون والتراث، ص13، ط دار الوفاء، مصر. وينظر ايضا الهروي، حسين: المستشرقون ضررهم اكبر من نفعهم وللمزيد يراجع السباعي، د. مصطفى: الاستشراق والمستشرقون مالهم وما عليهم ص30-65 ، ط4، 1999، بيروت، وقد فصل في فساد المنهج الاستشراقي.

([2]) : ينظر : العقيقي، نجيب: المستشرقون، ج1، ص7، ط3، دار المعارف القاهرة.

([3]) : ينظر: الندوي، ابو الحسن: الاستشراق وموقفه من الاسلام، بحث في ندوة علماء الهند 1982 (الاسلام والمستشرقون) ط1، 1985.

ويجاوز درجته فيطلع على مالم يطلع صاحب العلم، واذ ذلك يمكن ان يكون ما يدعيه من فساده حقا)[1].

فما بالنا ان كان ما يدرسونه هو نحن حياة ودينا ومن ديننا دستورنا وسيرة نبينا التي يفترض ان تكون الصق لصيق بنا فنعرف عنها ومنها أكثر مما نعرف عن اهلنا وانفسنا.

ان السلسلة غير المنتهية من منظومة الدوافع والاهداف الاستشراقية دعتهم لدراسة الاسلام حضارة ومنهجا، قرآنا وسنة، فكان لا محيص من الرجوع الى مصادر الشريعة الاسلامية والاخذ منها لتكوين فكرتهم عن الاسلام والقضايا الاخرى التي ارادوا الاطلاع عليها او نقدها.

ويعلل (رودنسون)[*] اسباب توجه الغرب نحو الشرق بالقول: (ان قرب المسافة والعلاقات السياسية الوثيقة والعلاقات الاقتصادية المنماة وكبر عدد الرحالة ورجال الارساليات الذين يجوبون الشرق وانحطاط سيادة المسيحية ووحدتها الايديولوجية في اوربا، هذه العوامل كانت تزيد من سهولة الدراسة الموضوعية للشرق الاسلامي)[2] وهذه الظروف بمجملها شكلت لهم ارضية للتوسع في بناء شبكة من الاستشراق الفردي والمنظم خدمت بالمحصلة الاهداف العامة للاستشراق. وسنأتي فيما يلي على المرجعيات والمصادر الاسلامية التي رجع لها المستشرقون لتاسيس تصورهم الكلي للاسلام.

([1]) : الغزالي: المنقذ من الظلال، ص19، مصدر سابق.

([*]) : رودنسون: مستشرق فرنسي معاصر، عرف باعتدال نظرته للاسلام وعبر عن ذلك في كتاباته.

([2]) : رودنسون: مكسيم: جاذبية الاسلام، ص39، ترجمة الياس مرقص ط1، 1982، دار التنوير للطباعة والنشر.

المطلب الاول

القرآن الكريم

انصب اهتمام المستشرقين باديء بدء على فهم نصوص القرآن الكريم، فاستدعى ذلك منهم الذهاب لترجمته بشتى اللغات[**] وفي الاشارة الى هذا الاهتمام يقول الدكتور محمد حسين الصغير: (ولقد شاء المستشرقون ان يفهموا النصوص القرآنية عن كثب فعمدوا الى ترجمة القرآن الكريم الى اللغات العالمية الحية، فكانت الترجمات اللاتينية[1]، والايطالية[2] والالمانية[3]، والفرنسية[4] والانكليزية[5] والسويدية[6] والهولندية[7] والهندية[8] وغيرها، مشتملة على جهود مضنية قاسى منها المستشرقون

(**) : يميل المؤلف للراي القائل باستحالة ترجمة القرآن لاسباب بلاغية واعجازية في اللغة العربية اما الترجمة التفسيرية فلا نرى فيها حرج، للراغب بالتفصيل ينظر: المستشرقون وترجمة القرآن الكريم: البنداق، محمد صالح.

(1) : ببلياندر: ترجمة القرآن الى اللاتينية، 1543م، سويسرا.

(2) : ماراتشي: ترجمة القرآن الى الايطالية، 1698م.

(3) : يويسن: ترجمة القرآن الى الالمانية، 1773م، واعادها فاهل 1828م.

(4) : سافاري: ترجمة القرآن الى الفرنسية، 1783م، وكازاميرسكي 1840م.

(5) : رودويل: ترجمة القرآن الى الانكليزية، 1861م.

(6) : ثورنبرج: ترجمة القرآن الى السويدية، 1874م.

(7) : كرامرز: ترجمة القرآن الى الهولندية، 1956م.

(8) : فت (1814-1895): ترجمة القرآن الى الهندية، د. ت.

المصادر (2-9) نقلا عن الصغير: المستشرقون والدراسات القرآنية ص103-121، ط1، 1983، المؤسسة الجامعية للدراسات والنشر والتوزيع، بيروت – لبنان.

متاعب جسيمة لا يطيقها الكثيرون من الباحثين المسلمين، اذ ليس امرا يسيرا ان يتفرغ فرد وجماعات لغتهم الام غير العربية الى ترجمة نص عربي)[1].

ويذكر ان اول ترجمة للقران على الاطلاق كانت تحت رعاية الكنيسة سنة 1143م، بتحريض من بطرس الراهب وقام بالترجمة الى اللاتينية الانجليزية روبرت اوف كيتون بعد انتهاج الكنيسة اسلوب جديد في المواجهة كما سنرى[2].

وعلى الرغم من ذلك فان هناك اعتقادا عريضا بين المحدثين من الكتاب المسلمين يعد المنطلق من ترجمة القرآن كان لحساب التبشير والاستشراق على اساس اعطاء الغربيين القدرة للتعرف على الجوانب التي يستطيعون منها مهاجمة الاسلام ومجادلة المسلمين، وسرعان ما يظهر ذلك عند تقليبنا لتلك الترجمات التي تسلب من القرآن الكريم مهابته وجلاله وتميت الابداع الجمالي في صوره وتشبيهات تلوث الصور البلاغية وتمنحه طابعا من الرواية الشفوية الاسطورية التي تنبعث منها رائحة الفساد؛ اما لعجمتهم عن معانيه وبلاغة لغته التي لا يكاد يدركها اهل العربية في هذا الزمان الرديء، او لنوايا مشبوهة تقصد الاساءة والطعن في اقدس مقدسات المسلمين.

هذا وقد افادوا من القرآن في مسائل اخرى اسلامية اذ عدوه سجل الاسلام الكلي ومنه تغترف ادق التفاصيل لهذا فقد عمد المستشرقون الى القرآن مصدرا رئيساً من مصادر السيرة، وهذا ما اكده (بليايف)[*] بقوله: (ان المصدر الرئيس الاول الذي

([1]) : الصغير: المستشرقون والدراسات القرآنية، ص96، المصدر السابق.

([2]) : فوزي: فاروق عمر: الاستشراق والتاريخ الاسلامي، ص60، ط1، 1998، الاهلية للنشر والتوزيع وكذلك: عبد الحميد، عرفان: المستشرقون والاسلام، ص12، ط3، 1983، المكتب الاسلامي.

([*]) : بليايف، أ. ي، مستشرق سوفياتي عضو معهد الشعوب الاسيوية التابع لاكاديمية العلوم الاسيوية، عبر عن فكره الماركسي من خلال كتابه (العرب والاسلام والخلافة العربية)، وفسر احداث التاريخ الاسلامي بالمنهج المادي الجدلي، ينظر: تقديم الدكتور محمود زايد للكتاب نفسه، ص7.

نستمد منه معرفتنا عن نشأة الاسلام في اول عهد، هو القرآن الكريم)[1] ولا يخفى على دارسي العلوم الاسلامية ان الاشارات للسيرة في القرآن ليست بالتفصيلية التاريخية الشاملة، فكان نهجهم هذا سلاحا ذا حدين ويتمثل الحد السلبي منه - وهو الغاية عند بعض المستشرقين - بنفي الكثير من احداث السيرة تحت ذريعة عدم ورودها في القرآن الكريم وكأن القرآن كتاب تاريخي خاص بتفاصيل حياة محمد (ﷺ)، فذهبوا الى رفض كل رواية لا ترد مؤيداتها في القرآن، سيما اذا كانت تمجد النبي (ﷺ) او اذا كان في نفيها تاكيد لاحدى وجهات نظرهم[2].

ونظراً لسوء دراسة السيرة النبوية من خلال القرآن بالطريقة التي اشرت اليها فقد مورس التشكيك حتى بإسم النبي محمد (ﷺ) من قبل المستشرق (شبرنجر)[**] اذ استنتج من ورود اسم النبي في اربع سور مدنية من القرآن، ان لفظة (محمد) لم تكن اسم علم للرسول قبل الهجرة[3].

ويتساءل د. جواد علي مستنكرا هذه الفرية فيقول: (وقد يتوجب ان نسأل شبرنجر اذا كان النبي (ﷺ) قد التقط اسم (محمد) من خلال قراءاته لنبوأت الانجيل فاين ذهب (محمد) الحقيقي الذي بشره العهدان القديم والجديد)[4]، فاذا كان اسمه

([1]) : بليابيف، أ. ي: العرب والاسلام والخلافة العربية، ص122، ترجمة: انيس قريحة، ط1، 1973، الدار المتحدة للنشر، بيروت - لبنان.

([2]) : خليل، عماد الدين: المستشرقون والسيرة النبوية (بحث مقارن في منهج المستشرق البريطاني مونتغمري وات)، ص20-21، ط1، 1989، دار الثقافة - الدوحة.

([**]) : شبرنجر: (1813-1893م): مستشرق نمساوي طبيب، نشر بمجهوده الاتقان في علوم القرآن للسيوطي، ومن آثاره: سيرة محمد مع ترجمة لبعض آيات القرآن، اعانه فيها (نولدكه) ودرس جغرافية البلاد العربية، ينظر: العقيقي: المستشرقون، ج2، ص278، ط4، دار المعارف - القاهرة.

([3]) : ينظر: علي، جواد: تاريخ العرب في الاسلام ج1، ص97، ط1، 1983 دار الحداثة، بيروت، وكذلك ينظر: عبد المنعم، شاكر محمود: نموذج من تهافت الاستدلال في دراسات المستشرقين، ص292-293، مجلة المؤرخ العربي، ع30، س12، 1986، بغداد.

([4]) : علي: تاريخ العرب في الاسلام، ج1، ص100.

الطاهر قد تعرض للطعن فسنرى المسائل الاخرى كيف تم تشويهها واختلقت لها ومن اجلها فنون الطعن والتزييف في حقل الاستشراق المتعصب.

المطلب الثاني

الحديث النبوي

تعدى اهتمام المستشرقين بالقرآن ترجمة ودراسة الى الحديث النبوي، فدرسوه على اعتبار انه مذكرات شخصية او تعاليم دينية شفوية منقولة بلا ضبط مما ادى الى تشوه فهمهم لنصوص الحديث وثقتهم برجاله وسعاته (وأكثر المستشرقين لا يفرقون بين التدوين العام وبين كتابة الحديث وهذا الذي اوقعهم في اخطاء جسيمة، واما نظرتهم لرواة الحديث فهي نظرة حقد وهوى، اذ كرسوا بحوثهم على بعض الاجلاء من كبار الحفاظ وأئمة العدالة والضبط، فشوهوا تاريخهم والصقوا بهم ماليس فيهم كأبي هريرة والزهري وأبي حنيفة النعمان (رضي اللـه عنهم وارضاهم)[1].

هذا ولا ننسى موقف الاستاذ (فنسنك)[*] اذ تصدى للرد بنفسه على هؤلاء المشككين وهو من خيرة من درس الحديث النبوي وصنفه من المستشرقين فاظهر

([1]) : البهي، د. محمد: الفكر الاسلامي الحديث وصلته بالاستعمار الغربي، ص182 ط5، بيروت وللمزيد ينظر: السباعي، مصطفى: السنة ومكانتها في التشريع الاسلامي وغيرها مثل: ابو شهبة، محمد محمد: دفاع عن السنة، الخطيب، محمد عجاج: السنة قبل التدوين، ط1963، مكتبة وهبة - القاهرة.

([*]) فنسنك، أرنت يان (1882-1939): مستشرق هولندي، تتلمذ على يد المستشرق المعروف سنوك هورجرونجيه وكان اول انتاجه رسالته في الدكتوراه (محمد واليهود في المدينة) كما وضع المعجم المفهرس لالفاظ الحديث مستعينا بثمانية وثلاثين باحثا، اصدر الجزء الاول منه عام 1936م، ينظر: حمدان، د. عبد الحميد صالح: طبقات المستشرقين، ص116-120، ط1، 1995.

الدور الذي قام به اهل الحديث ورواته واجادتهم لنقله وتحقق شروط الرواية والضبط فيهم فأجاد وافاد وصدق رسول الـلـه (ﷺ) اذ يقول: **(ان الـلـه يؤيد هذا الدين بالرجل الفاجر)**[1].

فموضوع الكتابة الاستشراقية عن السيرة النبوية من خلال الحديث النبوي كان موضوعا مستهدفا لدى طائفة من المستشرقين لانهم علموا ان للحديث الشريف مراتب تبدأ بالصحيح الوارد في البخاري - اصح كتاب بعد كتاب الـلـه - فصحيح مسلم ثم المساند انتهاءا الى الاحاديث الموضوعة المعروفة، فهو بذلك - اقصد الحديث في نظرهم - لا يحتمل درجة القطع والوثوق التي تحيط النص القرآني المقدس.

هذا وقد افادوا من كتب الموضوعات وقدموا احاديثها ونقلوها وكأنها غاية في الصحة والضبط علاوة على عبثهم وتحويرهم لمعاني الاحاديث الصحيحة.

فهذا الهامش من المرونة في شان الحديث دفعهم الى عقد العزم لايلاء الحديث اهمية خاصة عله يكون مطيتهم في الوصول الى اهدافهم من وراء دراسته.

وعن منهجهم في التعامل مع الاحاديث النبوية الشريفة فان النظر عندهم يتجه الى المتن وحده غير عابئين بالسند ولا يكترثون بقوته او ضعفه اذا عثروا على حديث يصلح دعامة لفكرة يريدون تقويتها او الاعتماد عليه في امرها[2]. فاعتبار المتن دون السند يؤدي الى افحش شذوذ يمكن ان يقع فيه البحث العلمي اذا كان المراد صحة

([1]) : صحيح مسلم، ج1، ص105، رقم الحديث 111، وهو مروي عن ابي هريرة (رضي الله عنه)، وكذلك بلفظ مقارب للبخاري، ج3، ص1114، رقم الحديث (2897).

([2]) : ينظر: اللبان، د. ابراهيم عبد المجيد: المستشرقون والاسلام، ص53، ط1، 1970.

النتائج وثبات النظريات وسلامة الاسس الا ان التحرر من هذه القيود الحديثية في تقويم الاحاديث يسلب من البحث صفته العلمية ويلحقه بالتفكير العامي[1].

المطلب الثالث

دائرة المعارف الاسلامية

ان خلاصة ما عرفه المستشرقون قد اودعوه دائرة المعارف الاسلامية[2] التي عبأوا في تحريرها كل قواهم وتصوراتهم، وهي ان اتصفت بالعلمية الى حد بعيد الا ان هناك خلطا وتحريفا ودسا قد مرر من قبل بعض المساهمين في التاليف[3]، وقد غدت الدائرة مرجعا ينهل منه الكثير من الباحثين لاتساعه وشموله وحسن تبويبه لا سيما انها قد عرِّبت ونسخت منها مئات الآلاف من الطبعات العربية.

ومما لا شك فيه ان احتفاء المستشرقين بهذه الموسوعة كان اكبر من احتفاء المسلمين بها لانهم يتلقون ما فيها بعين الرضا والقبول، لذلك تراهم يعتمدون مؤلفات ابناء جلدتهم وموسوعاتهم لاعتقادهم ان المسلمين يكتبون من وحي خرافات وقعوا ضحية فكرية لها، فيحاولون جهدهم تجنب تلك المصادر التي لم تكتسب ثقتهم بعد.

---

(1) : ينظر: المصدر نفسه، ص56، وقد شخص هذا الخلل فيهم المستشرق (آرثر جفري) ينظر: كتابه المصاحف، ص4، ط1، 1936، المطبعة الرحمانية، وقد بالغ (نولدكه) في هذا الانحراف واستعمل طريقة البحث هذه في نص القرآن الكريم في كتابه المشهور المسمى: تاريخ القرآن، الذي يعد اساس كل بحث في علوم القرآن باوربا.

(2) : دائرة المعارف الاسلامية: اصدرها ونستك وآخرون ونقلها الى العربية محمد ثابت وآخرون عام 1933 في القاهرة وكذلك فعل حافظ جلال الشنتناوي.

(3) : التهامي: مناهج المستشرقين، ج1، ص24، مصدر سابق.

ويبرز للعيان عدم تمييز المستشرقين للمصادر الموثوق بها من غيرها في نقولهم فهم يعدون مصادر الاسلام متساوية في الصحة والثبوت مع ان الاصل عندهم التشكك والحذر.

ويؤشر هنا د. البهي بالقول: (فالفقه الاسلامي وآراء المتكلمين ودواوين الادب كالاغاني وكتب التاريخ كالطبري واقوال العلماء ارباب المذاهب، كل هذه مصادر ومراجع تؤخذ منها الدراسات الاسلامية ويعتمد عليها في نقل النصوص والاخبار، فمنطق اعتبارهم ان تفكير المسلمين ومذاهبهم تساوي في الحُجية القرآن الكريم والسنة الصحيحة، وهذا التقدير لمصادر الاسلام جناية وجريمة في حق هذه المصادر، فيما يعدها المستشرقون في درجة واحدة)[1].

والمريب في امر دائرة المعارف الاسلامية انها اوكلت لكل مستشرق الاختصاص الذي افرغ نفسه ووقته للبحث فيه، ومع ذلك كان ما كان من التجني مما يدفع بالاعتقاد الى ان ثمة قصد متعمد في ذلك ومع كل هذا فانها تحظى برواج علمي لدى فئات تعد انفسها من المثقفين العرب.

([1]) : البهي: الفكر الاسلامي الحديث، ص214. مصدر سابق.

المطلب الرابع

الجهود السابقة

من الواضح ان متأخري المستشرقين قد أفادوا كثيراً مما تركه لهم اسلافهم من كم معرفي تراكمي عن التراث الاسلامي، مما اسهم في صناعة وتكوين صورة الاسلام في اذهان الغربيين اذ هم جل من عني بالاستشراق.

فزيادة على ترجمة القرآن الكريم وبعض مجموعات الحديث النبوي فقد نقلوا جانبا من الشعر العربي القديم والمتاخر وجانبا كبيرا من كتب الفقه والعلم والفلسفة والرحلات والتاريخ وسوى ذلك، فساعد ذلك على ان يكون للتراث الاسلامي اثر في الثقافة الغربية، هذا من ناحية، كما لم يألوا جهدا في النظر بتلك الترجمات على اختلاف دروبها ومشاربها لفهم العقلية العربية الاسلامية ومنطلقاتها الفكرية من اجل استجماع تصور تفصيلي عن مناحي حياتهم العقلية والروحية بالتفصيل[1].

ومع كل هذا الكم المعرفي المتراكم نرى ان طائفة تكاد تكون الاكبر منهم لم تلامس الحقيقة ولم تستطع النفاذ الى جوهر الاسلام وهنا يعلق الدكتور ادوارد سعيد بالقول: (فقد قدر ان حوالي ستين الف كتاب تتعلق بالشرق قد كتبت منذ اوائل

(1) : ينظر: فروخ، عمر: الاستشراق في نطاق العلم وفي نطاق السياسة، ص130-139 ندوة علماء الهند، 1982 (الاسلام والمستشرقون)، ط1، 1985.

القرن التاسع عشر حتى منتصف القرن العشرين في الغرب وليس ثمة ما يقارب هذا العدد اي مقاربة من الكتب الشرقية عن الغرب[1].

كما لم يعدم المستشرقون الفائدة من مذكرات الرحالين والمغامرين الذين قصدوا الشرق واثروا في الخيال الاوربي عن حياة المسلمين خاصة والشرق عامة، حيث تراها تعج بالخيال والاصطناع والتلفيق بحثا عن الاثارة والسبق والتميز على اقرانهم، مكللين كتاباتهم بالبطولات والخوارق[2].

اذن فلا عجب ان اقترنت صورة الشرق عند قاصديه بالخرافة والسحر قديما وبالتعصب والارهاب والتخلف حديثا، اذ ان سيلا هداما من التجني سيترك اثره حتما على من ابتلوا من غيضه.

المطلب الخامس

الجهود المؤسسية لخدمة الاستشراق

استمر الاستشراق على حالته التقليدية بالعمل الفردي المتشعب والمتشتت مدة طويلة الا انه ما لبث ان اتخذ شكلا مؤسسيا منتظما يسير بخطى محسوبة وسوقيات (استراتيجيات) شاملة ورؤى مدروسة تستهدف اعادة تشكيل الشرق الاسلامي ليصبح شرقاً غربياً، وتلقى الاستشراق دعما طائلا وصرفا مبالغا فيه لما عول عليه من نتائج وما تكتسبه هذه النتائج من اهمية كونها تعد مفاتيح الشرق وعقله.

([1]) : سعيد، ادوارد: الاستشراق، المعرفة، السلطة، الانشاء، ص216، نقله الى العربية: كمال ابو ديب، الطبعة العربية الاولى، 1981، مؤسسة الابحاث العربية.

([2]) : ينظر: السامرائي، قاسم: الاستشراق بين الموضوعية والافتعالية، ص52، ط1، 1983.

وتاكيدا لهذا يقول د. عمايرة: (ولعل من ابرز مظاهر هذه الوحدة الدوريات المشتركة والمشاريع المشتركة كدائرة المعارف الاسلامية وفهرست الحديث النبوي وبعض المعاجم اللغوية، ومن هذه الوسائل ايضا المؤتمرات الدورية التي تستقطب المستشرقين من كل مكان، ليضعوا فيها خطط العمل المشتركة على فترات زمانية محددة)[1].

وفي الوقت الحاضر لا تكاد تخلو جامعة او معهد في الجامعات الاوربية من تخصيص مقاعد للدراسات الشرقية يدرس فيها اعمدة الاستشراق الحديث ومن المؤسف ان الطلبة العرب والمسلمين خريجي هذه المراكز الاستشراقية يلقون رواجا منقطع النظير للتدريس في الجامعات العربية التي تلهث وراء العولمة الثقافية.

اخيرا يمكننا القول بان المشكلة في الخلفية الاسلامية للمستشرقين تتلخص باساءة الافادة والانتفاع من المصادر الاسلامية الصحيحة مما كون لديهم رؤى غير موضوعية ولا علمية واحيانا غير اخلاقية[2].

([1]) : عمايرة، اسماعيل احمد: المستشرقون وتاريخ صلتهم بالعربية، ص22، ط1، 1992 الجامعة الاردنية.

([2]) : ينظر: ميلاد، زكي وتركي علي الربيعو: الاسلام والغرب، الحاضر والمستقبل، ص54، ط1، 1998، دار الفكر، بيروت.

المبحث الثاني

منهج المستشرقين
في النظر للغيبيات

انطلاقا من منهج البحث العلمي ورغبة في معرفة المنطلقات الفكرية المتعددة التي صدر عنها المستشرقون الذين عدوا انفسهم ضمن اطار ديني او علمي تحليلي او اولئك الذين اتخذوا من واقع فكرهم اللا ديني منهجا للنقد والتقويم، يحسن بنا ان نتعرف على تصوراتهم عن القضايا الرئيسة في حياة المجتمع الايماني في الاسلام والتي ارتكزت على معطيات فكرية في عقول اصحابها حتى يتسنى لنا التقويم ونتلمس طريقهم في محاولاتهم لفهم الاسلام وتكوين ارضيات دعوية ودفاعية للدعوة الى الـلـه والرد صونا لدين الـلـه من خلال هذا التتبع.

اما اولئك المغالون في الحقد والدس والتحريف فليس لهم منهج يحتكمون اليه سوى ما تدفعهم اليه ميولهم ودوافعهم السياسية والتبشيرية في الغزو الفكري والتشويه الحضاري لواقع الامة العربية والاسلامية، ونظرا لان هؤلاء لا يمكن ان يكونوا تحت اية حالة علمية تحترم او تحت اي تقعيد معرفي فكري، آثرت في هذا المبحث ان ادعهم وشانهم حتى نعود فنشبعهم كشفا لزيفهم وردا لباطلهم ودحضا لافتراءاتهم ورواسبهم الاسنة في مبحث قادم.

فسرعان ما يلمس من يطالع مؤلفات المستشرقين ان الاصل ان يختلفوا معنا في الراي حول الاسلام وفي مسائل شديدة الحساسية كالعقيدة، سيما تلك التي تاخذ ثقتها في نفوسنا من دافع الايمان بالغيب، لذا فالغريب ان يتفقوا مع الرؤى والطروحات الاسلامية وبالاحرى الثوابت الاسلامية التي يحبذ الدكتور محسن عبد الحميد تسميتها بالمذهبية الاسلامية التي تجنبنا شرك الوقوع في الاصطلاحات الغربية التي تصبغ وتكرس بشرية الافكار او التصورات[1].

ويعود الامر فيما يعود اليه الى منطق تفكيرهم بالنسبة للاسلام وفيه يعود الى ايمان الفئة المشار اليها بمنظومة المعرفة التي تحترم الفكرة القادمة من الحواس او العقل او بالجمع بينهما فقط، وهنا يتشكل ويتمحور جوهر خلاف معرفي بين المؤمنين بالاسلام رسالة ووحيا وبين المنكرين له.

وان كان المنهج العقلي لا غبار عليه في مسائل الحياة العامة، فهو يظهر عجزا قاصما في الموضوع الديني ويبقى مشلولا حتى يضاف اليه الايمان بالوحي والغيب الذي يتمم النظرية المعرفية العامة للحياة ويمنحها قدرة اكبر على الاستقراء والنضوج ويعيد تشكيل القناعات بل ويبني عقيدة صلبة شامخة (ولهذا تختلف وجهات النظر بيننا وبينهم وستظل مختلفة، فلا ننتظر منهم ان يتبنوا وجهة نظرنا التي تنظر الى الاسلام على انه دين سماوي ختم به اللـه الرسالات وان محمد خاتم النبيين، فان القرآن وحي اللـه الذي لا ياتيه الباطل من بين يديه ولا من خلفه، لانهم لو فعلوا ذلك لاصبحوا مسلمين، ونحن لا نطلب من كل مستشرق ان يغير معتقده ويعتقد ما نعتقد عندما يكتب عن الاسلام، ولكن هناك اوليات بديهية يتطلبها المنهج العلمي السليم، فعندما ارفض وجهة نظر معينة لابد من ان ابين

([1]) : ينظر: عبد الحميد، د. محسن: المذهبية الاسلامية والتغيير الحضاري، ص17-21، ط2، 1985.

للقارئ اولا وجهة النظر هذه من خلال فهم اصحابها لها لي بعد ذلك ان اخالفهم)[1]، وسنأتي تباعا لاستكشاف وجهات نظر الفئات الاستشراقية الأكثر بروزا.

المطلب الاول

المستشرقون من رجال الدين

لقد شكل الاسلام ومنذ بدء الرسالة زلزالا استهدف نسخ الديانات السابقة، فقدم عرضا عقيديا متقدما وتصحيحيا لما تقدمه المسيحية واليهودية، فبذلك اصبحوا بمواجهة عقيدة تتقدم بثقة وثبات والناس يدخلون فيها زرافات ووحداناً (وهكذا بدأ تحول الغرب في محاولته الولوج الى الشرق غير ان الملاحظ في هذا ان البداية قد تحمل اعباءها علماء ينتمون في الاغلب الاعم الى طبقة رجال الدين اللاهوت، انهم خطوا هذه الخطوات الواسعة بقصد التعرف على الاسلام، الدين الذي يتصورونه معاديا للمسيحية)[2].

اذن فلا غرو ان نلمس وبوضوح من الاستشراق الذي كون جل مواقفه عن الاسلام انطلاقا من الخصومة، والذي لم يتخلص قط من الخلفية الدينية للجدل اللاهوتي العقيم، الذي انبثق منه الاستشراق اساسا ان نلمس منه الانكار والنفي الكيفي[3]، وهذا طبيعي ومتوقع بالنسبة للاستشراق المسيحي الغربي وكذلك للاستشراق

([1]) : زقزوق، د. محمود حمدي: بحث (الاسلام والاستشراق)، ص12، ندوة علماء الهند 1982، الاسلام والمستشرقون، ط1، 1985.

([2]) : الناجي، د. عبد الجبار: الاستشراق وسيلة للاتصال بين الحضارة العربية الاسلامية والفكر الغربي ص43، 1997، ندوة فكرية، دار الحكمة – بيروت.

([3]) : ينظر: زقزوق: الاسلام والاستشراق، ص85-89، مصدر سابق.

اليهودي، لان القرآن وقف من التوراة والانجيل الموجودين في ايدي الناس موقفا واضحا: (هو انهما مما كتب البشر وليس مما نزل من عند اللـه كذلك فان القرآن هو الذي قدم تلك الحقائق المغايرة لما جاءت به التوراة المكتوبة بايدي الاحبار والانجيل المكتوب بايدي الرهبان، ولاسيما في شان التوحيد الذي هو طبيعة دين اللـه الحق دون التعدد والتثليث، وفي شان عيسى (عليه السلام) وانكار الوهيته في شان رفع عيسى دون قتله أو صلبه وانكار قضية الخطيئة والفداء وانكار قضية شعب اللـه المختار الى غير ذلك من القضايا)[1].

ولم يتوقف الامر عند هذا الحد بل ربطوا عسر هضمهم للاسلام ونفورهم منه بالشرق كافة حتى نسبوا له كل خرافة وعصبية وجهل، وتجاهلوا ببساطة حقيقة مهمة وهي ان الحضارة الغربية (التي يصفونها باعتزاز بانها حضارة مسيحية، مبنية في الاصل على تعاليم رجل شرقي وهو المسيح (عليه السلام) وعلى ما نقلوه عن العرب من علوم عربية ومن تراث قديم تطور على ايدي العرب، فهذه الحقيقة تجعل من هذه التفرقة المدنية الى شرق وغرب والتي يعتمد عليها الاستشراق امرا مخالفا للمنطق، فالمسيحية دين شرقي)[2].

بالاضافة للعقدتين المتلازمتين في الذهنية الغربية التي يمكن تسميتها حسب التصور الغربي بـ (شرقية العقيدة الاسلامية) وما يعنيه ويصوره لهم هذا الفهم، فان ثمة مؤشرات عديدة رافقت بشكل او باخر الية التفكير الغربية في حياتهم العامة، وبالتالي على فكرتهم عن الشرق ويفصل الحديث البحاثة الاستاذ الجندي فيقول: (لا ريب ان الغرب له مثل وغايات في الحياة، وقيم في الاخلاق ومقاييس المجتمع، واهداف

([1]) : الجندي: انور: بحث المستشرقون والقرآن الكريم في ندوة الهند 1982، ص199.

([2]) : زقزوق: الاسلام والاستشراق، ص85، مصدر سابق.

خاصة ومزاج نفسي منبعث من عقائدهم ومواريثهم، كما ان للغرب ايضا مشاكله وظروفه الخاصة وله تحديات في مواجهة العقائد، وكذلك فان للغرب مفهوما خاصا للدين، تكون هذا الفهم من خلال ظروفه التاريخية من جهة ومن طبيعة ديانته من ناحية اخرى)[1].

ففي خضم هذه العلاقات والمؤثرات بتفاصيلها عمد المستشرقون الى دراسة الاسلام فعمدوا الى تطبيق المقاييس المسيحية على الدين الاسلامي، ولما يمثله المسيح في المسيحيين اذ يعد اساس العقيدة واليه ينتسبون، فعدوا ان محمداً (ﷺ) يعني بالنسبة للمسلمين اساس عقيدتهم ومصدر شريعتهم، طبقا للاسقاط الذي اسقطوه على الاسلام ولهذا اطلقوا على الاسلام اسم المذهب المحمدي (Mohammedanism)[2]، بل وجعله (جب) اسما لمؤلفه.

ويؤكد هذا الدكتور سعيد الذي خَبِرَ الاستشراق وعاشر وحاور دعاته ورموزه ومنظريه بالقول: (لقد كان احد الضوابط المقيدة التي اثرت على المفكرين المسيحيين الذين حاولوا فهم الاسلام ينبع من عملية قياسية؛ ما دام المسيح هو اساس العقيدة المسيحية، فقد افترض - بطريقة خاطئة تماماً - ان محمداً كان للاسلام ما كانه المسيح للمسيحية ومن ثم اطلاق التسمية التماحكية (المحمدية) على الاسلام)[3].

هذا ولم يقتصر المنهج الاسقاطي على المستشرقين اصحاب الخلفيات الدينية بل شمل العلميين واللادينيين منهم، وكل طبق الاسقاط في ضوء خبرته الشخصية وفكره ومشاعره الخاصة على ما عرفه عن الاسلام (مما اوقعهم في اخطاء تتصل بالنظرة الى

([1]) : الجندي: أنور: شبهات التغريب في غزو الفكر الاسلامي ص317، ط2، 1983 .
([2]) : Gibb. H. A. R.: Mohammedanism an historical survey, 1948.
([3]) : سعيد: الاستشراق، ص90، مصدر سابق.

الوحي والنبوة والالوهية وربانية المصدر القرآني، مما يختلف تماما عن مفردات الفكر اللاهوتي الغربي التي تقر ان الانجيل من كتابات الرسل وان هناك اختلاطا بين الالوهية والنبوة)[1]. فيصعب الفصل بين الالوهية والنبوة عند المسيحيين لان اناجيلهم تجمع على عقيدة التعدد والتثليث والابوة والنبوة اذا ما استثنينا انجيل برنابا الذي لا تعترف به الكنيسة حيث يتفق في كثير من عقائده مع القرآن الكريم.

هذا وقد استاثر الرسول (ﷺ) بنصيب كبير من مؤلفات المستشرقين وكانت القضايا الأكثر وضوحا واثارة في كتاباتهم نبوته، ووحيه، ومن ثم سيرته الشخصية، مع ان اجماع المستشرقين العريض من شتى الأصول والمنابت والخلفيات الايديولوجية يكاد ينعقد على عدم اعتراضهم لمحمد (ﷺ) بالنبوة، لكن احدا ممن التزم منهج البحث العلمي لا يستطيع تجاهل القوة الروحية الهائلة التي كان يتمتع بها، لما تواتر من اعماله وسيره واقواله (ﷺ)[2].

كما تجدر الاشارة هنا الى ان هذا العرض مع قصوره وجزئيته يشكل انتقالة مثيرة في المؤلفات التي تناولت سيرة النبي (ﷺ) ونبوته.

وقد تفاوتت اراء الطوائف المسيحية في نظرتها لنبوة سيدنا محمد فقد عد المتخصصون في الاسلام من بعض الكاثوليك محمداً (ﷺ) عبقريا دينيا فيما تساءل آخرون عما اذا كان في الامكان اعتباره (ﷺ) بطريقة ما نبياً حقيقياً، ومصدر هذا

([1]) : الجندي: اخطاء المنهج الغربي الوافد في العقائد والتاريخ والحضارة واللغة والادب والاجتماع ص24، ط1، 1974.

([2]) : ينظر: العالم، لطفي: المستشرقون والقرآن، ص51، ط1، 1991.

التساؤل يرجع الى فكرة النبوة التوجيهية، التي قال بامكان حصولها القديس توماس الاكويني، والتي لا تعني بالضرورة العصمة والكمال[1].

ويظهر ان هذه الفكرة متقدمة على ما قاله الكاثوليك فاتباع القديس أكثر ايمانا بالروحانيات والغيبيات لذا نلمس من التقويم المنتقص الذي قدموه انه مشوب بافكار عقيدية متقدمة نوعا ما، سيما اذا اعدنا التذكير باشكالية النبوة التي يعيشها المسيحيون فالقول بالنبوة بحد ذاته يعد عرضا تقدميا جريئا بالنسبة لغيرهم، اما الكاثوليك فقد اعتمدوا تحليلا تاريخيا او قراءة مجردة لسيرة النبي ولم ينطلقوا من الايمان بالبشارات اذا افترضنا فيهم عدم توخي الخصومة في مسالة دينية مهمة تستدعي تقديم الثابت المستند للدليل والبرهان بعيدا عن التجني والتعسف.

هذا ويجب الاخذ بنظر الاعتبار ان المستشرقين المسيحيين بعقيدتهم يؤمنون بان عيسى ابن الـلـه مما خلف انطباعا ملائكيا، فان ذلك يجعل من ايمانهم وعقيدتهم بالوحي له امرا مقربا او مسوغا فما بالك مع محمد الفرد الانسان انى لهم تخيله نبيا مرسلا مع نفيهم البشارات عنه[2].

ففي الاوساط الدينية المسيحية خاصة هناك افكار يمكن ان تخضعها للدراسة والتحليل او ان تقيم مع اصحابها حوارا قد يخرج بنتائج، اما الاستشراق اليهودي فلم يكن بالواجهة والصدارة في العلاقة بين الغرب والشرق وبمعنى اوضح اصبحت المعادلة تعني المسيحية والاسلام ولتاثير الحالة السياسية التاريخية منذ فتح الاندلس ومن ثم الحروب الصليبية والاستعمار الاوربي فيما بعد، جعل المستشرقين من الأصول الدينية المسيحية أكثر تحمسا من المستشرقين اليهود لدراسة الاسلام والشرق لشدة

---

(1) : زقزوق: الاسلام والاستشراق، ص88، مصدر سابق.

(2) : ينظر: بيجوفتش، علي عزت: رئيس وزراء البوسنة والهرسك: الاسلام بين الشرق والغرب، ص281، ترجمة: محمد علي عدس، ط1، 1994م.

الالتصاق بين المولود وارضه فاصبحت تسمية اي منهما تدل على الاخر بل وتقصده عينا.

واما الفرق المسيحية العيسوية (فهي تعتقد بنبوة محمد ولكنها جعلتها للعرب خاصة وليس للناس كافة، فيما انكر اليهود والمسيحيون على الاجمال نبوة محمد)[1] فهي نبوة ناتجة عن الوحي ومادة الوحي جاءت تبعا لتلك الحقيقة ويوافق هذه العقيدة العيسوية الدكتور عبد المنعم ماجد معبرا برايه عن عظيم تاثره بالافكار الاستشـراقية المشتطة ليقول (وهو – محمد (ﷺ) – وان ارسل الى العرب الا انه اعتبر نفسه مرسلا لكافة الناس)[2]، ويستطيع المتتبع بعين البصيرة لكتابات المستشرقين ان يلاحظ انه على الرغم من الانكار للقران بصفة عامة عندهم الا ان هناك تخبطا في وصفه ومصدره ينم عن عدم القناعة بالكذبة الكبيرة التي اطلقها اسلافهم ورددوها من بعدهم بان القرآن من عمل محمد.

فالمستشرق قد لا ينظر النص القرآني من كونه نصا حضاريا بينما ينظره المسلم نصا مقدسا[3]، كما اعلنوا رفضهم لاسس ايمانية هم على يقين من صحتها، ويصدقونها في دياناتهم مثال ذلك انكارهم الوحي الى رسول الـلـه (ﷺ) ، فضلا عن تاويلهم مظاهره بالسوء ومعظم هؤلاء يهود ونصارى وكل تاويل افتعلوه لانكار وحي الـلـه الى محمد (ﷺ) يمكن ان تأول به مظاهر الوحي الى الانبياء الذين يؤمنون بهم، قال تعالى:﴿**فَإِلَّمْ يَسْتَجِيبوا لَكُمْ فاعْلَموا أَنَّما أُنْزِلَ بِعِلْمِ الـلـهِ وَأَنْ لا إِلَهَ إِلاّ هُوَ فَهَلْ أَنْتُمْ مُسْلِمونَ**﴾[4] .

([1]) : حنفي، د. حسن: موسوعة الحضارة العربية الاسلامية، ج2، ص33، ط1، 1986 بيروت.

([2]) : ماجد، د. عبد المنعم: التاريخ السياسي للدولة العربية، ج1، ص128، ط4، 1967 القاهرة.

([3]) : ينظر الصغير: المستشرقون والدراسات القرآنية، ص95، مصدر سابق.

([4]) : القرآن الكريم: هود (14).

هذا وقد صور الاستشراق بصفة عامة الاسلام على انه دين يميل في معتقده للخرافة والتواكل والثقة والاعتماد والتسليم بعقيدة القدر بشكل غير علمي ولا عملي وانما من خلال الاثر النفسي لهذه القناعة اي ان المسلم يدع الامور تجري وشانها وكان الامر لا يعنيه وليس له سوى القناعة والرضا، عازيا كل ما يحدث له لحكمة الـلـه واختبارا لايمانه او غيره، وفي حديث (بروكلمان)[*] عن عقيدة القدر عند المسلمين العرب يقول: (والبدوي يعتبر القضاء المحتوم ارادة الـلـه الثابتة التي لا مبدل لها، مما حمله الى التقليل من اهمية الجهود البشرية كلها في العمل والرزق)[1] .

الا ان السلطة العليا للقدر امر وارد ومعروف اقرت به اديان الـلـه جميعا ولم يكن الامر حكرا ووقفا على الدين الاسلامي وحده، الا ان رغبتهم في تخصيصه بالاسلام لا تخفى مقاصدها وردا على ذلك يقول الشيخ الغزالي: (افلا تكون عقيدة النصرانية (لن يسقط فرخ عصفور من سطح دون مشيئة ابيكم الـلـه) مترسخة من المنبع الاسلامي نفسه ومتضمنه تصديق حكمة بالغة وهي عدم حدوث امر دون اذن من من يعرف الامور كلها ومشيئته)[2].

فالمسيحيون الذين يتمتعون بمنسوب اعلى من غيرهم – عدا المسلمين – من الروحانيات وتعلق النظر الى السماء في شؤون حياتهم الدينية كان يؤمل من موقفهم من الاسلام – ان توخوا الانصاف والعدل – ان يكونوا أكثر قرباً وتفهماً لمرتكزات العقيدة الاسلامية، الا ان ذلك لم يدعم ويسدد نظرتهم الى الاسلام، فبذلك يمكن

([*]) : بروكلمان، كارل: (1868-1956م): مستشرق الماني كبير غزير الانتاج ترك بصماته الواضحة على الاستشراق، اصدر كتابه الشهير: (تاريخ الشعوب الاسلامية) عام 1939، وهو من تلاميذ (نولدكه) واسهم في دائرة المعارف الاسلامية، ينظر: حمدان: طبقات المستشرقين، ص95-98، مصدر سابق. وكذلك العقيقي: المستشرقون، ج2، ص425، مصدر سابق.

([1]) : بروكلمـان، كارل: تاريخ الشعوب الاسلامية، ج1، ص28، ترجمة نبيه امين فارس ومنير البعلبكي، ط8 بيروت. وايضا ينظر الدسوقي، محمد: الفكر الاستشراقي تاريخه وتقويمه، ص96، ط1، 1995 .

([2]) : الغزالـي، الشيخ محمد: الدفاع عن العقيدة والشريعة ضد مطاعن المستشرقين ، ص111 ، ط4، 1975، دار الكتب الحديثة، القاهرة.

القول ان الذين ادركوا حقيقة المعاني الدقيقة في العقيدة الاسلامية آمنوا بالغيب والآخرة وكثير من هذه الفئة دخلت في الاسلام عن قناعة وتدبر فنالت خيري الدنيا والآخرة.

المطلب الثاني

المستشرقون العلميون

يختلف الباحثون من المستشرقين العلميين عن اقرانهم من رجال الدين او اصحاب العقائد الاخرى بتجردهم من العصبية الدينية مقارنة مع اولئك، فالمسائل التي يعرضونها للبحث تحسم حسب المنهج العلمي التحليلي وذلك على وفق ما يؤكدونه في كتاباتهم، ولا يتركون فرصة من التنبه بان قصدهم هو الحقيقة العلمية وخدمة التاريخ وانهم لا يحملون افكارا مسبقة وان الكلمة الفصل هي للعلم.

ويتميز العلميون من المستشرقين بنظرتهم التحليلية ويقدمون طريقة تفكير غيرهم كما يرونها هم، وهذا لا يمنع ان يكون المستشرق العلمي مؤمنا باحدى الديانات، لكنه يعالج القضايا بموضوعية وانصاف دون اهتمام لرضا او غضب رجال دينه.

وأعتقد اان طائفة هي الاكبر لم تستطع النظر لمعتقدات المسلمين بعين الاسلام لان الايمان بالغيب والوحي غير وارد في منظومته العقائدية والعقلية وليس الامر كما يحاول اظهاره الكثير من الكتاب المحدثين المسلمين بانهم يتقصدون الانكار وان كانت هذه الفئة موجودة، وكذلك وان التقت النتيجة مع المستشرقين العلميين، الا ان هناك فصلا بين الحالتين يجب الاشارة اليه لذا نقول ان من استحق الوصف بالعلمية لابد

انه لم توصله الياته البحثية الى درجة يعرف معها التسلسل المنطقي في بناء العقيدة الاسلامية فيضطر للتعبير عن ما يخفى عليه باستجلابه تفسيرا لها من خلال تجربته وتطويره لفكرة تستند لخياله الذي كونه عن الاسلام.

ومن هنا يأتي سوء الفصل بين الحالتين احيانا بين متقصد الاساءة وتلك الفئة التي لم تستطع الوصول الى الحقيقة فاتحدت نتائجهم بالمحصلة، وعلى اي حال فان مسالة التقويم يجب ان تحسم بادئ ذي بدء حتى يتسنى لنا النظر فيها، لعل لاصحابها منهجا فنعرفه.

ومع ذلك فإن الخلاف لا يتعدى حدود المنهج وهذا الخلاف يجب ان لا يطور الى حد الخصام بين الجانبين، وقد لاحظ وعلل ذلك الدكتور الانصاري بالقول (فلا بد من إضافة مفهوم الكمال الديني الثابت الى مفهوم الكمال العلمي الواقعي المتطور والظني ليحقق للانسانية مثلا اعلى يستند الى واقع متين، واختلاف الطريقتين في طلب الكمال يزيل اسباب التناقض بين الطرفين لانهما لا يختصمان حول ضرورة الالتزام بنهج واحد، فالدين يقدم الكمال للانسان من مستوى المثل الاعلى والعلم يحاول ان يبلغه صعدا من مستوى الواقع المنظور، وامكانية اللقاء مفتوحة امامهم دون تحديد او تقييد عندما يتغلب العلم على قصوره ويكتشف المزيد من المجهول وعلى أمل تحقق اللقاء المستقبلي تسير الايام والافكار)[1] .

وتبرز للباحث حقيقة منهجية واضحة هي ان تحديد مناهج المستشرقين المغرضين في البحث غير ممكن ولا يتسنى ذلك الا بوفرة المطالعة والملازمة الطويلة لمؤلفاتهم فلا نجدهم اعلنوا عن منهج عام في البحث العلمي وطبقوه، وهذا يدل على

([1]) : الانصاري، د. محمد جابر: الفكر العربي وصراع الاضداد، ص151، ط1، 1996، بتصرف قليل.

مشكلة انهم وقعوا في عقدة احتكار الحقيقة، فلا يرون من خالفهم نظرتهم الا متعاطفا او واقعا لتاثير فكرة ما وهم بمثابة المسطرة التي تقرر مدى اعوجاج الاخرين ولعل هذا بالتاكيد ما دفع الفيلسوف الفرنسي (رينان) ت(1892) للقول: (ان العقل العربي والسامي غير قادر على التفكير الفلسفي الخالص ويرد انتشار هذه الفكرة لديهم لغلبة النظريات الصرفية والعاطفة الدينية)[1].

ان تاريخ هذا المنهج يحمل لنا بعض التفسيرات التي جعلت لنظرته للاخر مؤثرات منها، ان المنهج العلمي الغربي الذي عاش طفولته ومراهقته في ظل الكنيسة التي ولدت داخله عقدة التحرر من القيد الكنسي اللاهوتي وقيوده العقلية؛ جعله ينظر للاديان نظرة واحدة انطلاقا من المعاناة التي مر بها، فموقفه من الدين الاسلامي ايضا يمثل تجربة خاصة تتعلق باوربا مع المسيحية (ان اطلاق نتائج هذه التجربة مع كل الامم والاديان فيه تجاوز كبير وخاصة في العالم الاسلامي الذي يشكل فيه منهج علمي يختلف اختلافا كبيرا)[2]، فالفكر الغربي يقف من الدين عامة موقفا يتموج بين الرفض والكراهية والخصومة والحذر انطلاقا من نظرة الطرفين في أحقية السيادة العليا على صعيدي الدولة والمجتمع واذا كان الاستشراق كما يصفه الدكتور ادوارد سعيد من الناحية النفسية انه يعد صورة من صور جنون الاضطهاد فالاسلام اذن حتى في عصر ضعف اتباعه لا يزال يمثل تحديا على كافة المستويات[3] ،

([1]) : الانصاري: الفكر العربي، ص157، المصدر السابق، وينظر: عبد الرازق، مصطفى : تمهيد لتاريخ الفلسفة الاسلامية، ص9-14، ط3 ، 1966، مطبعة لجنة التاليف والترجمة والنشر - القاهرة، وقد تناول اقوال (رينان) بالنقد والرد لاسيما دعواه بان العرب قد نقلوا ما نسب لهم من فلسفة عن اليونان وانتقاصه من الجنس السامي كله.

([2]) : الجندي: اخطاء المنهج الغربي الوافد، ص42، مصدر سابق.

([3]) : ينظر: سعيد: الاستشراق، ص221-223، ص275، مصدر سابق.

فاننا نقول انه جنون شعور بالاضطهاد المركب من الدين عامة ومن الاسلام الذي تكونت صورته بظلال مغرقة في السلبية والاجحاف.

وهذا ينسجم مع ما عرضه سيد قطب (رحمه الـلـه) في تقويم الدراسات الغربية التي يرى انها تتسم بالاستجابة الناقصة بمعنى ضحالة التحليل والاستنتاج وهذا ما عزينا به مجمل الفكرة الاوربية ولا سيما العلمية الى موضوعات الغيب، ويعتقد ايضا ان الموضوعات الاسلامية في فترة الاسلام الاولى كانت اشد وقوعا تحت نظرة الاستجابة الناقصة في العقلية الغربية الحديثة نظرا لما احتوته من موضوعات في صلب العقيدة واشتمالها على عنصر الروحية الغيبية[1]، وانطلاقا من هذه الحالة نشأ المنهج التاريخي الذي ينظر الى الظاهرة بمحاولة التتبع التاريخي لنشأتها وتطورها عبر مراحل التاريخ ويعد (بروكلمان) من اصحاب هذا المنهج حيث انه ينظر الى الاسلام على انه تطوير لعبادة وثنية كما جاء ذلك في كتابه تاريخ الشعوب الاسلامية.

الا ان المنهج التاريخي التحليلي لم يعرف في مجال الاستشراق الا في القرن التاسع عشر والعشرين وهو بهذا ثورة على الاستشراق التقليدي الذي استمر من القرون الوسطى حتى مجه اصحابه في القرن التاسع عشر بعد ان اظهر سقماً شديداً وعجزاً عن تقديم الحد الادنى من الحق المقبول.

ومع تزايد الاهتمام بتطوير الاسلوب النقدي للبحث التاريخي؛ ظهرت الحاجة الى دراسة شخصية الرسول الكريم والقرآن الكريم بقدر اكبر من العقلانية مقابل تضاؤل النزعة العدوانية المتعامية التي ميزت الكتابات الاوربية منذ العصور الوسطى

([1]) : ينظر: قطب، سيد: في التاريخ فكرة ومنهاج، ص38 ، ط1، 1967، الدار السعودية للنشر – جدة.

حتى القرن التاسع عشر، فقد وجد هذا المنطق صداه في كتابات (كارليل) و (آيرفنج) من بين اخرين من رجال القلم المعاصرين[1].

فالاسلام لا يرى في مفهوم الايمان شيئا مضادا لمفهوم المعرفة ولا يقتصر المعرفة على مصادر الحس والتجربة بل يضيف اليه علم الوحي الذي جعل الايمان بالغيب شرطا رئيسا من شروط العلم وبذلك اراح قلوب المسلمين وعقولهم من دوامة البحث فيما وراء الطبيعة (الميتافيزيقيا) او عالم الغيب، فقدم له منهجا كاملا يرضي اشواقه النفسية وحاجاته الروحية[2].

(وعلى هذا الاساس نقول: ان الكيان الاسلامي كله يقوم على اساس الايمان بالله ورسوله محمد الذي تلقى القرآن وحيا من عند الـلـه، ويجب على العالم النزيه والمؤرخ المحايد ان يقول ذلك لقرائه عندما يتعرض للحديث عن الاسلام حتى يستطيع القارئ ان يفهم سر قوة هذا الايمان في تاريخ المسلمين، ثم له بعد ذلك ان يخالف المسلمين في معتقدهم وتصوراتهم، اما ان يعرض المستشرق الاسلام باديء ذي بدء من خلال تصورات سابقة مبنية على خيالات واوهام فهذا ما لا يقره علم ولا منهج)[3].

وأعتقد انه من الاهمية بمكان الالماع الى جوهر مشكلة الفهم العلمي الاستشراقي الحديث للعقيدة الاسلامية من خلال ما شخصه الحسيني اذ يقول: (ففقدان عنصر الروحية الغيبية في الطبيعة الاوربية وخاصة في العصور الحديثة، بعد شيوع وغلبة النظريات المادية والطريقة التجريبية على وجه الخصوص، يظهر اثر فقدان هذا

([1]) : الدعمي، محمد: مجلة افاق الثقافة والتراث، بحث (يقظة الاهتمام الغربي بالماضي العربي)، ص64، ع20+21، س5، 2000م ، مركز جمعية الماجد للثقافة والتراث، قطر.

([2]) : ينظر: الجندي: شبهات التغريب في غزو الفكر الاسلامي، ص327-329، مصدر سابق.

([3]) : زقزوق: الاسلام في تصورات الغرب، ص14، مصدر سابق.

العنصر امام تفسير الحوادث التاريخية ومحاولة الاهتداء الى الروابط الظاهرة والخفية التي تجمع بين اشتاتها وتجعل منها وحدة متماسكة الحلقات متفاعلة الجزئيات ممتدة مع الزمن والبيئة امتداد الكائن الحي في الزمان والمكان فلا تكون هناك استجابة كاملة صادقة امام هذه الحوادث وفهمها على الوجه الكامل، ومن ثم يجعل تفسيرا لها مخطئا او ناقصاً)[1].

واستمر نقص الاستجابة في جميع تصوراتهم لموضوعات الغيب فهم يكرسون الاعتقاد بان اليوم الاخر خرافة وان المؤمنين به قوم مضللون سخفاء ومدعاة للشفقة وعندما يتحدث (بودلي)[*] عن الجنة والنار يقول: (فالجنة تجسيم لما رآه محمد من النعيم خارج بلاد العرب في اثناء رحلاته، وما الجحيم الا تجسيم لمشاق الصحراء المحرقة الماحلة التي تحيط بمكة)[2]، فهو ينعت الرسول (ﷺ) بالتضليل والكذب، وان الجنة والنار فكرة ابتدعها محمد ليحمل الناس على الايمان ففضلا على انه لا ينزع بتفكيره الى الايمان بالغيب تراه يسخر بالمؤمنين به، لانه خالف نظرته الى السماء، فتحليل معاني الجنة والنار تاكيد لما تمت الاشارة اليه من التماس لتحليل يجتهده من قراءاته للدين وتصوراته العامة ويقيس له ما يراه مقبولا وسائغا وهذا في افضل الاحوال.

([1]) : الحسيني، محمد علوي المالكي: بحث (المستشرقون بين الانصاف والعصبية)، ص164، ندوة علماء الهند، 1982، (الاسلام والمستشرقون)، ط1، 1985.

([*]) : بودلي: ر. ف: مستشرق انجليزي، اهم اثاره: (الرسول: حياة محمد)، وقد امن في مقدمته بسلامة العقيدة الاسلامية الا انه ضل من بعد في تفسير الزكاة والجنة والنار والقضاء والقدر وطبع للمرة الاولى في لندن عام 1946م، ينظر: العقيقي: المستشرقون، ج2، ص95.

([2]) : بودلي: ر. ف: الرسول: حياة محمد، ص118، ترجمة: عبد الحميد جودة السحار، محمد محمد فرج، ط1، 1948، مكتبة مصر.

وفي موضوع النبوة يمكن القول بانه ان كان التعصب الديني قد كان وراء عدم تكوين فكرة صحيحة عن الرسول (ﷺ) عند المستشرقين رجال الدين، فان الذين تحرروا من النزعة الدينية يرجع عدم تبلور فكرة ناضجة عندهم عن الرسول (ﷺ) الى مبالغتهم في النظرة التاريخية.

ومن المؤسف القول بان التعسف المنهجي لم يفرق بين التراث والعقيدة، بحيث غدت العقيدة الاسلامية في نظرهم - وطبقا لاسقاطات الفكر الغربي - مجرد تراث يمكن الحديث عنه وتحليله وعرضه على العقل دونما التفات الى خصوصية العقيدة الاسلامية وارتباطها الكلي بالوحي المنزل الذي يتجاوز المكان والزمان، ولا يمكن فهم تجربة الحضارة الاسلامية ولا فهم الاسلام في غياب هذه الخصوصية المرجعية[1].

ومع ان النظرة الاستشراقية للاسلام بِعدِّه تراثا، لا ارى انها شكلت ظاهرة بالمعنى الوصفي لان اشكالية العلاقة تحيد النظر الى الاسلام من حيث هو تراث ونعيد التاكيد على طبيعة الصراع والشد بين الاسلام والغرب كونه تحدياً طويل الامد والذي لم يخمد حتى في احلك ليالي المسلمين، فان التبشير بهذا النوع من الافكار لا يعبر عن نظرة شمولية لطبيعة العلاقة وتفاعلها مع رسالة الامة الخالدة وعالميتها.

وان كنا لا ننفي وجودها البتة، الا ان الحديث عن الاسلام تراثا يعبر عن رغبة تلك الفئة من المستشرقين في اظهار ان الصراع قد قسم وان الاسلام اصبح جزءاً من الماضي العتيق، بغية قطع الصلة بين ماضيه وحاضره المستمر.

كما ان ادراك خصوصية العقيدة الاسلامية بالوحي والايمان به امر في غاية الصعوبة بالنسبة لهم، لانه يعبر عن منهج غير الذي اتبعوه الا ان فئة منهم استطاعت

---

(1) : ينظر: الخطيب، د. سليمان: التغريب والمازق الحضاري، ص129، ط1، 1991م.

ان تعرف كيف يبني المسلم قناعاته بالوحي المستلزم شرط الايمان بالغيب ومن هنا فان دورة هذه القناعة في نفوس المسلمين وتواترها مع اجيالهم تعني استمرار الاسلام كما يلحظ خلق الـلـه جميعا، مما يؤكد سقوط النظرة للاسلام بوصفه جزءا من الماضي عند من عده تراثا بدءاً وانتهاءً.

وعلى عكس المتوخى من المستشرقين العلميين فانهم مارسوا تفسير الاحداث (بطريق اسقاط ما بانفسهم على الاحداث التاريخية فيفسرونها في ضوء خبراتهم ومشاعرهم الخاصة، وما يعرفونه من واقع حياتهم ومجتمعاتهم فيفسرون (بيعة ابي بكر) يوم السقيفة وكانهم يحللون انتخابات الرئاسة في امريكا وألاعيبها الحزبية، ويفسرون خروج طلحة والزبير على علي كرم الـلـه وجهه، بانه خوف على ثرواتهما التي جمعاها في اثناء الفتوح ومن غنائم الفرس والروم وكانهم ينظرون الى الصراع بين شركات الصلب وشركات السلاح ووزراء المالية ورجال الضرائب)[1].

المطلب الثالث

المستشرقون اللادينيون

مع ان الدين بشكل عام لا يقع تحت سلم اهتمامات اللادينيين، ويرونه ترفا اجتماعيا بل سخفا شعبيا، تختلط فيه الاسطورة بالحكمة، ويرونه نتاجا لافكار الاقطاعيين وانه وجد ونبت من الارض اصلا تعبيرا عن صرخة المضطهدين والفقراء الذين يرون في الدين تصبيرا لهم على آلامهم بحياة مفرقة بالنعيم، جزاءً لالم السنين الذي احتملوه.

([1]) : الجندي، انور: بحث: (المستشرقون والسيرة النبوية)، ص227، ندوة علماء الهند، 1982، مصدر سابق.

ويصرح اللادينيون، في كل محفل ومجمع بهذه الفكرة ويدعون لها مع ما تمثله من نفور باتجاه الدين والنظر اليه كـ(مثيولوجيا) مع ذلك لم يكن الدين بعيدا عن الدراسة والنقد والتتبع، ويستكشف المؤلف من تتبع دراساتهم انهم ينظرون الى عملهم هذا بمثابة رسالة للعلمانية الملحدة تتطلب منهم جميعا النضال الموصول لكي لا يقع العالم في وحل الدين؟![1]

ولم يمض وقت طويل حتى اصبح هذا العزف النشاز شائعا بين شريحة من المستشرقين ومن الذين احتذوه (مونتغمري وات)[*] في كتابيه (محمد في مكة) و(محمد في المدينة) واتبع فيها منهجية واحدة، فقد نظر للاسلام على انه ظاهرة تفسر في ضوء المتغيرات الاقتصادية (فمن الواضح ان هذا المنهج يقوم على النظرة الجدلية التاريخية (الديالكتيكية)، التي تركز في تحليل احداث التاريخ على العوامل الاقتصادية)[2].

(ان مفهوم عقلانية المعرفة يدعو الى التحرر من التعصب ومن التقليد ومن الوثنية والخرافة ولكنه لا يدعو لانكار جوانب اخرى من المعنويات والروحية وعالم الغيب ومفهوم الوحي)[3].

اما في فهم العلمانيين فقد تم تصنيف كل ذلك في خانة واحدة ولم ترق الى تصنيف سليم يضع الامور في نصابها السليم، نظراً لسوء فهم الاسلام ونظريته

([1]) : ينظر: الحاج، خالد محمد علي: الكشاف الفريد عن معارك الهدم ونقائض التوحيد، تحقيق عبد الله ابراهيم الانصاري، ج1، ص761، ط1983، دار احياء التراث العربي، قطر.

([*]) : وات، مونتغمري: مستشرق بريطاني، عميد قسم الدراسات العربية في جامعة ادنبرا، من آثاره: (محمد في مكة)، (محمد في المدينة)، (عوامل انتشار الاسلام)، وقد درس منهجه باستقلال وتفرد الدكتور عماد الدين خليل من خلال كتيب اسماه: (المستشرقون والسيرة النبوية) وللمزيد ينظر: العقيقي: المستشرقون، ج2، ص132.

([2]) : عمايرة: د. اسماعيل احمد: المستشرقون وتاريخ صلتهم بالعربية، ص36، ط1، 1992، الجامعة الاردنية.

([3]) : الجندي، انور: حقائق مضيئة في وجه شبهات مثارة، ص22، مصدر سابق.

الخالدة في المعرفة ومنهجه الشامل مع ان الاتجاه العلماني في الاستشراق لم يحابي الدين المسيحي بل اظهر تحرراً مزعجاً للكنيسة.

(فهذا الاتجاه العلماني جمع نقمته على الاسلام ونقمته على الكنيسة لانها في نظرهم تمارس دور المنقذ من الاسلام ولكنها لا تقل في نظرهم خطورة على اوربا من الاسلام، فالإسلام عندهم يساوي الكنيسة في الكبرياء والشراهة وحب السلطان)[1]. وهنا تبرز مسألة شديدة الوضوح هي الخلاف التاريخي القائم بين العلم والدين اي بين العلمانيين والكنيسة ومطالبة كل منهما الاخر بالانصياع له وترك ما عنده.

مما سبق يستنتج المرء ان تجربة العلمانيين المرة مع الدين ورجاله ولا سيما الكنيسة الكاثوليكية في اوربا جعلتهم يتعاملون مع الاديان تعاملاً ندياً رافضاً، فانعكست هذه الصورة وهذا الفهم عن الكنيسة ليسقط على الاسلام الذي اعدوه مقلداً لخطى الكنيسة فبذلك استحق رفضهم بجدارة بل سخريتهم.

وهذا ما يفسر اختلاف فهمهم للاسلام عن فهمنا له لانهم يرون ان القرآن كتاب ثقافي حضاري يدرس من هذا الجانب ولا يعالج منه ما له صلة بالوحي او الغيب واذا عولج هذا الجانب يعالج معالجة من لا ايمان له ولا ركون اليه)[2].

(وفي ذات الوقت استمر ينمو ويزدهر لكنه لم يستطع ان يكون الصورة الصحيحة عن الاسلام بل لعله زاد في تشويهها في كثير من الاحيان)[3].

ومن المحتمل ان المساهمة في تشويه الاسلام تنشأ من خلال عدم القدرة على حل الالغاز الاسلامية التي تواجههم مع احتقارهم للايمان بالغيب وهنا تنزل بالاسلام اقذى الاوصاف ويتهم بابشع التهم، ومما يجعل لكلمتهم اثراً وصدا انهم متجردون من الولاء سوى للعلم (بطريقتهم) وانهم عقليون (وأحسب ان الاتجاه العلماني كان اشد ضلالاً من الاتجاهات الاخرى في فهمه للحضارة الاسلامية، لانه بدا في نظر الاوربيين

([1]) : عمايرة: المستشرقون وتاريخ صلتهم بالعربية، ص34، مصدر سابق.

([2]) : الصغير: المستشرقون والدراسات الاسلامية، ص92، مصدر سابق.

([3]) : عمايره: المستشرقون وتاريخ صلتهم بالعربية، ص35، مصدر سابق.

بثوب الموضوعية والبعد عن التحيز فوثق الناس باحكامه مع انها تنطلق اصلا من روح الدعوة الى تحييد الدين)[1] علاوة على ما رافق هذه النظرة من عد الدين طقوساً شخصية لا يعبأ بها وينظر لها تراث مجتمعات بائسة ومغرقة في السذاجة.

وحتى وان تعددت مناهج بحث المستشرقين العلمانيين المنكرين للدين والروحانيات والغيب، والمتهكمين على المعتقدين بها، والناظرين الى دعاتها بانهم مجرد شياطين بشرية، محترفي خداع ودجالين مشعوذين الا انهم في الغالب الاعم يلتقون على هدف مركزي واحد هو الوصول الى ما يؤيد اعتقادهم بان الاسلام دين بشري من صنع عبقرية فردية او ظروف اجتماعية او اقتصادية او تاريخية رافقت حياة سيدنا محمد عليه افضل السلام.

(ومعظم المستشرقين الذين يدرسون ظاهرة الوحي والنبوة انما يدرسونها من خلال الاحداث الانسانية والاحوال البشرية وكثيرا ما يستعينون بالدراسات النفسية والتحليلات التاريخية في دراسة هذه الظاهرة، كما ندرس بطولات آدمية وعبقريات إنسانية، فإذا بهم يخلطون بين النبوة والعبقرية وتلتبس عليهم معاني البطولة ومعاني الرسالة)[2].

مع أن المؤلف يعتقد أن هنالك فئة منهم قالت ما تعتقد به حقاً ولم يكن حكما مسبقا، كما أشرت في غير موضع، وهذا لا يعني مطلقا أن من قالوا ببشرية القرآن ونسبته إلى عبقرية محمد (ﷺ) هم علميون، إذ أن أغلبهم من الدساسين المبشرين الذين تَقَصّدوا التشويه والإساءة وأعماهم حقدهم وسواء أكان الأمر كذلك وكانت الأحكام المسبقة جاهزة أو أنهم توخوا مناهجهم التي تروق لهم في البحث فلن يتعدى ما يتوصلون إليه ما قاله أسلافهم من التشكيك في مصدرية القرآن الكريم.

([1]) : المصدر نفسه، ص34.

([2]) : حمدان، نذير: الرسول في كتابات المستشرقين، ص66، ط2، 1986، دار المنارة للنشر والتوزيع، جدة - السعودية.

المبحث الثالث

أسباب انحراف مناهج المستشرقين

نسلم جميعا بعدم عصمة الانسان وامكان وقوعه في الخطأ والزلل بين الحين والآخر ونستمر في التماس العذر لصاحبه حتى نصل الى قناعة بان ذلك سلوك عام، وهنا تكون لحظة الفراق لان الخطأ المقصود هو تجنٍ وكذب وتشويه.

وفي البداية لم نفترض ان صراعا عاصفا سيقوم بين المستشرقين ونقادهم، وما ان نمعن النظر في بحوثهم حتى تتجلى لنا حقيقة التجني وافتقار منهجهم للمنهجية ومع ان التعميم اسلوب غير علمي، الا ان التخصيص لن يريح الا عينة مجهرية من مجموع شريحة الدراسة وهي التي لم تقع ضمن التخصيص فمنها دوما نطلب السماح والعذر، لان سياق النقد يتطلب الجمع، سيما في حالة كهذه.

وسرعان ما تشعر بالاسى وانت ترى من عدّوا انفسهم صناعاً للتاريخ ومؤرخين له يحيدون عن الحد الادنى المقبول للحياد والنزاهة والموضوعية فيكون حسم الخصام بان تحاسبهم على ذلك المنهج الذي ارتضوه لانفسهم، علاوة على اننا مسلمون نستطيع بحكم ايماننا ان نرصد انحرافهم وزوغان ابصارهم عن طريق الحق ان هم تركوه جانباً.

ومع ذلك وحتى يتسنى للباحث التقعيد والترتيب عمدت لان أُشَخّص من خلال التقويم لمناهج المستشرقين وابحاثهم بشكل عام، المآخذ والمناقد التي شكلت

باستفاضتها تقليدا منهجيا واطارا فكريا أولياً، ذاع وانتشر كمظهر حينا في وعيهم وحينا آخر فيما بين ثنايا افكارهم، فتعامل متأخروهم مع هذا الحصيل المتراكم حقائق مسلمة وأخذوها فتاوى شرعية اكتسبت درجة القطع من غير تامل فيها او نظر[1].

ان ما سيعرض من تلك المآخذ وان كان ينطبق على جُل ما كتبوه من علوم الدين بدءاً من العقيدة ومرورا بالتفسير والفقه وانتهاءً بالفرق والادب والتاريخ الاسلامي بانه يمس وبشكل جوهري عصب موضوع الرسالة الاسلامية (الوحي).

وسنأتي ان شاء الـلـه تعالى على ايراد ركائز الاسلوب الذي سلكوه وشكل ملامح طريقتهم.

([1]) : ينظر: عبد الحميد، د. عرفان: المستشرقون، ص6، مصدر سابق.

المطلب الاول

رسوخ فرضية بشرية مصدر القرآن

لا يستطيع المؤلف ان يحدد حقيقة رغبته في كشف زيف هذه الفرية الكبرى أدفاعاً عن اقدس مقدساتنا ام حسرة وألما على الإنسانية التي حادت واحادت عن درب الحق؟!.

انه انزلاق خطير الى الهاوية قد اصابهم ومع عظم المصيبة فلم يتوقف الشك هنا حتما بأن لذلك تبعات ولدت مؤلفات للمستشرقين فاغراهم اعتقادهم ببشرية القرآن الى البحث عن التناقض فيه ونقده ادبيا وثقافيا، واصطنعوا الحجج والمسوغات لما يخرجون به من دراسات لا تستحق النقد علاوة على انها لن تصمد امامه، فدرسوا مباحث القرآن الكريم وآياته دراسة الباحث الشغوف في صيد المطاعن التي يتوهمونها، فهم كما يصفهم الشيخ الندوي: (انهم لا يرون في مدينة ذات بهجة وجمال الا المزابل والمراحيض، كما هو دأب مفتشي النظافة في كل مكان فيعرضون نتاجهم حتى يروا الذرة جبلا والنقطة بحراً)[1].

والمستشرق اليهودي المجري المعروف (جولدتسيهر)[*] يشكك في إلهية النص القرآني ويصفه بالاضطراب وعدم الثبات قائلا (لا يوجد كتاب تشريعي اعترفت به طائفة دينية اعترافا عقديا على انه نص منزل، او موحى به يقدم نصه في اقدم

---

(1) : الندوي: ابو الحسن: الصراع بين الفكرة الاسلامية والفكرة الغربية في الاقطار العربية، ص181، ط3، 1977 مطبعة التقدم.

(*) : جولدتسيهر، اجنتس: يهودي مجري، مستشرق ضليع وغزير الانتاج، اشهر ابحاثه المعروف باسم: (العقيدة والشريعة في الاسلام) وقد ترجمه ثلاثة من علماء الازهر عام 1946م ، وقد عمل مدرسا في جامعة بودابست مدة طويلة، ينظر: حمدان: طبقات المستشرقين، ص115، مصدر سابق.

عصور تداوله مثل هذه الثورة من الاضطراب وعدم الثبات، كما نجد في نص القرآن)[1].

ومع قولهم ببشرية القرآن وانه من نظم محمد فقد قالت فئة كبيرة منهم ممن استطاعوا إدراك عظمة القرآن بانه ليس الا تحريفا وتشويها للتعاليم اليهودية والنصرانية، فان ذلك لا يتعدى ان يكون اما إدراكاً لعظمة القرآن او لاستكثارهم نسبته الى محمد فردوا اصله الى المسيحية واليهودية.

فجمعوا غاية التشكيك بان نفوا ربانية المصدر للوحي القرآني، ولحقدهم اللا محدود فقد عز عليهم - المخلصين لولائهم المشبوه - ان ينسبوه لمحمد (ﷺ) وبهذا يلتقي من لمس التشابه النسبي المحدود بين محتوى الديانات ومن فاض حقده على محمد (ﷺ) ولم يقبل حتى بعده مؤلفاً للقران، هذا مع ما يشكله هذا الراي الطريح من جهر وقح باقذى ما يمكن ان يجرح به مسلم.

ان ما ينبغي على هذه الفرضية قائمة تطول وتطول وغني عن التوضيح ان هذه الفرية تصيب عين النبوة وتجعل من محمد (ﷺ) شخصا عاديا ادعى النبوة ونسبت له اوصاف لم نجرؤ على نقلها لنقدها لو لم يكن ناقل الكفر ليس بكافر ولكن الـلـه من وراء القصد، فانظر ماذا يقول المستشرق (دانييل)[*]: (ان محمدا كان كاردينالا منشقا على البابوية طمع في كرسيها فلما خابت آماله ادعى النبوة، ولصاً!! وقاتلا وزير نساء كافراً وساحراً ودجالاً وخائناً وفاجراً وشيطاناً وارهابيا يشيع الموت وينشر الدمار

([1]) : جولدتسيهر، اجنتس: مذاهب التفسير الاسلامي، ص34، ترجمة د. عبد الحليم النجار، ط1955، مكتبة الخانجي - القاهرة.

([*]) : دانييل، نورمان: مستشرق بريطاني، عرف بلا علميته وانحرافه المبالغ فيه وتعصبه عبر عن ذلك في كتابه: (الاسلام والغرب).

وداعية اباحية اتخذ من شيوعية المراة وسيلة لهدم الكنيسة المسيحية وهدم الاخلاق)[1].

لقد كان هذا المستشرق اوفرهم بالجهل والقبح والوقاحة فلم تقع يداي على أحد أكثر منه حرفية في كيل التهم وقلب الحقائق وتشويه انصع السير واطهر الرجال عليه سلام ربي وصلاته.

وتاكيدا لهذه الفرية الراسخة الكبرى انهم يكتبون على اغلفة ترجمات القرآن الكريم: قرآن محمد بوصفه، مؤلف القرآن، يستوي في ذلك الترجمات المبكرة في العصر الحديث مثل النسخة التي ترجمها (سافاري) سنة 1782[**] او نسخة المستشرق الفرنسي (ادوارمونتيه)[***] سنة 1929 وكذلك (بلاشير) سنة 1957[2]. وهذا ما اقدم عليه (روس)، الذي اختار تسمية مجافية للحقيقة وحاقدة على الاسلام ونبيه فقد عنون كتابه بـ: The) alcoran of mohomet) ، قرآن محمد[3].

وكلي ثقة بان افكار معظم المستشرقين لحقيقة الوحي ونفيه عن النبي والادعاء ببشرية القرآن، لا يطمس وهج الحقيقة ويبقى كلامهم زبداً يذهب جفاءاً واما ما ينفع الناس فيبقى في الارض.

([1]) : See: Danial, Norman. "Islam and the west", the making of an image, p.28, 73, 78, 81, at the university press. Edinburgh.

([*]) : وردت هذه التواريخ بتعديلات طفيفة في السنوات ونرجع امرها الى تعدد طبعات هذه الترجمات التي اعتمدها المؤلفون ينظر، المستشرقون والدراسات الاسلامية للصغير، محمد حسين، ص110-111.

([***]) : مونتيه، ادوار: مستشرق فرنسي وفنان رسم عاش بالجزائر مدة طويلة واعد ترجمة للقرآن الكريم وله اهتمامات بالشعر ايضا.

([2]) : ينظر: فرج، السيد احمد: الاستشراق – الذرائع – النشأة – المحتوى، ص121، ط1، 1994.

([3]) : الناجي، عبد الجبار: بحث (الاستشراق والسيرة النبوية)، ص100، مجلة دراسات اسلامية، ع1، س1، 200م، بيت الحكمة – بغداد.

المطلب الثاني

عد سيدنا محمد بطلا ومصلحا اجتماعيا

لن نختلف مع المستشرقين على غير المعتاد بان سيدنا محمد (ﷺ) بطل ومصلح وثائر وعبقري، الا اننا نؤمن بذلك لانه رسول الـلـه الذي اهله ربه بصفات تلائم عظم المسؤولية الملقاة عليه خاتما للانبياء والرسل.

نقول فان كان (ﷺ) بطلا فهو تكريم من الـلـه له لانه جاهد في سبيله فاستحق النصر وان كان مصلحا فلانه لم يعرف التاريخ أكثر من قدرته على اصلاح المجتمعات والانتقال بها من أتون الفرقة والضياع الى رحاب الوحدة والايمان والاخلاص.

فلم يكن (ﷺ) ثائرا الا على الظلم والباطل والشرك وهل من ثورة قلبت وجه التاريخ كتلك التي كان بطلها سيدنا محمد (ﷺ)، وما العبقرية الا وصف استحقه دونما مجاملة من احد، وخير دليل على ذلك قدرته الفذة في ادارة شؤون الحياة وصواب رأيه وحكمته قبل وبعد البعثة.

(واذاً فان العبقرية (المحمدية) في نظر بعض المستشرقين انسانية لها مقاييسها ومعاييرها التي تشمل شخصيات عالمية اخرى، الا ان موازينهم للعبقرية تقصر عن الادراك الاسلامي للرسالة الاسلامية الكبرى التي لا تدنو منها اية عبقرية ذلك ان (النبوة) هي اشعاعها ومصدرها)[1].

([1]) : حمدان، نذير: الرسول في كتابات المستشرقين، ص65، مصدر سابق.

ان وصف الرسول الكريم بالصفات الآدمية العليا وان كان ينم في احيان قليلة عن ادب مع شخصه الكريم وقراءة اتسمت بالعلمية المحددة فافرزت تحليلات لشخص الرسول (ﷺ) تنطوي على اعجاب وتقدير عال (بفكره) واخلاقه وسلوكه العام[1]، وفي احيان اخرى كانت هذه الكتابات تعبيرا عن مرحلة المداراة الكاذبة التي عقبت مرحلة الاغراق في التعصب والجحود والنكران ذي الأصول والبواعث العديدة، ان لم يكن هذا شكلا من اشكال التعبير عن الحسد والتعسف فانه ينم عن قصور منهجي نعرفه من ضحالة النتيجة.

وما ابراز الصفات العليا المشار اليها والتي يمكن ان يتوافر بعضها في اشخاص نقشت اسماؤهم على جدار التاريخ في حقيقته هو ربط خبيث سواء عن قصد انتقاص او قصد تمجيد (وانما يحرص المستشرقون على تصوير النبي بصورة البطل او المصلح او البليغ، لان كل هؤلاء تنتهي معهم كل افكارهم وليسوا جديرين بالخلود والاستمساك بمذاهبهم كما يستمسك الناس برسالات الانبياء)[2].

نعم ان ما قالوه مما ذكرت من اوصاف هو حق ولكنه أُريد به عين الباطل فما نسبة هذه الاوصاف الى خير البشر الا ليزيغ البصر عن نسبتها الى ربها الذي اودع في سيدنا محمد الحد الاعلى من حظ البشر من صفاته تعالى من الحكمة والرحمة والايمان[3].

([1]) : ينظر: كارليل، توماس: الابطال وعبادة البطولة، ص54، ص56-59، ص82، تعريب محمد السباعي، ط4، 1982، دار الرائد العربي، بيروت – لبنان. ، وات، مونتغمري: محمد في مكة، محمد في المدينة، و دينيه، آتيين: محمد رسول الـلـه، كنموذج لهذا الصنف من الدراسات.

([2]) : الجبري، عبد المتقال محمد: السيرة النبوية واوهام المستشرقين، ص97، ط1، 1988.

([3]) : ينظر: الغزالي، حجة الاسلام الامام ابي حامد محمد بن محمد الغزالي الطوسي، ت(505هـ): المقاصد الاسنى (شرح اسماء الـلـه الحسنى)، ص28-31، تقديم الشيخ محمود الغواوي، ط1961، مكتبة الكليات الازهرية - القاهرة.

وانطلاقا من هذا الفهم المجزوء أشاد بعضهم باعمال واخلاق الرسول (ﷺ) على انها وجوه من عبقريته الحضارية.

وكما يقول الشيخ الغزالي في حديثه عن الرسالة الخاتمة: (ان العظيم لا يُمسخ صغيرا لأن ظنون المعتوهين أخطأت فهمه)[1].

المطلب الثالث

معضلة الايمان بالغيب

إن افتقار شريحة عريضة من المستشرقين لركيزة الايمان بالغيب ألحق بفهمهم للاسلام ضررا فادحا في مهمتهم حول دراسة الوحي القرآني ووحي السنة.

ويذكر د. عماد الدين خليل شرطا أساسياً يجب ان يتحلى به المستشرقون حتى يخرجوا بشيء من الصواب فيركز على ضرورة (الايمان او على الاقل احترام المصدر الغيبي لرسالة محمد (ﷺ) وحقيقة (الوحي) الذي تقوم عليه)[2].

ومما يخلع على هذه المعضلة اهمية مميزة لها انها معضلة عقدية وليست بملاحظة اسلوبية على المنهج فهو جدار يصعب خرقه الا بإعادة تشكيل القناعات من الالف الى الياء.

ومع ان ادراكنا صعوبة طلبنا منهم – سيما العلميين التجريبيين واللادينيين - التحلي بايمان كهذا ليتمكنوا من اداء مهمة علمية نظيفة، ومع ذلك فانه من الناحية

---

(1) : الغزالي: دفاع عن العقيدة والشريعة ، ص20، مصدر سابق.

(2) : خليل، د. عماد الدين: المستشرقون والسيرة النبوية، ص8، مصدر سابق.

العلمية ايضا لابد من التحقق بايمان كاف ليسهل لهم دراسته بمفهومه الشامل، وبدون ذلك الايمان نرى تعذر دراسة الاسلام والخلوص بنتائج مطابقة لحقيقة ذات الخلفية الغيبية.

ويستمر نكرانهم للغيب والايمان به حتى عدوا ذلك عيبا نقذف به من ذلك ما اثاره (هاملتون جب)[*] بادعائه ان الاسلام جاء ليضفي بالصفة الدينية على تلك الاحيائية العربية القديمة التي نسجتها الاعراف والبيئة بعد ان لم يستطع محمد التخلص منها ويقصد بالاحيائية: تلك العقائد الروحية الخرافية كالايمان بالسحر والتنجيم والكهانة.

ففي حديث (جب) عن مبنى الفكر الديني في الاسلام يشير بصراحة الى ان الاسلام وان كان يبدو رافضا لتلك الاحيائيات الا انه لا يشك في تأثره بها بيئيا كما يفسر الخير والشر بانه امتداد لهذه المعتقدات[1].

ونظرا لسيطرة فكرة الدين المجرد على شريحة المستشرقين من الأصول المسيحية (الكاثوليكية الملتزمة) والتي تجعل الجمع بين مفردات الايمان الديني ومفردات الحياة المادية العامة ومتعها امرا متعذرا غير مقبول استنادا الى نص انجيلي: (لا

(*) : جب، هاملتون: (1895-1971)، مستشرق انجليزي معروف ولد في الاسكندرية وتخصص في اللغات السامية واسهم في تحرير دائرة المعارف الاسلامية، والف كتابه الشهير (المحمدية) عام 1949 وعين عضوا في المجمع العلمي في دمشق وكذلك في القاهرة، ينظر: حمدان: طبقات المستشرقين، ص180، مصدر سابق.

(1) : ينظر: جب، هاملتون: دراسات في حضارة الاسلام ص239، ترجمة احسان عباس، محمد يوسف نجم، محمد زايد، ط2، 1974.

يستطيع انسان ان يخدم سيدين فهو اما ان يكره احدهما ويحب الاخر، او يتمسك باحدهما ويستخف بالاخر، انك لا تستطيع ان تخدم الله وتخدم مامون(**))[1].

فالايمان بالغيب ليس مرفوضا على الاطلاق عند الشريحة هذه ولكنه وارد فقط في حالة الايمان المجرد بين النفس الانسانية والاله، ولكن ما لمسوه في الدين الاسلامي من ترابط الايمان بالغيب بحياة الانسان المسلم وادق تفاصيلها جعلهم يرفضون نموذجا للايمان بالغيب بالطريقة التي يقدمها المنهج الاسلامي في عقيدة متكاملة لا انفصام فيها.

المطلب الرابع

إتباع مناهج التحليل التاريخية

بعد ان عاشت المآخذ السابقة في عقول ومناهج المستشرقين وغدت حقائق ومسلمات، وجدوا لزاما عليهم ان يحللوا الاسلام قرآنا ومسيرة تاريخية ويدرسونه دراسة المؤرخ ولكن هذه الدراسات جرت على المنهج العلمي الغربي الذي يشخص الظاهرة ويكون الملاحظات ويجمع النتائج ويصدرها لمنتظريها.

إذ تدرس السيرة وكأنها مذكرات أدبية لشخص فذ وقائد مميز وتدرس التشريعات الاسلامية كنصوص قانونية ويوضع القرآن في المختبر الاجنبي ليطالعنا بانطباعات مشوهة ومعتمة (ومن نتائج منهج التحليل التاريخي ما توصل اليه (وات)

(*) : (مامون): Mammon: تشير الكتابات الانجيلية الى شيطان الشهوة والمال، ينظر: بوست، جورج: قاموس الكتاب المقدس، م2، ص390، طبع في بيروت في المطبعة الاميركانية، 1901م.

(1) : الكتاب المقدس (العهد الجديد): انجيل متي: 9: 24، جمعية الكتاب المقدس في الشرق الاوسط، الاصدار الرابع، 1993، الطبعة الثلاثون.

و(ادوارمونتيه) بأن محمدا (ﷺ) في اثناء تاليفه للقران كان واقعا تحت مؤثرات شخصية حدثت له في كل من بيئتي مكة والمدينة أو لتأثير شبابه في مكة، وكهولته وشيخوخته في المدينة ومدى تأثير الشباب والصحة على الابداع الادبي ومنه القرآن الكريم)[1].

ويظهر جليا ان ما يقصده (وات) - الذي اراد التجديد في الكتابات الاستشراقية عن الرسول فلم يرض منه المسلمون ولا المستشرقون – هو فكرة النمو التدريجي للأديان أي أن عمل النبي عليه السلام اتخذ طابعا مرحليا بحيث يخطط لكل مرحلة على حدة حسب مقتضيات الحاجة والضرورات المصاحبة لمسار دعوته[2].

ويعد (وات)[3] من المستشرقين العلمانيين الا انه تميز بمنهجيته التاريخية في تقويم الروايات الاصلية كما (اعتمد على طريقة نقدية في التحليل التاريخي على العوامل الاجتماعية والبيئية فشرح انجازات الرسول (ﷺ) وما حققه من نجاحات مبرزا القيم والمباديء الخلفية والانسانية التي تحلى بها رسول الاسلام والتي كانت دافعا لسياساته (ﷺ))[4].

ورافق هذا التخبط اصحاب التفسير المادي (الديالكتيكي) الذين عزموا على تحليل الاحداث الاسلامية لتطابق النظرة الماركسية في فهمهم للصراع الطبقي في المجتمعات ونسوق ما قاله (بليابيف): (إن نشاة الاسلام الاولى هي انعكاس يجسد

([1]) : شيخ ادريس، جعفر: بحث (منهج (وات) في دراسة نبوة محمد)، مناهج المستشرقين، ج1، ص235، مصدر سابق.

([2]) : See: Watt, Montgomery, W.: Mohomet Ala Mecque, p.8-11, preface de, Maxime Rodinson, 1977, Paris.

([3]) : ينظر: فرج: الاستشراق، ص135، مصدر سابق.

([4]) : فوزي: الاستشراق والتاريخ الاسلامي، ص59، مصدر سابق.

مصالح القبائل البدوية في الجزيرة العربية كما يجسد مثلهم العليا)[1] فاستنادا الى التفسير المادي وفلسفة الشك الديكارتي تعالج المسائل بالطريقة المتقدمة التي لا تستأهل حتى العناء في ردها لمعارضتها احداث التاريخ وحتى للمنطق ايضا.

فبأنهم أو كثيرا منهم يقولون إن (دعوته كانت نوعا من الاشتراكيات التي تهدف الى توزيع الثروة توزيعا عادلا لذلك نراه قد فرض ضريبة - يعنون الزكاة - على الاغنياء ووزعها على الفقراء مواساة لهم ثم اخترع فكرة النبوة ليدعم مركزه وقد ساعدته الظروف فحقق نجاحات هائلة، ولم يكن يفكر اول الامر في ان يكون لدعوته الاشتراكية وجهوده الاصلاحية بحال خارج مجتمعه المحدود - مكة - ولكن نجاحاته أملت عليه فكرة التوسع في مجال الدعوة داخل شبه الجزيرة، ثم انتهى الى فكرة عالمية الاسلام وامتداد الدعوة خارج شبه الجزيرة كما حدث في عصره وعصر الخلفاء من بعده)[2]، وهذا بالفعل ما دفع (تولستون) للقول: (ان الاسلام جاء في نشأته الاولى ايديولوجية للمجتمع الاقطاعي في اوائل عهده)[3].

([1]) : بليابيف: العرب والاسلام، ص130، مصدر سابق.

([2]) : المطعني، عبد العظيم ابراهيم:افتراءات المستشرقين على الاسلام، عرض ونقد، ص92، ط1، 1992.

([3]) : بليابيف: العرب والاسلام، ص131، مصدر سابق.

المطلب الخامس

اسقاط الرؤية المعاصرة

يعد هذا الخلل الاسلوبي[*]، ملتقى المستشرقين على اختلاف ألسنتهم وألوانهم، كما يمكن وصفه بحق قاسما مشتركا لجل الاحداث الاستشراقية عن الاسلام.

وقد اجاد الدكتور عماد الدين خليل في تشخيص هذا المآخذ واسع الانتشار اذ يقول: (ان مواصفات العقل الغربي ورواسبه الدينية، جنبا الى جنب مع نزوعه العلماني، ومسلماته المادية، ورؤيته الوضعية – فانحساره على المنظور وانكماشه على المحسوس، وردة فعله تجاه كل ما هو غيبي واعتقاده الخاطيء بأن تجاوز الواقع الى ما وراءه؛ سقوط مظنة الخيال والمثالية والخرافة اللاعلمية)[1].

وقد سببت هذه الذاتية الغربية غرور العقل الغربي وانتفاخه المتورم ورسوخ اعتقاده بقدرته على فهم كل شيء وتحليل كل معضلة تقع ضمن البحوث الانسانية فنتج عن هذا تخبط في الحقول الاستشراقية في السيرة والعقيدة ولازمت بحوثهم وامسكت بها دونما فكاك.

وتمثيلا لتعسر المسير في ضوء هذه النظرة يسوق الفيلسوف محمد اقبال نظرتهم الجامدة لقضية الوحي التي خضعت للاسقاط المذكور.

إن من اسباب الالتباس الخَطِر ان يحلل ويناقش الوحي بالطريقة العلمية الحديثة ذلك لان منطق الوحي لا يشبهه ولا يمكن قياسه بمنطق العلم التجريبي، فالوحي

(*) : يرى المؤلف ان من المناسب نعت طريقة المستشرقين – المنحرفة – في الكتابة بالاسلوب لا بالمنهج لان للمنهج معالم وضوابط تحدده وهو تعبير علمي تفتقده المؤلفات الاستشراقية فآثرت وصفها بالاسلوب سيما ان المقام مقام نقد.

(1) : خليل: المستشرقون والسيرة النبوية، ص66، مصدر سابق.

بطبيعته يغطي حقلا من المعرفة يخالف كل المخالفة مجال العلوم التجريبية، فهو ليس معرفة بطرق الاستقراء والاستنتاج او التحليل ليصح معها الطريقة العلمية الحديثة[1].

ويعزو الدكتور البوطي - احسن الله عاقبته - ضلال المستشرقين الى انعدام اثر الجوانب الروحية في فهمهم للامور والتي حالت دون ايمانهم بنبوة محمد (ﷺ) فيقول: (فالامور العقلية وحدها ما كانت يوما لتؤثر في العواطف والقلوب ولو كان كذلك لكان المستشرقون في مقدمة المؤمنين بالله ورسوله، ولكانت افئدتهم من اشد الافئدة حبا لله ورسوله، او سمعت باحد من العلماء ضحى بروحه ايمانا منه بقاعدة رياضية او مسالة من مسائل الجبر!)[2].

المطلب السادس

ظهور النزعة التبشيرية

ان من المعيب حقا على الاستشراق التبشيري انه انطلق ومنذ سنيه الاولى لمواجهة الاسلام، متخذا من ظهور الدعوة الاسلامية الحافز والباعث للتبشير بالدين المسيحي، وان كان من حق كل من يعتقد سلامة منهجه ان يدعو اليه، لكن الذي لا تقره المناهج الدعوية السليمة ان تتخذ من عدائك وانتقاصك من شأن الآخر وسيلة رخيصة للكسب الجماهيري وهو ما عمل به التبشير المسيحي اولا.

هذا ويربط د.انور الجندي اثر التبشير بالحملات الصليبية فيقول: (بدأ الاستشراق (نصرانيا) يصدر عن الكنيسة التي خشيت أثر الاسلام في نفوس اهل

([1]) : ينظر: محمد اقبال: تجديد التفكير الديني في الاسلام، ص143 وما بعدها، مصدر سابق.

([2]) : البوطي: محمد سعيد رمضان: فقه السيرة ص49، ط 1994، دار الفكر للطباعة والنشر والتوزيع.

اوروبا بعد عودة بقايا الحملات الصليبية الذين عادوا يحملون الى الغرب صورة رائعة عن سماحة الاسلام والمسلمين)[1].

ومما سبق نستنتج ان الكنيسة اتخذت التبشير الداخلي أولا وسيلة دفاعية للحد من تأثر الأوروبيين بالدين الاسلامي خشية من أن يغزو في عقر دارهم فلم تكن دعوتهم الدينية حصيفة بل نحت منحى التهجم والتحقير لكل ما يتصل بالاسلام أُسلوباً في المواجهة العقيدية بين المسيحية والاسلام.

وندلل على صحة ما نقول اعتمادا على مسلك الصراع الذي ساد عقب الحروب الصليبية[*] يقول د. فاروق عمر فوزي: (بدأت سياسة الكنيسة في اوربا ومن والاها من المفكرين الاوربيين بعد فشلها في الحروب الصليبية في تحقيق هدفها، وعلى مدى قرنين من الزمان (1099-1254م) / 493-652هـ قررت تحويل الصراع الى فكري وثقافي فبدأت بنشر وإشاعة سلسلة من الأكاذيب والمفتريات على الاسلام ونبيّه مصورة من خلال خيال خصب صور الاسلام على غير حقيقته)[2].

وما يؤكد صدق هذا العزم وعملية التوجه في تحويل الصراع الى (فكري) هو مبادرة الكنيسة للاهتمام بترجمة القرآن الى اللاتينية سنة 538/1143هـ وكانت اول ترجمة للقرآن تحت رعاية الكنيسة كما اشرت سابقا[3].

([1]) : الجندي: الاسلام في وجه التغريب، ص285، مطابع الناشر العربي، دار الاعتصام - القاهرة.

([*]) : يشار الى ان الهجوم على الاسلام قد سبق الحروب الصليبية فمثلا كتاب يوحنا الدمشقي (القديس): (675-749م) حوار بين مسيحي ومسلم، وما كتبه الكاتب البيزنطي ثيوفانيس عن (حياة محمد) ت817م/202هـ ينظر: غارديه، لويس: فلسفة الفكر الديني بين الاسلام والمسيحية ج2، ص32-34، نقله الى العربية الدكتور: صبحي الصالح، والاب الدكتور: فريد جبر، ط1، 1967، دار العلم للملايين - بيروت.

([2]) : فوزي: الاستشراق والتاريخ الاسلامي، ص52، مصدر سابق.

([3]) : ينظر: المصدر نفسه، ص60، عرفان عبد الحميد، المستشرقون والاسلام: ص12، مصدر سابق.

ومن الواضح ان لهفة الكنيسة على ترجمة القرآن في ذلك الوقت بالذات - إبّان الحملات الصليبية - امر لا يمكن ان يفسر الا على انه جولة من جولات الحرب الفكرية التي شنتها الكنيسة على الاسلام مسنودة برجال الاستشراق الذين تربوا في مدارس الكنيسة وعملوا في شبابهم على خدمة اهدافها التبشيرية واضعين نصب اعينهم الطعن والنيل من الاسلام دونما ملل او كلل ومن غير التفات الى العلمية او الامانة التي تقتضيها دراسات حساسة كهذه بل تعاملوا مع كل المقدسات باستهتار لم يسبقوا اليه.

من هنا كانت لهم اليد الطولى في الإسهام وبتفانٍ مطلق من اجل تشويه الصورة التي عاد بها جنود الحملات الصليبية وبدأت تروج في اوربا ونظرا لعظمة الجهود التي بذلوها فقد ادى ذلك كما يصفه محمد أسد إلى: (اذى عقلي نتج عنه تسميم العقل الغربي ضد العالم الاسلامي عن طريق تفسير التعاليم والمثل العليا الإسلامية تفسيرا خاطئا متعمدا، لانه اذا كان للدعوة الى حملة صليبية ان تحتفظ بصحتها فلقد كان من الواجب والضروري ان يوسم نبي المسلمين بعدو المسيح وان يصور دينه بأكلح العبارات كينبوع للفسق والفجور والانحراف عن الحق)[1].

ومما عزز مكانة التبشير واهميته في صالونات السياسة الاوروبية ارتباطه بالدوائر الاستعمارية علاوة على الدافع الديني، وكما يشير د. التهامي نقرة: (لعب الاستشراق دورا فكريا خطيرا في التمهيد للاستعمار السياسي والثقافي والعسكري وقام

([1]) : محمد اسد: الطريق الى مكة، ص22، نقله الى العربية: عفيف البعلبكي، ط1، 1956، دار العلم للملايين- بيروت.

بحركات مريبة تهدف الى زعزعة ثقة الشعوب المستعمرة بدينها وثقافتها وحضارتها)[1].

لذا يمكن القول ان عمل المستشرقين في حقل التبشير المسيحي وارتباطهم بدوائر الاستعمار أثر وبشكل يقيني في كتاباتهم التي تجاوزت مآخذها سوء الفهم والتحليل التاريخي الى ان وصلت مرحلة التجني البواح وقلب الحقائق عن سابق قصد وتعمد في تشويه صورة الاسلام حتى وان لم يكونوا يعتقدون بما قالوه.

ومن امثلة المستشرقين الذين قدموا خدمات جليلة للتبشير المستشرق الانجليزي (هاملتون جب) الذي عمل في دوائر الاستعمار البريطاني (وعرف جب بقيادة اخطر حركة من حركات الاستشراق وهي حركة التقريب التي تتولى اعداد دراسة خطيرة عنها مع اربعة من المستشرقين تناولت العالم الاسلامي كله في محاولة لفحص مدى ما وصلت اليه محاولات تغريب الاسلام والمسلمين، وقد طبع هذا الكتاب وترجم الى اللغة العربية تحت اسم (وجهة الاسلام) فتناول الوسائل التي تعمل على احتواء الفكر الاسلامي والمجتمع الاسلامي وتنحية الاسلام عن عرشه من حيث هو قوة اجتماعية تسود الحياة وتوجهها وكيف ان القوانين الوضعية عملت على تقليص ظل الشريعة الاسلامية في مجال الحياة والمجتمع)[2].

وكذلك من الشواهد على تبييت النوايا السيئة والتصريح العلني بالعداء والتربص ما يقوله (سنوك هورجرونجيه)[*]:(يجب على الحكومات الاوروبية التي استولت على

([1]) : التهامي، نقرة: مناهج المستشرقين، ج1، ص25، مصدر سابق.

([2]) : الجندي، الاسلام في وجه التغريب، ص298 وبتصرف قليل.

([*]) : هورجرونجيه، سنوك: (1857-1936م) مستشرق هولندي، عد عميد العربية بعد (جولدتسيهر) وهو من المهتمين بدراسات الفقه الاسلامي في اوربا، كما عمل مستشارا في وزارة المستعمرات الهولندية في المسائل الاسلامية والعربية، زار مكة سنة 1884 متنكرا كطبيب واقام بها خمسة اشهر وشهد موسم الحج، اصدر كتابا من مجلدين وصف فيه مكة، العقيقي: المستشرقون، ج2، ص315، مصدر سابق.

بلاد الاسلام ان تجتهد في اظهار التناقض بين الاسلام والمدينة العصرية واقناع المسلمين بانهما ضدان لا يجتمعان فلا بد من رفع احدهما، ولما كانت المدينة الحاضرة هي نظام كل شيء ولا مندوحة عنها لمن يريد ان يعيش كان من البديهي ان الذي سيرفع من النقيضين هو الاسلام)[1].

ونحن اذ ننسى لا ننسى دورا لايستهان به للاستشراق اليهودي[*] الذي اراد تصفية ثاراته مع الاسلام والانتقام ليهود خيبر والاسهام بالحملة على الاسلام، وكما يقول البحاثة الدكتور الجندي: (منذ وقت بعيد جرت المحاولة على ظهور استشراق يهودي يتفق مع الاستشراق المسيحي الغربي في الوجهة العامة من الهجوم على الاسلام ولكنه يختلف في التماس جوانب معينة تخدم قضية الصهيونية ويستهدف الوجود العربي في فلسطين وما جاورها ويعمل على تزييف الحقائق الخاصة بالأصول العامة للحنيفية السمحاء التي حمل لواءها ابراهيم (عليه السلام) وما يتصل بأمر النبيين الكريمين: إسماعيل وإسحق)[2].

([1]) : الجندي: الاسلام في وجه التغريب، ص300-301، مصدر سابق.

([*]) : ظهر في الاستشراق اليهودي: مرجليوث صاحب كتاب (محمد وظهور الاسلام) واسرائيل ولفنسون وقد تتلمذ على يد طه حسين، وايضا: ليفي بريل، جولد تسيهر، برنارد لويس، ومكسيم رودنسون.

([2]) : الجندي: الاسلام في وجه التغريب، ص303، مصدر سابق.

المطلب السابع

عدم فهم العربية

يصعب على المستشرقين حقا قراءة الاسلام دون ان يكونوا قد تسلحوا بفهم العربية وتذوق بلاغتها ومعرفة اساليبها ونحوها وصرفها ويزداد الامر اهمية اذا كان القصد لدراسة القرآن الكريم فالامر يتطلب معرفة تفصيلية لا اطلالة سطحية على العربية، لاسباب معروفة ومشتهرة من اهمها المكانة العليا للبلاغة والاعجاز القرآنيين، الذي يحتاج في تذوقه الى بلوغ مرتبة عالية من الدراسة والمعايشة مع العرب باساليبهم وتشبيهاتهم وصورهم، وهذا في حالة ان يكون الدارس من غير اهل العربية لأن العرب بسليقتهم وصفاء قرائحهم يفهمون النصوص القرآنية ويدركون مرادها ودلالاتها على غير صعيد وان كان الامر متفاوتاً بين شخص وآخر، الا ان لذلك ما يسوغه.

ومما عقَّد معرفة المستشرقين للعربية هو قياسهم للتراكيب العربية على لغاتهم ولا سيما الانجليزية يقول الدكتور احمد علم الدين: (من المفيد الاشارة الى بعض الاختلافات القائمة بين اللغتين العربية والانجليزية؛ لأن تركيب الجملة العربية يختلف بطرق كثيرة عن الجملة الانجليزية لذلك يمكن ان تظهر السماجة بوضوح اذا ترجمت حرفيا كلمة كلمة، وان فضيلة التكرار للذين لا يتكلمون العربية هو لغو مفرط للتعبير الحرفي)[1].

([1]) : علم الدين، احمد محمد: مقرر مادة الاستشراق للسنة الرابعة، ص172، 1991، كلية الامام الاوزاعي للدراسات الاسلامية، جامعة الجنان، بيروت.

ويؤشر العديد من المفكرين المسلمين على انعكاس سوء فهم العربية عند المستشرقين على نتاجهم (العلمي) وسائر مؤلفاتهم الاستشراقية فيقول د. صلاح الدين المنجد في تصنيفه لفئات المستشرقين: (هناك ضرب لم يملك الفهم اللغوي والبلاغي الدقيق، فاخطأ في نشر الكتب وفي فهم النصوص ولكنه حفل بامور شكلية لا فائدة لنا منها)[1].

ومن المؤكد ان لهذا المأخذ الكبير تاثيراً واضحاً في نتائج دراستهم للقرآن، فهنا يظهر حقيقة جهلهم بالعربية الذي انعكس بحكم تعسفي على القرآن هو ادعاء القائلين بتطور الاسلوب القرآني يقول د. محمد خليفة (لقد اثبت شيخ الاسلام ابن تيمية رحمه الله ان اسلوب القرآن الرفيع قد بقي كما هو خلال فترة وحيه ثلاثا وعشرين سنة، وهل يمكن لأي مؤلف مهما عظم شأنه ان يصل الى درجة الكمال في اسلوبه لمدة طويلة كهذه؟!)[2].

ويستمر تاثير الجهل ليصيب مباحث قرآنية أخرى فيأتي (جولد تسيهر) بمحاولة للطعن ببلاغة بعض القرآن ولا سيما في العصر المدني من خلال مقارنة بادية السخف والسطحية قائلا: (بديهي ان التغير الذي حدث في الطابع الشخصي لمحمد قد اثر في اسلوب القرآن وشكله الادبي... ففي العصر المكي جاءت المواعظ التي قدم فيها محمد الصورة التي أوحتها حميته الملتهبة في شكل وهمي خيالي حاد لكن حمية النبوة وحدّتها اخذت في عظات المدينة والوحي الذي جاء بها تهدأ رويدا رويدا، حيث اخذت البلاغة في هذا الوحي تصبح ضعيفة شاحبة كما اخذ الوحي نفسه

([1]) : نذير حمدان: الرسول ص36، مصدر سابق، نقلا عن: المنجد، د. صلاح الدين: المنتقى من دراسات المستشرقين دون الاشارة الى الصفحة و د ت.

([2]) : خليفة، د. محمد: الاستشراق والقرآن العظيم، ص48، نقله الى العربية: عبد الصبور شاهين، ط1، 1994، القاهرة.

ينزل الى مستوى اقل بحكم ما كان يعالجه من موضوعات ومسائل حتى لقد صار احيانا في مستوى البشر العادي)[1].

واننا من حيث كوننا مسلمين لا يمكن ان نرجع اسباب هذا الهراء - بعد الحقد - الا لسوء فهم العربية اذ ان اهل العربية الاقحاح لم يخرج منهم اي تصريح او اشارة - اقصد المشركين المنكرين - يفيد بطعنهم واستخفافهم بالبلاغة القرآنية بل كانت وكثيرا السبب في دخولهم افواجا الى دين الـلـه.

لذا يمكن القول ان ثبات القرآن في الدرجة العليا من البلاغة والاعجاز وثبات الاسلوب يرفع احتمال بشرية القرآن قطعا وان ادعاءا كهذا ما كان ليظهر لولا ضعف مخل بحدود العربية البسيطة وسوء تذوقٍ للبلاغة القرآنية.

وهناك أحكام أشد قسوة تتناسب طرديا مع الجهل بالعربية، فدعاهم جهلهم بلغة القرآن الكريم الى التطاول بأن (هذا الكتاب غير فصيح وغير بليغ وان به اغلاطا نحوية وتاريخية ومتناقضات لفظية)[2]. ومما يعطي انطباعا أكثر دقة عن جهلهم بالعربية مقارنتهم القرآن ببعض الآثار العالمية كالالياذة والاديسة لهوميروس؛ فعدم ادراك الفوارق غير المنتهية يرجع فيما يرجع اليه الى جهل مدقع بالعربية[3].

([1]) : جولد تسيهر، اجنتس، العقيدة والشريعة في الاسلام (تاريخ التطور العقدي والتشريعي في الديانة الاسلامية)، ص14-15، ترجمة محمد يوسف موسى، ط1، 1946، دار الكتاب المصري - القاهرة. كما ينظر: الغزالي، محمد: دفاع عن العقيدة والشريعة ، ص36-39، مصدر سابق.

([2]) : ينظر: الدسوقي، محمد: الفكر الاستشراقي، ص102، مصدر سابق.

([3]) : المصدر نفسه، ص102.

وما اصدق الشاعر اذ يقول:

وإذا اتتك مذمتي من ناقص فهي الشهادة لي بأني كامل[1]

هذا وقد اقر (بودلي)[*] في كتابه: الرسول، حياة محمد (حاولت ان اترجم الحوار العربي حرفيا وببساطة وقد كان الشعر والبيان فوق طاقتي، واعتمدت في الايات القرآنية على ترجمات (مارمادوك او رودويل))[2].

ويحاول (ارنولد توينبي) تعزية نفسه بجهله بالعربية من خلال الادعاء بأن اللفظة العربية هي لغة دينية مسوغاً لنفسه جهله بها[3].

وقد لاحظت من خلال نظرة شاملة لمؤلفات المستشرقين وعناوينها عدم كتابتهم في موضوعات الاعجاز القرآني ولغة القرآن او توجيه القراءات القرآنية بشكل متخصص وان ما ظهر هو حالات فردية تدلل على مدى ضعفهم بالعربية بلاغة ونحوا ولا سيما اذا ما قورن هذا النوع بكتابات السيرة وتاريخ القرآن والفكر الاسلامي والطرق والاديان المقارنة.

ويعزز الاعتقاد بما سبق - عدم فهم العربية - هو ان بعض المستشرقين اشادوا بشخص الرسول الكريم وسيرته العطرة وجعلوه موضع تقدير وإكبار، مقابل تهجمهم

([1]) : اليازجي، الشيخ ناصيف: ديوان المتنبي بشرح العرف الطيب، د. ت.

([*]) : (ر. ف، بودلي): انجليزي، اقام في الجزيرة العربية سبع سنين عقب الحرب العالمية الاولى وعمل بالجيش العراقي بحدود عام 1910 ومع طول مدة اقامته بين عرب الجزيرة فان ذلك لم يجعله قادرا على ترجمة الاحاديث العربية بما يؤدي المعنى المراد بشكل دقيق استدعى منه التنويه، وقد سبقت ترجمته.

([2]) : بودلي: الرسول: حياة محمد، ص8، مصدر سابق.

([3]) : ينظر: الجندي: الاسلام في وجه التغريب، ص293، مصدر سابق.

على القرآن واذكر منهم من قوبلوا بإطراءات واسعة من المفكرين المسلمين المحدثين (كتوماس كارليل)[*] و (مونتغمري وات)[1]، ويمكن ان نعزو سبب هذا الانحراف الى ان قراءة السيرة من التآليف المتاخرة (خاصة) وبالعبارة السهلة البسيطة ذات الطابع السردي امر لا يشق فهمه على المستشرقين قياسا بجزالة وقوة الاسلوب القرآني فلعجمتهم عن لغته لم يستطيعوا ادراك مكامن عظمته وسمو مكانته فوجهوا نقدا يعبر عن حجم الجهل الذي غرقوا به.

وتبرز هذه النزعة بوضوح عند (كارليل) الذي قال في كتابه ذائع الصيت: (الأبطال): (لا عجب ان قلت ان الاوربي يجد في قراءة القرآن اكبر عناء فهو يقرؤه كما يقرأ الجرائد، لا يزال يقطع في صفحاتها قفاراً من القول الممل المتعب ويحمل على ذهنه هضاباً وجبالاً من الكلم لكي يعثر من خلال ذلك على كلمة مفيدة، اما العرب فيرونه على عكس ذلك)[2].

وبالنظر باشتراك (لوبون) مع (كارليل) بذات السبب المؤدي لمثل هذا القول فقد صدر عن (لوبون) قوله: (وهذا الكتاب المقدس قليل الارتباط مع انه نزل وحيا من

(*) : كارليل، توماس: (1795-1881م)، ومن آثاره: (الابطال وعبادة البطولة)، 1840م، ترجمه الى العربية: محمد السباعي، وفيه عقد المؤلف فصلا رائعا عن النبي الا انه كان اقل اعجابا بالقرآن، ولم يسعفه فهمه للعربية لادراك ما اسماه بالتكرار بلا نهاية في القران وهو مما اعابه على قرآننا؛ لقصوره وضحالة عربيته، ينظر: العقيقي: المستشرقون، ج2، ص53، مصدر سابق.

(1) : فيما يتعلق بالاشادة بشخص الرسول (ﷺ) من قبل (كارليل) و (وات) ينظر: الرسول في الدراسات الاستشراقية المنصفة: محمد شريف الشيباني، ص413، دار الحضارة العربية - بيروت، وكذلك الابطال وعبادة الابطال: توماس كارليل، ص51-61، مصدر سابق.

(2) : كارليل، توماس: الابطال وعبادة البطولة، ص83-84، المصدر السابق، وقد علق الدكتور ادوارد سعيد على مقولة كارليل بالقول: (ولان كارليل نفسه ليس مثلا اعلى للسلاسة والاناقة الاسلوبية، فانه يؤكد هذه الامور كوسيلة لانقاذ محمد من المستويات البنتامية التي كانت ستدين محمد وكارليل معاً، غير ان محمد مع ذلك بطل)، الاستشراق، ص168، مصدر سابق.

الـلـه على محمد، واسلوب هذا الكتاب وان كان جديراً بالذكر احياناً؛ خالٍ من الترتيب فاقد السياق كثيراً ويسهل تفسير هذا عند النظر الى كيفية تأليفه)[1].

ولعل من الاسباب التي ادت الى ذلك ان قسما من المستشرقين لم يقرأ عن الاسلام والقرآن بلغة اهله بل قرأ ما ألفه المستشرقون (المستعربون) الذين اقاموا بالشرق وتكلموا لغته وادركوا أكثر من غيرهم بعض خصائص العربية المحلية والمكتوبة (الفصحى).

من هؤلاء (آربري)[*] الذي ترجم القرآن الى الانجليزية ولقيت ترجمته استحسان البعض فقد وصف القرآن بانه (كامل النظم وغني برواياته الدقيقة وأوزانه المتقدمة، التي بلغت مرحلة الكمال، ولهذا فان كمية الموضوعات والصور والرؤى كانت شاملة)[2].

وان كنا لا ننتظر من المستشرقين ان ينصفوا القرآن بعد ان عرفنا كيف تكتب بحوثهم الا اننا نود الاشارة الى ان من يدرك عظمة القرآن هو من قطع شوطا كبيرا في التمرس على فهم اسلوبه والتمحيص لآياته وشروحاتها وتفاسيرها وأصول الكلام وجذوره الصرفية فساعة إذٍ قال في القرآن أقل ما يقال عن عظمته، فما بالنا بمن لا يعرف عن العربية الا بعض السطحيات، فليس من المتوقع ان يصدر عنهم غير ما قد علمنا.

([1]) : لوبون، غوستاف: حضارة العرب، ص116، نقله الى العربية: عادل زعيتر، ط3، 1956، دار احياء الكتب العربية - القاهرة.

([*]) : آربري: (1905-1969م)، مستشرق انجليزي بارز، لديه مجموعة من المؤلفات في التصوف والشعر العربي، اصدر عام 1955 ترجمته المفسرة للقرآن تحت عنوان: (تفسير القرآن) في مجلدين، هذا وقد عين عضواً في المجمع العلمي العربي في دمشق، حمدان: طبقات المستشرقين، ص84-86، مصدر سابق.

([2]) : (آربري): الترجمة الانجليزية للقران (المقدمة) ص11. نقلا عن، علم الدين: مقرر مادة الاستشراق، ص178، مصدر سابق.

المطلب الثامن

المغالطات التاريخية

بوسعنا ان نقول ان اي تهجم على الاسلام والمساس بالقضايا القطعية والثابتة بحكم العقل والتاريخ والتواتر والمنطق يعد خطأ تاريخيا بلا نقاش.

واذا كان التسامح يقتضي - احيانا - غض الطرف عن بعض الاخطاء الهينة من حيث الدقة في الحكم والاستنتاج، فان ذلك لا يعني مطلقا امكانية السكوت على ما يفوق ذلك مما يمكن وصفه بالمغالطات التي تختبيء وراءها مقاصد أكثر خبثا ولكن ذلك اغرى المستشرقين بالقول بكلام عار من الصحة تماما وينم عن جهل متأصل بالتاريخ الاسلامي وفهمه او بقصد لتمرير طعنة من خلال التلاعب التاريخي بالاحداث.

وللتمثيل على مغالطاتهم التاريخية التي يشق حصرها، نذكر ههنا محاولتهم لتأخير المولد النبوي الشريف.

يقول (بروكلمان): (والمشهور ان ولادته كانت حوالي سنة 570م ولكن الذي لا شك فيه انها متاخرة عن ذلك بعض الشيء)[1]، ولكن من المحسوم والمقطوع أمره والذائع حد الاشتهار انه عليه السلام ولد في عام الفيل، اضافة الى اجماع المصادر التاريخية على ان ولادته (ﷺ) كانت عام 570 او 571 للميلاد وهو العام الذي يعرف بعام الفيل)[2].

([1]) : بروكلمان: تاريخ الشعوب الاسلامية، ج1، ص32، مصدر سابق، وينظر د. جواد علي: تاريخ العرب في الاسلام، ج1، ص9-11.

([2]) : ينظر: ابن سعد، محمد: الطبقات الكبرى، ج1، ص101-103، ط1985، دار صادر - بيروت، وينظر: ابن كثير: البداية والنهاية م1، ج2، ص242-244، تحقيق: احمد ابو ملحم واخرون، ط 1985، دار الكتب العلمية - بيروت.

ويعتقد المؤلف ان اقدم من اطلق وروّج هذه الفرية التاريخية هو القس (هنري لامانس)[*] ذائع الحقد الذي حاول جاهدا تاخير مولده (ﷺ) مدة عشر سنين ليتسنى له القول بان محمدا قد بعث على عمر الثلاثين سنة، مخالفا بذلك ما عرف من ان بعثة الانبياء السابقين كانت على راس الاربعين عاما، وما ذلك الا لينقض الاثر الشرعي الذي يقر بعثته (ﷺ) عن اربعين عاما، هذا ومن المحتمل ان يكون (بروكلمان) قد استقى هذه الفرية من (لامانس) اذ لم يعرف لها اصل قبله اذ ليس المقصود الإرباك والتزوير التاريخي فحسب، بل يتعداه الى التشكيك بصدق النبوة من خلال عام المولد وهو المقصود من الفرية اساسا[1].

وبالتاكيد هناك كم من المغالطات يصعب الاحاطة بها كونها كانت هدفا مقصودا عند المستشرقين غير العلميين.

(*) : لامانس، هنري اليسوعي، اشتهر بحقده الفائض على الاسلام ونبيه وعرف حتى بالغرب بتعصبه وتعامل كتاباته بالحذر والشك في الاوساط العربية والشرقية ومن آثاره: (مهد الاسلام) الذي افرغ فيه كماً هائلاً من المغالطات والمطاعن ويؤشر هذا (بليابيف) بالقول: (غير انه يجدر بالدارس ان يلزم جانب الحذر عند قراءته كتبه العديدة المطبوعة لان الاب لامانس كان مبشرا يسوعياً في الشرق العربي ففي تضاعيف كتاباته يظهر التعصب الديني الاعمى ضد الاسلام)، العرب والاسلام، ص49، مصدر سابق.

(1) : تناول هذه المسالة بتفصيل واطناب د. جواد علي في كتابه تاريخ العرب في الاسلام، الا انه لم يتنبه لمراد هذا العبث التاريخي اذ يرد الخلاف البسيط بين المؤرخين الى العادة التي كانت عند الجاهليين في عدم تسجيلهم تواريخ الميلاد فقط! مع اشارته الى اهتمام المستشرقين بهذه المسالة ينظر: ج1، ص114 وما حولها، وقد علق على المسالة ذاتها مترجما: (تاريخ الشعوب الاسلامية)، لبروكلمان.

المطلب التاسع

اللاموضوعية

فقد كثير من المستشرقين القدرة على الربط والعلمية واتسمت بحوثهم بالتناقض والاضطراب مما يلبسها لبوس اللاموضوعية بكل جدارة واستحقاق ومن خيرة الامثلة على ما سبق المستشرق (كزيميرسكي) الذي يدعي ان محمداً رسول للعرب وحدهم[1]، وان كنت لأعجب حقا كيف توصل الى هذا الايمان الجزئي بمحمد (ﷺ) فكيف يفهم - هذا - من كلام من اقر بصدقه انه رسول للعالمين وكيف أسس هذه القناعة المجزوءة.

ثم يعدل عن هذا التصور فيدعي زورا وبهتانا ان محمد (ﷺ) صانع الاسلام ويظهر مدى اضطرابه عند قوله: (ان محمدا خالف القرآن في تزوجه بأكثر من اربعة)[2]، ولا ندري كيف يمكن ان يتسلل لفكره مثل هذا الاستنتاج الذي يستجلب شغب الخصوم لو كان القرآن من صنيع محمد (ﷺ)، وكذلك كيف يمكن ربطه بما اقره من ان محمد رسول العرب المكلف عبر الوحي؟!!، انه تيه وتخبط ممزوج بحقد مفرط.

ومن التقابلات غير المنطقية واللاموضوعية للتشكيك بجدية الموقف العقيدي لرسول الـلـه (ﷺ) - كما يسميها د. عماد الدين خليل - في تحليله لمنهج (وات) الذي وصفه بالحيادية الالتزام في أكثر من موقع[3]، هو محاولة (وات) ان يقرن اعتراف محمد بالاصنام باعتراف اليهودية والمسيحية بوجود الملائكة؟؟[4].

---

(1) : ينظر: الجبري: السيرة النبوية، ص58، مصدر سابق.

(2) : الجبري: السيرة النبوية، ص58، مصدر سابق.

(3) : خليل: المستشرقون والسيرة، ص12، 13، 37، وغيرها، مصدر سابق.

(4) : ينظر: المصدر نفسه، ص76.

يقول د. عماد الدين: (اي علاقة تربط بين الاصنام وبين الملائكة؟! وهل من مسوغ هنا، او في مناسبة اخرى لاستعراض الفروق التي تميز بين الحجارة والملائكة وللتزييف الديني الذي تمثله الاولى والحقيقة الغيبية المؤكدة التي تمثلها الثانية)[1].

انها مقابلة تفتقر للحدود الدنيا من المقارنة وتجعلها اقرب للسخرية والاستخفاف من اي تصنيف او وصف آخر، انه تشويش لضرب جذور العقيدة الاسلامية صافية المنهل.

المطلب العاشر

الانتقاء والتشطير الكيفي

لم تكن حوادث الانتقاء من الروايات مهما كان حظها من الصحة حالات فريدة بسيطة بل تجاوز الامر ذلك الى ان غدا ظاهرة تستوجب الوقوف عليها.

فقد يصيب اصحاب هذه الفذلكة في تناول جزء جانبي من الحقيقة والصحة اذا ما قورنت باسلوب المستشرقين (الذين يوقعون انفسهم في اخطاء مقصودة منكرة حتى يتبينوا مداها لدى المثقفين المسلمين، فاذا انتبهوا لها ونبهوا اصحابها إليها اعتذروا احيانا واستمروا على خطئهم حينا آخر والا فاخطاؤهم ستصبح حقائق واغلاطهم تغدو مُسلمات علمية يستشهد بها في النوادي العلمية والادبية)[2].

فاستعانتهم بالروايات المرجوحة التي تكلل باطار من الشك والتساؤل والحيرة، مستعينين بالمصادر التبعية غالبا دون الرجوع الى المصادر العربية الأمينة رافق ذلك اسلوبهم دونما انقطاع.

([1]) : المصدر نفسه، ص76.

([2]) : حمدان: الرسول، ص153، مصدر سابق.

وعلى الرغم من وقوف البحاثة المسلمين وأخص منهم المحدثين[*] ودحضهم كثيرا من هذه الشُبَه والمفتريات والتزييفات الاستشراقية، الا انها أكثر من ان تحصى لأن الحقد الذي يغذيها والاسلوب المنهجي المتبع يخدمهم ويعبد الطريق امامهم فانه سيل لا يتوقف من الطعون.

وهنا يورد لنا د.أنور الجندي بعض ألاعيبهم الاسلوبية في التعامل مع السنة الشريفة، فهم يوردون احاديث غير ثابتة او موضوعة، كما يعرضون الاخبار الثابتة بطريقة تعطي عكس المراد، ويتلذذون في ايراد موضوعات مشكوك فيها او آراء من بعض رجال الدين المحدثين (او ما يسمى باليسار الاسلامي)[**].

ومن هذه الاساليب ايضا، اسقاط اجزاء من الاحاديث لتصويرها بصورة منحرفة مثال ذلك ما اورده (مرجليوث)[***] في حديث: **(انما حبب الي من الدنيا... الطيب والنساء)!!** واخفاء باقي الحديث **(وجعلت قرة عيني في الصلاة)**[1] حتى تظهر شخصية الرسول الكريم مشغوفة بأمور الدنيا[2].

([*]) : نذكر منهم: الرافعي، العقاد، الجندي، قطب، كرد علي، اليازجي.

([**]) : على سبيل المثال: حسن حنفي، نصر حامد ابو زيد، حسين احمد امين، محمد شحرور والقائمة تطول، هذا ولم يتناول المؤلف اقوال ومؤلفات العرب المتأثرين بالافكار الاستشراقية لان هناك اطروحة دكتوراه متخصصة قيد الاعداد، تتناول الانحراف الفكري المعاصر عند المحدثين من ابناء المسلمين؛ لذا اكتفيت بالاشارة الى هذا الخنجر المسموم.

([***]) : مرجليوث، د. س: (1858-1940م)، مستشرق بريطاني ولد وتوفي في لندن، اتقن العربية ويعد من ائمة المستشرقين وكان لآراءه قدرها لدى ادباء العرب المعاصرين ومنهم من رد عليه قوله بوضع الشعر الجاهلي، وله آثار بالعشرات، العقيقي: المستشرقون، ج2، ص77، مصدر سابق.

([1]) : رواه النسائي في السنن الصغرى عن انس (ﷺ)، ج7، ص61، رقم الحديث (3939) ، كما رواه الحاكم في المستدرك عن انس ايضا، ج2، ص174، رقم الحديث (2676)، ورواه البيهقي في السنن الكبرى، ج5، ص280، رقم الحديث (8887).

([2]) : الجندي: بحث: (المستشرقون والسيرة النبوية)، ص227، مصدر سابق.

وقد نبه د.عبد الحليم النجار الى تعمدهم الاعتماد على مصادر ضعيفة يمكن من خلال ثغورها تمرير شبهاتهم، واستشهد بكتابات ذائع الحقد (جولد تسيهر) والمعروف بميله الى اثارة النزعات الدينية ففي دراساته لمذاهب التفسير الاسلامي يتجاهل التفاسير التشريعية مثل تفسير القرطبي واحكام القرآن والاعجاز البلاغي[1].

كما تناولهم بالنقد د. السباعي فنقد اسلوبهم في النقل وسوء اختيارهم للمصادر علاوة على مهارات التشطير فيقول: (فهم ينقلون من كتب الادب ما يحكمون به في تاريخ الحديث، ومن كتب التاريخ ما يحكمون به في تاريخ الفقه، ويصححون ما كتبه الدميري في كتاب الحيوان ويكذبون ما رواه مالك في الموطأ، كل ذلك انسياقا مع الهوى وانحرافا عن الحق)[2].

وهكذا نراهم يغفلون ما يخدم فكرتهم ويتجاهلون حتى مجرد الاشارة العابرة اليه وينتقون ذلك الامر الذي يريدون ابرازه ومن الذين انزلقوا في هذا العيب المنهجي (بروكلمان) ايضا، اذ يتجاهل الاشارة الى دور اليهود الخبيث في التآمر مع الاحزاب على المدينة ولا يشير الى نقض بني قريضة لعهدها مع الرسول في ساعة عصيبة لا تحتمل بقول المواقف والانقلاب فيها، نراه يقول: (ثم هاجم المسلمون بني قريضة، الذي كان سلوكهم غامضا على كل حال)[3].

وبرز استخدام هذا الاسلوب عند من اتخذوا منهجا مقلوبا في البحث، اذ انهم يبيتون فكرة مسبقة جاهزة ثم يذهبون يتلمسون لها من وقائع الاخبار وبطون

([1]) : ينظر: د. عبد الحليم النجار: مقدمة مذاهب التفسير الاسلامي لاجنتس جولديستهر، ص35، مصدر سابق.

([2]) : السباعي، د. مصطفى: السنة ومكانتها في التشريع الاسلامي، ص189، ط3، بيروت 1982م.

([3]) : بروكلمان: تاريخ الشعوب الاسلامية، ج1، ص55-56، مصدر سابق.

الكتب الصفراء والبيضاء ما يؤيد فكرتهم ويخرجها عن مجرد كونها رأيا محضا ويقصون كل معلومة لا تخدم الفكرة الأم المطلوب التدليل بها.

وقد مثل لهذه النخبة العلمية!! د. جواد علي في تناوله منهج المستشرق (كيتاني) فهو كما يقول: (كان ذا رأي وفكرة وضع رأيه وكونه في السيرة قبل الشروع في تدوينها فاذا شرع بها استعان بكل خبر يلائم رأيه ولم يبال بالخبر الضعيف بل قواه وسنده وعده حجة وبنى حكمه عليه!!)[1].

ونحن هنا ليس بصدد إستقصاء الامثلة اذ ان شيوع الامر وانتشاره يغنينا حتى عن الامثلة وانما كي لا نصاب بعدوى الدراسات الاستشراقية التي تسوق الاحكام جزافا دونما نظر، ولعل نص الحديث الى اهله في موطن النقد (خاصة) اسلم للحكم والنتيجة.

(1) : علي، د. جواد: تاريخ العرب في الاسلام، ج1، ص118، مصدر سابق.

المطلب الحادي عشر

النفي الكيفي والنزعة الشكية

نعتقد بكل يقين ان رسوخ فكرة ان محمد مؤسس الاسلام ومؤلف القرآن التي تأصلت بفعل الحقد او لسوء الفهم الذي نتفهمه واسبابه، كان عاملا رئيسا في توجيه الكتابات الاستشراقية للنفي الكيفي انسجاما مع تلك القناعة المركزية وتعبيرا عن نزعة الشك المتناهية فقد ظل الحذر والتوجس من كتب المسلمين واردا بعد ان شككوا بأقدس الثوابت الايمانية.

مما دفعهم الى اعادة النظر في كل ما له علاقة بالاسلام ونظرا لرسوخ المصدر البشري للقرآن فانهم لا يملون من اكتفاء مصادر للقرآن، لم يترك شيئا من مفردات عصر النبي ورموزه الا حظي بسهم من ذلك وعلى هذا يقول (برنارد لويس): (روايته – اي الرسول عليه السلام – لقصص الكتاب المقدس توحي بأن معرفته به كانت عن طريق اليهود والنصارى الذين كانت اخبارهم متاثرة بالمؤثرات المدراشية وكتب الاساطير اليهودية)[1].

ويؤشر هذه الحالة (آتين دينيه)[*] فيقول: (فقد يحتاجون في تاييد راي من الاراء الى هدم بعض الاخبار وليس هذا بالامر الهين، ثم الى بناء اخبار تقوم مقام ما هدموه وهذا امر لا ريب مستحيل)[2].

وينتقد (مونتغمري وات) المستشرقين برفق على مسلك الاحكام الكيفية فيقول: (اذا اردنا ان نصحح الاخطاء المكتسبة في الماضي بصدد محمد فيجب علينا في كل حال من الحالات التي لا يقوم الدليل القاطع ضدها ان نتمسك بصلابة بصدقه ويجب ان لا

---

(1) : لويس، برنارد: العرب في التاريخ، ص50.

(*) : دينيه، آتين: ولد في باريس عام (1861م) وهو صاحب كتاب: (اشعة خاصة بنور الاسلام)، اسلم واعلن اسلامه وعمل في الدعوة الى الـلـه، (استشفافاً من مقدمة ترجمة كتابه: محمد رسول الـلـه).

(2) : دينيه، آتين: محمد رسول الـلـه، ص43، ترجمة الدكتور عبد الحليم محمود ومحمد عبد الحليم محمود، ط3، 1959، الشركة العربية للطباعة والنشر – القاهرة.

ننسى ايضا ان الدليل القاطع يتطلب لقبوله أكثر من كونه ممكنا، وانه في مثل هذا الموضوع يصعب الحصول عليه)[1]، وقد ابرز هذا المعنى المستشرق (دوباسكويه) في تقويمه للدراسات الاستشراقية قائلا: (الدراسات التي جرت في الغرب لتحاول تحديد المصادر التي استخدمها محمد او لتلقي الضوء على الظاهرة النفسية التي ألهمت وعيه الباطن، ابرزت تلك الدراسات شيئا واحداً فقط: تعصب الدارسين ضد الاسلام)[2].

ومع ذلك فقد بقي التشكيك وسيلة وملاذا - ظنوه آمنا - ككل الضعفاء من المستشرقين وقد عمي بعض المستشرقين وشككوا في امور لم يقدر ان يطعن بها من هم اشد منهم حقداً وبأسا وأقرب عصراً للأحداث من أهل الجاهلية الاولى زمن الرسول (ﷺ)، ومن هذا النيل (ذهاب (كزيميرسكي)[*] إلى التشكيك في حادثة قصة الفيل وإرسال الطير الأبابيل).

والرد على هذا واضح، حيث ان العرب حين نزلت سورة (الفيل) لم ينكروها ثم موقف التحدي منهم للنبي (ﷺ) وقرب وقوع الحادثة من عصر الرسالة ولولا يقينهم ومشاهدة بعضهم لها لكذبوا النبي في خبرها)[3].

انها مغالطة تاريخية واتهام لقريش بمشركيها (بالتواطؤ) مع الرسول (ﷺ) اذ يفترض لو ان هناك شكا فيها لوردنا من السيرة تعجب قريش من سورة الفيل او نفيهم للحادثة التي اشارت اليهما السورة الكريمة.

([1]) : وات: مونتغمري: محمد في مكة، ص94، ترجمة سفيان بركات، بيروت، المكتبة العصرية، د. ت.

([2]) : دوباسكويه، روجيه: اظهار الاسلام، ص73، ط 1994، مكتبة الشروق - القاهرة.

([*]) : كزيميرسكي، بييرشتاين (1780-1865م)، مستشرق بولوني، استوطن فرنسا وله كتاب باللغتين العربية والفرنسية يعرف بقاموس كزيميرسكي، كما ترجم معاني القرآن الكريم، حمدان، طبقات المستشرقين، ص69، مصدر سابق.

([3]) : الجبيري: السيرة النبوية، ص57، مصدر سابق.

الفصل الرابع

مصادر الوحي عند المستشرقين

مقدمة

على أكثر من استراتيجية (سوقية) فكرية تفرقت جموع المستشرقين الا انها جميعها حددت بدقة اهدافها في تقويض اسس العقيدة الاسلامية، وتمثل ذلك بالضرب على أكثر مفاصلها حساسية واشدها ترابطا عبر الطعن بنبوة سيدنا محمد (ﷺ) ومن ثم اهليته لتلقي الوحي الالهي، فضلا عن أرتال الطعون على شخصه وتاريخه ومصدر وحيه الكريم.

ولم يكن مستغربا من المستشرقين الحاقدين ان توجه سهام طعونهم باديء الامر الى شخص الرسول (ﷺ) حتى يكون الشك تحصيل حاصل، فهم بذلك ادركوا جيدا ان الطعن في محمد كشخص وتزوير تاريخه ليظهر وكانه سلسلة غير منتهية من العيوب؛ فكان طريقهم المختصر الطعن بالوحي والنبوة معا، مما يؤدي عين المراد من خدش الوحي القرآني واظهاره باي شكل كان عدا ما ورد تفصيله في القرآن وكما ورد توضيحه على لسان سيدنا محمد (ﷺ).

كذلك لا بد من الاشارة في هذا السياق الى استحالة الفصل بين القرآن الكريم وحيا وبين محمد (ﷺ) نبيا مرسلا، فالذي يجري في الدلالة على صحة ايهما يجري بالتاكيد على الاخر، بمعنى انه لو تحقق لأحد في الشرق أو الغرب ثبوت صحة النبوة - بدلائل غير قرانية - لوجب لديه ايضا وبالضرورة ثبوت سماوية القرآن الكريم، كذلك بغرض انه تحقق لاحد ثبوت سماوية القرآن الكريم بدلائل قرانية صرفة - غير واصلة بالسيرة - للزم ايضا بالضرورة ثبوت صحة النبوة.

ويمكن القول بان هناك سببا مستترا في توجيه المستشرقين لطعونهم نحو محمد (ﷺ) او القرآن ولعل وراء ذلك المذهب الديني للمستشرقين المسيحيين منهم خاصة اذ

بناءً عليه اسست المقارنة وانطلقت الطعون، اذ ان (الكاثوليك) يرون ان المسيح هو جوهر المسيحية فاعتمدوا في طعونهم على شخص محمد (ﷺ) لانه يمثل ما يمثله المسيح (عليه السلام) حسب المعتقد الكاثوليكي، اما من رأوا ان الانجيل هو محور المسيحية وعمادها فقد توجهوا الى الطعن في القرآن ومصدره، حتى قيل غالبا المسيحية تتمحور حول شخص، اما الاسلام فحول كتاب.(1)

([1]) : ينظر: اركون، محمد و لويس غارديه: الاسلام، الامس والغد، ص19 ترجمة علي القلد، ط1، 1983، دار التنوير - بيروت.

المبحث الاول

شبهات تدفع للاعتقاد

بعدم اهلية الرسول (ﷺ) للنبوة والتلقي

لعل الشهية المفتوحة للافراط في التهجم على صاحب الرسالة الاسلامية وترويج كتابات من هذا الصنف الطريح يعبر عن رغبة عصبية اكيدة في ضرورة ترسيخ اعتقاد يبعث على الشك مفاده ان هناك بعض المؤشرات التي لا يمكن ان تكون في صالح رسالته او تصديقها وهذا في الحدود الدنيا لمرادهم من المسلمين عله يكبر في دواخلهم ليصل الى غاية غاياتهم في الطعن الصريح بصدق نبوة محمد (ﷺ)، وهذا فضلا عن تعميق القناعة لدى غير المسلمين الذين يتقبلون هذه الهرطقات برغبة جامحة في التلقي وتاصيل ما لديهم من قناعات بهذا الشأن.

ويمكن ان نؤشر ايضا ان المستشرقين قد قرأوا السير النبوية جيدا الا انهم اساؤا ايما اساءة في فهم احداثها وتزوير الواضح من معالمها لدرجة انك مهما كنت تتسم بحياد (وقتي) في قراءة كتبهم فان الامر سرعان ما ينكشف عن رائحة عفنة تؤكد نهج التجني الذي اعتمدوه اسلوبا ونمطا لا فكاك منه.

فتؤخذ الاحداث وتوجه لخدمة ما يرام الوصول اليه بعيدا عن ظروفها وجراً لها بسياقات تاريخية تبعث على الشك والريبة وعلى النقيض تماما من التفسير الاسلامي لاحداث السيرة المطهرة ويظهر بوضوح ان الهدف من اظهار ظروف ومواقف غير اعتيادية في سيرة محمداً (ﷺ) منذ الولادة وحتى الوفاة هو ترويج فكرة مفادها ان

محمد شخص عاش حياة غير اعتيادية في وصف معبر عن حالة الشذوذ الاجتماعي وان شخصية بهذا الوصف المرضي لا ترقى لان تكون شخصية عادية فضلا على انها لن تكون اهلا لحمل رسالة او تلقي وحي رباني وان ما خرج به محمد لا يتعدى وصفه نتائج انفعال مرضي فسيولوجي[1] او سيكولوجي[2].

المطلب الاول

شبهات على الصحة النفسية لسيدنا محمد (ﷺ)

لما لم يعد من اللائق بالمستشرقين الصاق صفة الدجل والكذب لمحمد ونتيجة للتطور المشار اليه في الدراسات الاستشراقية حول سيرة محمد (ﷺ) والميل نحو الاعتدال والبعد عن الاسراف في الحط من قيمة عالي الشأن محمد (ﷺ) ظهر نتيجة لكل ذلك اتباع سياسة جديدة في التعامل مع السيرة فبدأ التوجه نحو الطعون التي تبدو للقاريء الغربي بانها حقائق لما يركب لها من استشهادات تعضد بها او روايات تمنحها الثقة - ظاهرا - فكان من نتاج هذه الانتقالة الاسلوبية التوجه الى وصمه (ﷺ) بالمرض والجنون وأمراض نفسية أخرى سنأتي على ذكرها، وايا كان الاسلوب فإن الهدف واحد.

ويرى المؤلف ان هذه الانتقالة الاسلوبية هي في صالح خدمة الاهداف الاستشراقية المنحازة على خلاف ما قد يفهم منها بانها ميل نحو الاعتدال او مراعاة للمسلمين، وقد استطعت دون عناء كبير ان استجمع جملة من الشبهات والتهم التي تحاول عبثا

---

(1) : فسيولوجي: علم دراسة وظائف اعضاء الجسم، وهنا تاتي بمعنى مرض عضوي جسماني، مثل التنفس والدورة الدموية والنبض وافراز الغدد، ينظر: دائرة معارف الناشئين، ص248: نقلتها الى العربية: فاطمة محمد محجوب، ط1، 1956، دار الهلال، وكذلك للاستزادة ينظر: عيسوي، الدكتور عبد الرحمن: معالم علم النفس، ص27، ط1، 1996، دار المعرفة الجامعية، الاسكندرية - مصر.

(2) : سيكولوجي: علم دراسة السلوك الانساني كالتفكير والتعلم والادراك والتخيل والتذكر وغيرها وهو ما يصطلح عليه بعلم النفس، ينظر: معالم علم النفس: عيسوي، ص27، المصدر السابق.

تكدير صفو سيرة الرسول الكريم منطلقة من الجانب النفسي لاظهار مثالب في الصحة النفسية، فمن اللا معقول كون صاحب هذه السيرة المرضية نبيا ويمكن إجمال أبرزها بالتهم الاتية:

اولا: الصرع[1]:

لم يتهم الرسول (ﷺ) من احد من معاصريه العرب بهذا المرض على الرغم من كثرة تهمهم[2]، ومع ذلك فان هذا الاتهام قديم ومن اوائل مصدريه الكاتب البيزنطي (ثيوفانيس) ثم شاع هذا الادعاء بين الاوربيين حتى العصر الحديث[3]، واسهم المستشرقون بترويج ذلك.

ويتضح للباحث ان سر اصرار المستشرقون على رمي النبي بتهمة الصرع ينبيء عن سوء توجيه وفهم للاعراض المصاحبة للوحي الجلي التي سبقت الاشارة اليها.

ويؤكد هذا الاستنتاج ما ورد في (دائرة المعارف الاسلامية المختصرة) من تبني المستشرقين لحكم الاطباء النفسيين الذين يعترفون بصحة تشخيص الاعراض المصاحبة للوحي على انها أعراض صرع[4].

ففي اشارة (آرفينج) لبدء وحي الرسالة يقول: (كان محمد يتعرض لاحلام في عزلته في الغار، اعقبها حالات من فقد الوعي، الذي اقلق خديجة (رضي اللـه عنها) التي

([1]) : الصرع: مرض يصيب الجهاز العصبي، ويميزه فقدان الوعي وكذلك التقلصات، ويبدأ عادة في الطفولة والمصابون به هم اشخاص انفعاليون ومهيأون للتقوقع بعيداً عن الدنيا والعيش في الاوهام، ينظر: New medical dictionary مادة (Epilepsy) نقلا عن: عوض: مصدر القرآن، ص192، ط 1997، مكتبة زهراء الشرق – القاهرة.

([2]) : Shorter Encyclopaedia of Islam: p.393, by H. A. R. Gibb and, J. H. Kramers, word (Muhammad), 1961, E. J. Brill, Leiden, Luzac & Co., London.

([3]) : هيكل، محمد حسين: حياة محمد، ص27، ط3، 1358هـ مطبعة دار الكتب المصرية – القاهرة.

([4]) : Shorter Encyclopaedia of Islam: p.393, by Gibb and Kramers.

كانت تلحقه في وحدته لتقوم بشأنه وحين كانت تبحث معه عن اسباب ذلك، فكانت لا تجد الا مزيدا من الغموض)[1].

وكذلك (نولدكه)[*] الذي جمع التهمتين في آن معا حين يقول: (ان سبب الوحي النازل على محمد (ﷺ) والدعوة التي قام بها هو ما كان ينتابه من داء الصرع)[2].

وعلى الرغم من بذل المستشرقين الجهد في التقريب بين عوارض الوحي وعوارض الصرع الا ان الروايات التاريخية لمشاهدات الوحي والتحليل العلمي يجعل من المتعذر التقاءهن الا في مسائل جزئية شكلية يتعذر عبرها جر كل منهما للاخر.

ثانياً: الهستيريا[3]:

وسعيا في نفس المضمار فقد اتهم الرسول محمد (ﷺ) بالهستيريا، فقد جنح آخرون لسوء توجيه احوال النبي عند تلقي الوحي الجلي فعدوها اعراضا لمرض الهستيريا العقلي. كما فعلوا مع الصرع ومن الجدير الاشارة اليه انه لم يرد ذكر لهذه الامراض في تجنياتهم على الرسول الكريم الا عندما كان يقترن الامر بالاشارة الى عوارض الوحي المحمدي، مظهرين بذلك خبث المقصود اذ الامر لم يكن يوما ما هو

---

(1) : آيرفينج: محمد وخلفاؤه، ص115-116 ، ترجمة ومقارنة: الضري، الدكتور هاني يحيى، ط1، 1999، المركز الثقافي العربي – الدار البيضاء. وينظر: شاهين، علي علي: دراسات في الاستشراق ورد شبه المستشرقين حول الاسلام، ص135، ط1، 1992، دار النبأ.

(*) : نولدكه، ث: مستشرق الماني عريق شغل العديد من المناصب العلمية والادارية ومن تلاميذه (بروكلمان) وقد عرف بتضلعه من العربية واللغات السامية واشتهر بسعة المعرفة ومن آثاره: (اصل وتركيب سور القرآن)، ينظر: العقيقي: المستشرقون، ج2، ص379، مصدر سابق.

(2) : طعيمة، صابر: المعرفة في منهج القرآن الكريم، دراسة في الدعوة والدعاة ، ص249، دار الجيل – بيروت، د. ت.

(3) : الهستيريا: مرض عقلي يصيب المعتلي الاعصاب والمضطربي التكوين وسببه، كبت الشخص لرغباته الجنسية في اللاشعور حيث لا تهدأ هذه الرغبات بل تتمرد حتى تجد لها متنفسا عن طريق آخر وللمرض اعراض عضوية وعقلية: فالعضوية مثل تشنج العضلات وشلل الاطراف والعمى والصمم والقيء والرجفة وضياع الصوت وفقد الاحساس، اما الاعراض العقلية: فجوات في الذاكرة والمشي ليلا، مهاجمة الاخرين، الغيبوبة وتوهم رؤية اشياء او سماع اصوات ليس لها وجود، وتظهر الاعراض الهستيرية كنوع من الحل اللاشعوري لمشكلته الحقيقية، ينظر: عيسوي: معالم علم النفس، ص162، مصدر سابق.

استكشاف لملامح شخصه الكريم وسيرته بقدر ما هو مناسبة لالتقاط ثغور يعتقدون بامكانية النفاذ منها.

ومن هؤلاء (شبرنجر) فهو يرى انها - الاعراض - ليست بنوبات صرع وانما هي نوبات هستيرية اشتهرت باسم (شوتلايز) ويتفق مع ماطرحه (شبرنجر) (سنوك هورجرونجيه) ولكنه يقر بأن قيمة محمد تتمثل بما تميز به من سائر الهستيريين[1].

وهناك من جمع التهمتين (الصرع والهستيريا) بحق الرسول الكريم وهو (منزيس)[2] وهو خلط بين الهستيريا والصرع، واذا قابلنا بين هذا الوصف الطبي وبين عوارض الوحي فسنلاحظ ان ثمة اتفاقا محدودا في بعض مظاهر عرض واحد من هذه الاعراض الكثيرة وهو لا يعني شيئا بالمرة، وهو غيبوبة المصاب بالهستيريا واغفاءة النبي عندما كان يحس نزول الوحي فيسكت فيغيب غيبة كانها الاغماء وما هي من الاغماء في شيء، والتي نعرفها بـ (برحاء الوحي).

ثالثا: الهلوسة[3]:

مع ثقل هذه التهمة غير المحددة المعالم الا انها اقل تعبيرا عن الحقد والاساءة لشخص الرسول الكريم من سابقتيها.

([1]) : عليان، د. محمد عبد الفتاح: اضواء على الاستشراق، ص79، ط1، 1980.

([2]) : Menzis, Allan: History of Religion, P.227. نقلا عن عوض: مصدر القران، ص190، مصدر سابق.

([3]) : الهلوسة: (Hallucination) : عبارة عن مدركات حسية زائفة لا وجود لها يراها المريض دون ان يكون هناك اشياء حقيقية في عالم الواقع، فالذهاني يستطيع ان يرى امه مثلا تقف معه في نصف الحجرة، تحدثه ويحدثها دون ان يراها غيره، فالمريض الذهاني قد يعتقد انه اصبح الهاً او نبياً او قائداً كبيراً ، عيسوي: معالم علم النفس، ص171، مصدر سابق.

وتبقى الهلوسة بلا تعريف دقيق مما يجعلها مطاطية تستحمل ان تشمل الهوس والوسواس(*) لا يوجد لها تعريف دقيق تماما ومع ذلك يعتقد ان الهلوسة تنشأ عن اضطراب عقلي يعتقد بسببه المريض انه يرى او يسمع او يذوق او يشم او يلمس اشياء ليس لها وجود(1). ويمكن ان يجمع بين الهلواس البصري والسمعي او البصري واللمسي او أكثر من ذلك في الوقت نفسه وقد اشترط ان يكون الشخص واقعا تحت تأثير التنويم المغناطيسي مثلا(2).

ومن الذين قالوا بهذه التهمة (لوبون) الذي حظيت كتاباته بنوع من الارتياح في الاوساط الاسلامية مع الاسف اذ يقول: (ويجب عد محمد من فصيلة المتهوسين من الناحية العلمية كما هو واضح وذلك كأكثر مؤسسي الديانات ... فأُلو الهوس وحدهم لا ذوو المزاج البارد من المفكرين، هم الذين ينشئون الديانات ومن يبحث في عمل المفتونين في العالم يعترف بأنه عظيم ولو كان العقل لا الهوس هو الذي يسود العالم لكان للتاريخ مجرى اخر وكان يجد محمد في هوسه ما يحفزه الى اقتحام كل عائق)(3).

ولعل ما يمكن قراءته من بين السطور ان كبار المفكرين والذين تدرب خيالهم على الامعان في النظر بالقضايا الكبرى عن الحياة والوجود، وصلوا الى مراحل متقدمة من الادراك والتحليل ومع تقادم الايام واتساع الملكات والمماحكة المستمرة مع المثاليات

(*) : الوسوسة: واحد من الامراض العصابية الشائعة ويقصد بها تسلط فكرة او عدد من الافكار على ذهن المريض واستمرار ترددها عليه وعجزه عن ابعادها او التخلص منها على الرغم من علمه انها سخيفة وغير معقولة وغير مقبولة، عيسوي، معالم علم النفس، ص167، مصدر سابق.

(1) : المصدر نفسه، ص166-169.

(2) : ينظر: عوض: مصدر القرآن، ص207، مصدر سابق.

(3) : لوبون، غوستاف: حضارة العرب، ص133، نقله الى العربية: عادل زعيتر، ط3، 1956، القاهرة.

فان ذهنه يتجه دونما احساس منه نحو الهوس واكتناه تصورات للحياة والواقع معبرا بذلك عن تطلعاته الكبرى ومختزلاته المثالية في اللاشعور[1].

وبوصف مشابه ويؤدي معنى الهلوسة يقول (بلاشير)[*]: (يوجد في القرآن مقطعان يحددان بدقة حالة المشاهدة حيث تآلفت التصورات السمعية والبصرية بوضوح كبير)[2].

فهو يفترض ان الامر تصورات وهي كما اسلفت محض هلوسة يمكن ان تتألف اشكالها مع بعض وهو ما قاله بلاشير حيث يقول تصورات سمعية وبصرية قاصدا آيات سورة النجم التي تشير الى رؤية جبريل على حقيقته في رحلة المعراج الى السماوات العلى، وبطريقة عكسية جديدة حاول المستشرق (لوهان) النظر الى قطعية الوحي فرجع الى اصل الكلمات الخاصة بالوحي ودلالاتها وتطبيقاتها في القرآن وتوصل في النهاية الى انها الالهام والوسوسة وبها لا يخاطب الانس وحدهم ولا هذا العالم بمفرده[3] على عكس ما فعل المستشرقون اذ حاول النظر في الوحي ليصل الى الطعن عبر الطريق الذي سلكه غير ان ما اعتدنا عليه من المستشرقين هو توجيه الاحداث والاعراض المصاحبة للوحي ليكون موصلا للغاية المطلوبة.

([1]) : ينظر: فرويد، سيجموند: الموجز في التحليل النفسي، ص116-117، ترجمة سامي محمود علي وعبد السلام القفاش، ط2، دار المعارف – مصر.

([*]) : بلاشير: (1900-1972)، مستشرق فرنسي معروف حصل على الدكتوراه عام 1936 وترجم القرآن الى الفرنسية مع مقدمة طويلة وقد رتب القرآن في هذه الترجمة وفقا لما ظنه انه ترتيب السور والآيات، لكنه عاد عنها في عام 1957، ومن آثاره ايضا (معضلة محمد)، ينظر: حمدان: طبقات المستشرقين، ص101-102، وكذلك العقيقي: المستشرقون، ج1، ص311، مصدر سابق.

([2]) : بلاشير: القرآن، نزوله، تدوينه، ترجمته، وتاثيره، ص24، ترجمة: رضا سعادة، ط1، 1974، دار الكتاب اللبناني – بيروت.

([3]) : العالم: المستشرقون والقرآن، ص58، مصدر سابق.

رابعا: الكآبة والعزلة:

إن الاهتمام بتشويه الصحة النفسية للرسول محمد (ﷺ) كان عملا استشراقيا منظما ومتكاملا حيث اسهم بعضهم باختلاق امراض عاشت في صدورهم وعقولهم ونسبت زورا وحقدا اعمى للنبي (عليه السلام) وآخرون اهتموا بتوفير قاعدة تستقبل مثل هذه الادعاءات حتى يبدو الامر متصلا دونما فجوة او انقطاع مشعراً بالتجني، حيث مهد (دوزي)[*] مناخا مناسبا في كتاباته لاستقبال اشكال الحقد من اصناف الامراض المستوردة من المصحات العقلية والنفسية فيقول: (ان محمد (ﷺ) كان ميالا للصمت والكآبة ويحب العزلة والهيام في الاودية البعيدة، ويطيل التأمل في الليالي)[1].

فلا شك ان القاريء الغربي او لنقل غير المسلم عندما يقرأ هذه التشويهات للسيرة ثم يطل بعدها على ما رمي به (ﷺ) من تهم مرضية فانه سيكون مهيأ ومستعدا لتصديق تلك التهم اذا تناسينا الظلال السلبية التي تلف سيرة سيدنا محمد (ﷺ) في الغرب.

اذ لم يفسر ويوجه ابتعاد سيدنا محمد (ﷺ) ونفوره من الحالة الوثنية السائدة وتعبده في غار حراء وتفرغه للنسك وتأمله في خلق الـلـه ارضا وسماء على انه نوع من الصفاء الروحي وابتعاد عن مفردات الحياة الجاهلية والفوضى الدينية والاخلاقية السائدة آنذاك، بل اجتر هذا البلاغ ليصاغ – كما قرأنا – بانه نفور اجتماعي يدلل على سيرة مرضية لصاحبه.

(*) : دوزي، رنهرت: (1820-1883)، مستشرق هولندي، اهتم باللغات واتقن عدداً منها ومن اهم مؤلفاته: تاريخ المسلمين في اسبانيا ويقع في اربع مجلدات، ينظر: حمدان: طبقات المستشرقين، ص45، مصدر سابق.

(1) : لامانس، هنري: مهد الاسلام، ص44، نقلا عن: شاهين: دراسات في الاستشراق، ص75، مصدر سابق.

ولم يمنع سوء المقصد عند (دوزي) ان يذهب (لامانس) المشهود له بتفوقه الكمي والنوعي بالاساءة الى شخص الرسول الكريم، لم يمنعه من معارضته فيقول: (ان ذلك لا ينطبق على المعهود من كراهة محمد للعزلة ومن شهرة نفوره من النسك)[1]، وسيعرف من قرأ لـ(لامانس) سر هذه المعارضة فورا فهو يريد اظهار محمد (ﷺ) بصورة بالغة التحقير منها ان محمداً لم يكن ذا حس او ميل ديني وكان ابتعاده عن مكة نفورا من النسك والتقرب للاوثان دلالة على انه مائل بطبعه للنزوات والملذات سيما اذا علمنا انه نسب له النهم في الاكل والنؤمة والجبن والهلع في الغزوات!!؟![2].

ونعزو مخالفة (لامانس) للقائلين بالتهمة السابقة الى انه من انصار ان محمداً قد ألَّف القرآن من تلقاء نفسه متأثراً بمساعدات سياتي شرحها وردها، فلم يُرد وعلى ما يبدو إظهار أي اصل للصفاء الديني لمحمد بل هاجم الفكرة من الجذور على الرغم من سوء مقامها ومقالها لان لديه ما يعتقد انه أكثر خبثا وعبثا واساءة.

وفي حدود هذه التهمة انصرف بعضهم الى القول بان محمدا كان يعاني من انفصام الشخصية[3] ومن المؤكد ان تحليلا كهذا، لابد انه تاثر (بدوزي) او امثاله فكانت خلوته عليه السلام حالة مرضية شخصت عن بعد وبلا جلسات في عياداتهم النفسية!!.

خامساً: ضحية الارواح الشريرة:

وقد توصل بعضهم الى ان حالته المتمثلة بالخوف والفزع بعد اول ظهور علني للوحي في غار حراء وعودته مسرعا الى زوجه خديجة طالبا الدثار منها تدل على انها في تعاملها مع حالته يدل على اعتقادها بان ما حصل هو نتيجة تاثير الارواح

([1]) : لامانس: مهد الاسلام، ص44، نقلا عن المصدر السابق، ص76.

([2]) : حمدان: الرسول في كتابات المستشرقين، ص125-130، مصدر سابق.

([3]) : ينظر: العالم: المستشرقون والقرآن، ص51، مصدر سابق.

الشريرة، فارادت استدعاء احد المشعوذين ليفحصه ولكن محمدا نهاها عن ذلك فقد كان لا يحب ان يراه احد خلال هذه النوبات[1].

ومرة اخرى يقع (درمنغم) في شرك الاساءة، واصفا محمد في مدة التحنث بالقول: (اصبح محمد بعد انقضاء ستة أشهر منهك الجسم، غير منتظم الخطا، اشعث الشعر واللحية، غريب النظرات، فاخذ يقنط، فهل اصابه مس كما كان يجد في الغالب، فاضحى ألعوبة بأيدي قوى الشر الكريهة؟!)[2].

ويذهب (هنري ماسيه) الى الاشارة الى تدخل الارواح فيما كان يتعرض له سيدنا محمد عند الوحي قائلا: (ومن المعلوم في القرون الوسطى في الشرق كما في الغرب ان هؤلاء المرضى كانوا يعتبرون كأن روحا يمتلكهم وقد اصبحت النوبات عند محمد مالوفة كثيرا ابتداء من الوحي الاول الذي حدث في شهر رمضان)[3].

المطلب الثاني

شبهات على تاريخ الرسول وشخصه (ﷺ)

حرص المؤلف على ان يحيط ببحثه حول ابرز الشبهات ذات الصلة بموضوع الوحي من قريب او بعيد ولم نوسع مدار الشبهات على السيرة المطهرة لان ذلك سيخرجنا من مركز البحث فحرصت ان اتناول تلك الطعون والشبه التي تقصد الطعن بالوحي عبر الطعن والتشكيك بمتلقيه الكريم سيدنا محمد (ﷺ).

اولا: الصرع في البادية:

([1]) : آرفنج: محمد وخلفاؤه، ص116-117 ، مع توضيح في الهامش للمترجم.

([2]) : درمنغم: حياة محمد، ص78، مصدر سابق.

([3]) : ماسيه، هنري: الاسلام، ص101، نقلا عن شاهين، دراسات في الاستشراق، ص125، مصدر سابق.

عطفا على ما اشرت اليه قبل قليل من عناية المستشرقين باظهار السيرة التي يريدون رواجها بانها متصلة بوتيرة واحدة فقد دفعهم الحرص على تأصيل هذه التهمة منذ طفولته (ﷺ) فالمستشرق الانكليزي (سنكلير تسدل) في معرض تناوله لطفولة محمد (ﷺ) يشير الى اعراض الصرع موجها الكلام للمسلمين لدراسة تلك الاعراض ليروا مطابقتها لواقع حال محمد - كما يزعم - ثم يقول: (ولم تبدأ هذه الحوادث مع محمد قبل النبوة بل من صغره: منها انه لما كان ولدا صغيرا وهو في الصحراء عند مرضعته حصل نوع من ذلك ورويت هذه القصة في اشكال شتى)[1].

وينضم للقافلة (كزيميرسكي) الذي لم يتهم الوحي بانه ثمرة الصرع ولكنه يمهد الطريق فقط لقبول هذه التهمة فيقول ان النبي كان مصابا بالصرع في طفولته، وهذا الصرع هو الذي جعل حليمة السعدية تسلم (محمداً) الى امه قبل انقضاء الاجل المضروب بينهما)[2].

ثانيا: معرفته لحيل الروحانيين:

ان من اعجب ما نسبه (مرجليوث) الى النبي (انه عرف خدع الحواة وحيل الروحانيين ومارسها بدقة ولباقة وقد كان يعقد في دار الارقم بن أبي الارقم جلسات روحانية وكان المحيطون به يؤلفون جمعية سرية اشبه بالماسونية ولهم علامات يتعارف بها اصحابه مثل (السلام عليكم) وعلامات يتميزون بها كإرسال طرف

([1]) : شاهين: دراسات في الاستشراق: ص124، مصدر سابق.

([2]) : الجبري: السيرة النبوية واوهام المستشرقين: ص79، مصدر سابق، وينظر: لوبون: حضارة العرب، ص13-14، مصدر سابق.

العمامة فوق المنكبين)[1]، مبتدعاً من القول ما يناسب القرن العشرين وانماطه التعبيرية.

ان هذا الخبيث يحاول ان يؤسس ويمهد لمطعن اكبر هو ان محمداً مؤلف القرآن وانه من نتاجه الخاص المكتسب مقدما لهذا الاستنتاج بعلم ومعرفة محمد باساليب التضليل والكسب الجماهيري القائم على الخديعة.

([1]) : محمود، د. عبد الحليم: مقدمة لكتاب محمد رسول الـلـه: آيتين دينية، ص32، مصدر سابق.

ثالثا: احباطه وفقره:

يصر المستشرقون على ان اعتكاف محمد (ﷺ) بغار حراء هو تعبير عن العزلة والاحباط ويرى المستشرق (بوكيه) ان احزانه الشديدة هي التي دفعته للغار وسببت ما رآه من اوهام ان هذا بسبب موت ولديه[1].

ويرجع (لودي) ذلك الى موت ابنه وكبر سن زوجته[2] اما (رودنسون) فانه مع اعترافه بان زواج محمد وخديجة كان زواجا سعيدا، ولكن محمداً لم يكتف بهذا القدر من السعادة بل تطلع للمستحيل ويفسر هذا المستشرق تطلعه - الذي يزعم - بانه ناتج عن يتمه وفقره واحباطه، فقد اخفقت خديجة في ان تعطيه ورثة ذكوراً الامر الذي عرضه لسخرية الناس ودفعه الى البحث عن طريقة يظهر بها ألقه للمتهكمين - فضلا عن رغبته بالانتقام من الاغنياء[3].

رابعا: النبي كان شاعراً:

حاول المستشرقون ان يعلكوا تهم الجاهلية الاولى نفسها فكرروا الادعاء المنقوص بان النبي محمد كان شاعراً نظم القرآن، واول من ردد هذا الادعاء من المستشرقين فيما علمت هو (ستوبارت) آواخر القرن التاسع عشر[4]، فقد زعم (ستوبارت) بعد قراءته للقران بانه: (يمكن لاي عربي كتابته ويكفيه ان يلم بالملامح الخارجية لتاريخ اليهود والتقاليد الخالصة ببلاده وان يملك ملكة الشعر وخياله)[5].

([1]) : ينظر: د. ابراهيم عوض: مصدر القرآن، ص157، ط1، 1997.

([2]) : ينظر: المصدر نفسه، ص157.

([3]) : ينظر: المصدر نفسه، ص158.

([4]) : ينظر: خليفة: الاستشراق والقرآن العظيم، ص40، مصدر سابق.

([5]) : المصدر نفسه، ص40.

جاء بعده (بل) وكرر الادعاء في عشرينات القرن المنصرم ولكنه اختلف مع ما عرضه (ستوبارت) في وصفه للنبي بانه شاعر فقال: (لكنه ليس بكلام العرب العادي، حيث ان الموضوعات الدينية والتقوى لم يكن ليتطرق اليها اي شاعر آخر)[1].

وكذلك (مونتيه) حيث لا يجامل فيما يعتقد قائلا: (ان القرآن ذو صياغة شعرية آسرة ينطلق فيها خيال النبي)[2].

وهذا ايضا ما رآه (بلاشير) مع شيء من التحديد فيقول: (ان الصلة بين القرآن والفصاحة والشعر مبتوتة .... وفي سورة الرحمن بصفة خاصة فان الامر امر شعر صاف)[3].

(اما (رودنسون) فيقوم القرآن على انه شعر اختزل في العقل الباطن لمحمد (ﷺ) ثم نطق به وتخيل انه وحي اوحي اليه)[4].

([1]) : المصدر نفسه، ص40.

([2]) : د. السيد احمد فرج: الاستشراق - الذرائع - النشاة - المحتوى، ص137، ط1، 1994.

([3]) : هداره، د. محمد مصطفى: موقف رحليوث من الشعر العربي - بحث ضمن مناهج المستشرقين في الدراسات العربية الاسلامية، ج1، 408.

([4]) : د. خليفة: الاستشراق والقرآن العظيم، ص40، وينظر: د. ابراهيم عوض: مصدر القرآن، ص155-159.

المبحث الثاني

المصادر الداخلية للوحي القرآني
في كتابات المستشرقين

المطلب الاول: المصادر الداخلية التي عدوها مصدر الوحي القرآني كله:

اولا: فكر محمد الشخصي:

اي ان القرآن من تأليف وصناعة محمد، صاغه باسلوبه وعبر عنه ببيانه الشخصي ونمقه ببلاغته ثم نسبه الى خالقه وادعى انه وحيه النازل اليه، ليكسب هالة قدسية استجلابا لاحترام الناس وثقتهم به، ليصبو به الى مآربه، اذ يقول المستشرق (جرجس سال): (مما لاشك فيه ولا ينبغي ان يختلف فيه اثنان ان محمداً هو في الحقيقة مصنف القرآن واول واضعيه)[1].

ويحاول د. (سنكلير) تقديم راي اقل حدية فيقول: (اذا اتفق المسلمون على ان القرآن من تاليف محمد وكتب بالوحي وليس كما يقولون انه أملاه عليه جبريل لكانت حجتهم اقوى)[2].

وهي الفكرة التي اعتمدت في كتابة الأناجيل على وفق نظرية الزجاج الملون الذي يمنح الشعاع المار به لونه الخاص، وكل يصوغه باسلوبه دونما ان ينسب الكلام الى اللـه

(1) : شاهين: دراسات في الاستشراق، ص154، مصدر سابق.

(2) : المصدر نفسه، ص154.

عزوجل حرفيا بل له المعنى[1]. وهكذا يحاول المستشرق (بلاشير) ان يظهر تحكم الفكر والراي المحمدي في مسائل بمنتهى الخطورة مثل كتابة القرآن ويحاول تأخير زمن ذلك ليصبح من السهولة بمكان القول ان عدم التوثيق قد اثر في صياغة النص الاصلي كما نزل، مبرزا ان الامر كان فكرة محمدية: (ويبدو ان فكرة تدوين مقاطع الوحي الهامة التي نزلت في السنوات السالفة على مواد خشنة من الجلود واللخاف لم تنشأ الا بعد اقامة محمد في المدينة ... ولقد شجع النبي حماسة التدوين هذه ولكنه لم يجعلها واجبة، وعلى اي حال فان هذا التدوين كان جزئيا ومثاراً للاختلاف)[2].

وهناك من المستشرقين ممن بحث في روافد الفكر المحمدي وعدها شرايين مغذية للفكر الذي انبثق منه القرآن كالسفر ومعاشرة الكتابيين وغيرها كثير وان كنا سنبحث كل تلك المصادر المزعومة الا انها بالمحصلة اختزلت - كما يزعم هؤلاء - جميعها لتشكل المادة الخام للفكر المحمدي الذي صدر عنه القرآن وتجنب بعضهم تفصيل ذلك.

ولعل الذين عدوه من قادة الامم العظام ومن المصلحين الافذاذ والعباقرة الابطال من المستشرقين الماديين وافترضوا طبقا لما اطلقوه من اوصاف ان يكون ذا فكر ثاقب ورؤية واسعة سيما اذا لازم ذلك انكار لألوهية المصدر الرباني للوحي فلن يكون هناك من سبيل امامهم سوى نسبة القرآن لمحمد مؤلفا ذاتيا له.

وبعد ان نسب القرآن لمحمد (ﷺ) منتجا له اتجه الامر الى توجيه المطاعن الى مادة القرآن وسيلة للتدليل على مصدريتهم المدعاة فاغرقت الايات الكريمة بالتفاسير الكيفية والمزاجية فاذا لم يوردوا عليه مطاعن يمكن عده كتاب محمد لكنه بلا مآخذ فحتى هذه الفُرجة ملئت بالدس تحسبا وبدأت الظنون والتشكيكات المتهافتة تنهال

([1]) : خليفة: الاستشراق والقران العظيم، ص34، مصدر سابق. كما ينظر: التوراة والانجيل والقرآن والعلم: بوكاي، ص158 وما بعدها.

([2]) : بلاشير: القرآن نزوله، تدوينه، ص28، مصدر سابق.

على القرآن كمادة ولننظر بعض ما قيل من مآخذ على ما ادعوا انه نقد لفكر محمد (القرآني)، يقول احد رواد حركة التنوير: (ان قرآن محمد صنعة بشرية يكثر فيها التناقض وعدم الانسجام)[1].

وتاكيدا لهذا التوجه الذي يكتسب اجماعا شبه كامل من المستشرقين المشككين في الهية القرآن الكريم يقول المستشرق الفرنسي (شانوبريان): (كان القرآن (كتاب محمد) وهو لم يحتوِ على اي مبدأ للحضارة او اي تعليم يسمو بالشخصية)[2].

هذا وقد وقفت اعراض تلقي الوحي حائلا في رسم ملامح هذا الادعاء الا ان قدراتهم التسويغية بل لنقل احقادهم التعصبية قد حملت المستشرق (نورمان دانييل) الذي لم يعدم الوسيلة قائلا: (ان محمدا قد مارس التغطية والتضليل بانه كان يفتعل اعراض الوحي، لتبدو كتأثرات لاتصال روحي خارجي يكتسب عبره الوحي مخبئا بداخله كذبا بواحا)[3].

وقد وصل السخف بـ (دانييل) ليقول: (إن نبي العرب قد درب حمامة، او ان معلما خبيثا دربها على التقاط الحب من اذنه، فكان يدعي ان هذه الحمامة هي الروح القدس توحي اليه بقرآنه)[4].

([1]) : العاني، د. عبد القهار: بحث: (الاستشراق: اهدافه وآثاره)، ص216، المؤتمر العلمي الاول لكلية الفقه الملغاة (المستشرقون وموقفهم من التراث العربي الاسلامي)، ط1، 1986، النجف.

([2]) : سعيد: الاستشراق، ص186، مصدر سابق.

([3]) : خليفة: المستشرقون والقرآن العظيم، ص42، بتصرف، مصدر سابق.

([4]) : السامرائي: الاستشراق بين الموضوعية والافتعالية، ص62، مصدر سابق.

ثانيا: خيال محمد وطموحه:

بعض المستشرقين عدوا الوحي المحمدي نتاجا ناشئا عن خيال محمد: اولهم المستشرق (اندرسون) الذي سلك منحرفا نفسيا في تشخيصه للوحي المحمدي بقوله: (انه نتاج للتفكير الرغبي)[1] اي ان إلحاح الافكار التي يرغب محمد بنشرها والدعوة لها وتحت تأثير الاصرار والتكرار قد تحولت نتيجة ذلك الى ما اعتقده محمد وحيا نزل بهذه الافكار والقصص، وعلى نحو مقارب فقد توصل المستشرق (وات) عبر استخدام طرائق التحليل الادبي الى استنتاج يتلخص بقوله: (ان ما يبدو للانسان ويخيل اليه ان شيئا ما قادم له من خارج عقله قد يكون فعلا آتيا اليه من عقله الباطن)[2].

اما ثالثهم فهو (كزيميرسكي) فيرى ان الوحي المحمدي: (عزيمة تبلورت ورأي انقدح في قلب النبي، فصدر عنه في حالة انفعال بالغ وتحمس شديد بحيث لم يكن يستطيع ان يعتبره غير وحي أنطقه اللـه به)[3]، وبذات الطريقة التحليلية النفسية السطحية يعالج (جولدتسيهر) هذه الفكرة قائلا: (لقد تاثر بهذه الافكار تأثراً وصل

([1]) : د. خليفة: الاستشراق والقرآن العظيم، ص41، مصدر سابق.

([2]) : المصدر نفسه، ص41، ويفسر موقف (وات) ما ذكره د. حسين الحكيم؛ انه من المحتمل ان (واط) قد صدر برايه هذا لعدم استطاعته الجمع بين ما ورد من روايات عن جابر بن عبد اللـه في الطبري: اذ يقول محمد (ﷺ) في الرواية: (سمعت صوتا يناديني فنظرت حولي فلم ارَ احدا فرفعت راسي فاذا هو جالس على العرش ينظر: تفسير الطبري، ج20، ص302، تفسير سورة المدثر. وكذلك يعقب د. الحكيم على اشارة (وات) الى ان الرؤيا المنامية تختلف كثيرا عن الرؤيا الصادقة وذهب الى ابعد من هذا بقوله: (ان تفسير المسلمين المعتاد لهذا هو ان الرؤى المذكورة هنا هي رؤية النبي لجبريل، ولكن هناك اسباب - نرجح انه يقصد الرواية اعلاه - تدعوا للقول ان محمدا فسر بداية ما راه بانه اللـه)، ينظر: المستشرقون ودراساتهم للسيرة، بحث د. حسين علي الحكيم في المستشرقون وموقفهم من التراث العربي الاسلامي، ص148، مصدر سابق.

([3]) : الجبري: السيرة النبوية واوهام المستشرقين، ص73، مصدر سابق.

الى اعماق نفسه، وادركها بايحاء قوة التاثيرات الخارجية، فصارت عقيدةً انطوى عليها قلبه، كما صار يعتبر هذه التعاليم وحيا الهياً فأصبح - باخلاص - على يقين بانه اداة لهذا الوحي)[1].

ولما توقف ابداع المستشرقين في اكتناه مطاعن جديدة، عادوا فكرروا تهما اكل عليها الزمان وشرب ومذكرين بدعوى الكفار انها اضغاث احلام، قال تعالى: ﴿بَلْ قالوا أَضْغاثُ أَحْلامٍ بَلِ افْتَرَاهُ بَلْ هُوَ شاعِرٌ فَلْيَأْتِنا بِآيَةٍ كَما أُرْسِلَ الْأَوَّلونَ﴾[2].

هذا وقد راج الى حد ما اعتقاد عند شريحة من المستشرقين بأن محمداً (ﷺ) راى في القرآن الذي سيؤلفه مفتاحا سحريا لطموحاته، اذ سينطلق من دعوته الى قيادة امته حيث يرى (ويلز): (ان محمداً رجل دفعته طموحاته ووساوسه في سن الكهولة الى تاسيس دين ليعد في زمرة القديسين، فالف مجموعة من عقائد خرافية وآداب سطحية وقام بنشرها في قومه فاتبعها رجال منهم)[3].

وفي سعيه لتأصيل هذه المصدرية يتحدث (بروكلمان) عن حياة النبي (ﷺ) الدينية المبكرة فيقول: (وأغلب الظن ان محمدا قد انصرف الى التفكير في المسائل الدينية في فترة مبكرة جدا وهو امر لم يكن مستغربا عند اصحاب النفوس الصافية من معاصريه الذين قصرت العبادة الوثنية عن إرواء ظمئهم الروحي)[4].

([1]) : جولدتسيهر: العقيدة والشريعة، ص6، مصدر سابق.

([2]) : القرآن الكريم: الانبياء (5).

([3]) : التهامي، نقرة: مناهج المستشرقين، ج1، ص31، مصدر سابق.

([4]) : بروكلمان: تاريخ الشعوب الاسلامية، ج1، ص35، مصدر سابق.

ان تفكير محمد في الانقلاب على الواقع الوثني هو الذي جعله يخرج بتصورات مخالفة لما عرفه أملاها عليه تأمله الطويل والعميق، هذا ما يختبيء من معاني في ثنايا سطور (بروكلمان) لصرف النظر عن ظاهرة الوحي أصلاً.

ليبدو الامر - كما يسعى المستشرقون - الى انه ادراك وجداني عبر عنه محمد باسلوبه تارة ومكنه من ذلك ايضا ذكاؤه وفراسته وقوة فطنته وعمق تأملاته التي اعانته على وضع القرآن[1]، وبذات الاسلوب والنفس يتحدث (بودلي) عن حادثة الوحي الصريح الاولى فيقول: (وما ان افاق محمد من خياله الإلهي حتى فكر في خديجة، فقام من ارض الغار)[2].

ثالثا: الوحي النفسي:

ان ما يميز هذا المصدر عن سابقيه ان الاول هو نظرة نقدية تقول بتأليف القرآن من فكر محمد الشخصي والثاني ينظر لمادة الوحي (القرآن) سلسلة افكار ألحّت في حضورها على عقل محمد، فكانت استجابة لأمانيه وطموحاته السيادية فتصورها او صورها وحياً نازلاً معبراً بذلك عن خياله وطموحه معاً.

اما هذا المصدر فيفترض ويدلل - كما يزعم القائلون به - على اساس منطلق نفسي محض تناوله للوحي المحمدي مصدرا، لا بوصفه شبهة على السلامة العقلية والنفسية لشخص النبي (ﷺ) هذا وقد احسن المستشرق (وات) الافصاح عن معنى الوحي النفسي حينما تحدث عن النطق الذهني لمحمد قائلا: (لقد استقبل النبي خبرا بدون كلمات بصورة داخلية، خالصة، روحية وبالفهم والمقولة هنا محاطة بالكتمان المبهم الغامض الذي تكتنفه الاسرار ولاذ محمد ازاءه بالصمت)[3].

([1]) : ينظر: د. غازي عناية: شبهات حول القرآن وتفنيدها، ص34-36.

([2]) : بودلي: الرسول، حياة محمد، ص74، مصدر سابق.

([3]) : العالم: المستشرقون والقرآن، ص58، مصدر سابق.

وان كان ظاهر قوله لا يخالف القرآن والسنة الا ان المراد من هذا التحليل الوصفي لا يخفى علينا معشر المسلمين، اي انه وهم يجده (ﷺ) في نفسه من تلقاء المكاشفة النفسية مع توهم انه مصدر خارجي وهو في حقيقة الامر من عند ذاته، وجد فيه نتيجة ظواهر تعرض للنفس فتولد كلاما من الذات فان نسبة هذا الى مصدر الهي هو ضرب من الوهم[1].

وبناءً على هذا الهذيان النفسي المجانب لجوهر ظاهرة الوحي التي لم تؤخذ بخصوصيتها وظروفها فانه يمكن عد تجربة (حراء) وواقعتها الغيبية حاصل استغراقه (عليه السلام) في التفكير المركز وإمعانه في التأمل ومواظبة لحوحة على ممارسة الرياضة الروحية التي تدمج الشخصية الانسانية بعالم الغيب[2].

ويرى المؤلف ان الأصول السائدة لهذه المصدرية هو اقتناع المستشرقين بأمرين يحتلان اهمية خاصة في هذا الصدد:

الاول: ان شريحة واسعة من المستشرقين أسعفهم التفسير النفسي لظاهرة الوحي فوجدوه مقنعا الى حد بعيد سيما اولئك الماديين منهم فاعتمدوه كاستدلال يتعضد بالتفسير النفسي العلمي وروجوه في محرراتهم.

الثاني: ان هذا التوجيه للوحي المحمدي ينسجم الى حد ما - إن لم يكن في أصل قياس - مع تفسير قاموس الكتاب المقدس للوحي، اذ يفسر به الوحي بانه: (حلول روح الله في روح الكتاب الملهمين لإفادتهم بحقائق روحية او حوادث مستقبلية وهذا لا يفقد المتكلم او الكاتب شيئا من شخصيته، وانما يؤثر فيه

([1]) : ينظر: القرآن الكريم دراسته لتصحيح الاخطاء الواردة في الموسوعة الاسلامية الصادرة عن دار بريل في لايدن، ص21-25، ص34، ط1997، منشورات المنظمة الاسلامية للتربية والعلوم والثقافة (ايسيسكو)، مكتبة دار بريل.

([2]) : ينظر: عبيد: النبوة في ضوء العلم والعقل، ص139-140 مع بعض التصرف، ينظر ايضا: الصالح، صبحي: مباحث في علوم القرآن، ص25-27، ط3، 1964، دار العلم للملايين - بيروت.

الروح الالهي، بحيث يستعمل ما عنده من القوى والصفات ولهذا في كل مؤلف من الكتاب الكرام ما امتاز به من المواهب الطبيعية ونمط التأليف)[1].

وهذا بالفعل ما عبر عنه (لوقا) في فاتحة انجيله الذي يوضح فيه مصادره الشخصية واسلوبه التاريخي في عرض الانجيل فيقول: (لقد اخذ كثيرون في تدوين الاحداث التي جرت بين ظهرانينا على حسب ما نقله إلينا أولئك الذين كانوا منذ البدء شهود عيان الكلمة – اي الرسل: صحابة المسيح - ، ثم صاروا دعاة لها، فرأيت انا ايضا، وقد تحققت بدقة جميع الامور من اوائلها، ان أكتبها إليك بحسب ترتيبها لكي تكون على بينة من صحة التعليم الذي اهتديت اليه)[2].

ومع ان هذه الحالة عكسية من حيث أدوار طرفي العلاقة حيث تمثل هنا روح الـلـه في روح الكتاب بينما في تلك ارتقاء وكشف وتركيز وإمعان، إلا أن المحصلة واحدة في عد ذلك مصدر الوحي في الحالتين ولعل هذا الفهم الاخير يلقى رواجه بين المستشرقين ذوي الميول الدينية أو المتأثرين بالأديان المقارنة منهم.

رابعا: الاتصال بالمطلق والعقل الاصلاحي:

لم يعد غريبا ان يطالعنا المستشرقون بتشخيصاتهم وتعبيراتهم التي شكلت لهم غطاءً مصطلحيا ينم في تعدده وكثرته على عدم اجتماعهم على مصدر واحد مع اتفاقهم على انه انساني المنشأ، فغدا الامر مفتوحا لكل من يريد الاسهام معبرا عن رايه بما يروق له من اوصاف وتعابير موحية بالأخذ عن مصدر غير اعتيادي وغالبا

---

(1) : د. يوسف، جورج: قاموس الكتاب المقدس، م2، ص473، مصدر سابق.

(2) : العهد الجديد: لوقا 1: 1-4، للمزيد ينظر: مصادر الوحي الانجيلي: الحداد، يوسف درة، لنرى المفارقة الواضحة بين مصدر وحي القرآن وبين المصادر البشرية الانجيلية.

ما يطبع بشكل مرضي لشدة الترابط المفتعل بين مسائل النفس وامراضها وبين واقع الوحي المحمدي.

حيث يرى المستشرق (آيرفنج) ان ما كان يحصل لمحمد من اعراض للوحي هي ناتج من اتصاله الخارجي الذي املى عليه مفاهيم غير مسبوقة معبرا عن ذلك بقوله: (اعداء الرسول عزوا هذه الحالة الى مرض الصرع – بتشخيص ناقص حتما – بينما هي حالة ناتجة عن الاتصال او بداية الاتصال بالمطلق حيث بدأ ذهنه بالتعامل مع مفاهيم اكبر بكثير من قدرة الفكر العادي على تحملها، ومع الايات الاولى ارتفع عقل محمد الى مستوى الاشراق السماوي الراقي فقرأ ما هو مكتوب على اللوح الحريري من احكام الهية ... وعندما انهى ذلك اعلن الملك السماوي له انه المختار (رسولا لله) وأنه هو أي الملاك هو (جبريل))[1].

ولعل الفلاسفة القدماء قد سبقوا المستشرقين الى القول بان (العقل الفعال) هو مصدر الشعور الباطني الذي يوجد عند الانبياء وعدها العقل الفعال مصدر جميع الحقائق والمعلومات ومع قوة تخيله تتحول هذه المعلومات الى صور حسية تترسخ في ذهنه[2].

وبهذه النظرة المصدرية للوحي اضحى الوحي المحمدي بعيدا عن التفسير الديني للاتصال الملائكي بالله (تعالى) واقرب ما يكون الى معاني كلمات الكشف والارتقاء الروحي التي عرفت البشرية ألواناً صافية منها لدى الشعراء الملهمين والمتصوفين العارفين وألوانا عكرة كدرة لدى الكهان والعرافين[3].

([1]) : آيرفنج: محمد وخلفاؤه، ص116، مصدر سابق.

([2]) : الصالح: مباحث في علوم القرآن، ص26، مصدر سابق.

([3]) : المصدر نفسه، ص29.

وبذلك يكون الوحي ثمرة من ثمار الكد والجهد والاكتساب الداخلي، كما ان هذه التعابير النفسية المحدثة تتم بفقدان الحدود المميزة لخصوصيتها وموغلة في الايهام جالبة للالتباس المقصود وغالبا عند المروجين لهذه الطروحات من المستشرقين.

المطلب الثاني

المصادر الداخلية المساهمه في تشكيل الوحي القرآني

نستطيع القول بان بعض المصدريات التي قال بها المستشرقون هي من النوع المسهم في انتاج القرآن الا انها باستقلالها تصلح لان تكون جهة الإمداد الوحيد لمادة القرآن ويمكن باجتماعها مع غيرها ان تكون جزءا معتبرا من مصادر التغذية الداخلية لمحمد (ﷺ).

كما ان هناك اسبابا داخلية اخرى وجهوها للعد كمصادر مع اقرار اصحابها بمصادر خارجية اخرى اشتركت معها فاعتبرت إسهاماً في تحقيق واكتمال القرآن ولعل (العبقرية المحمدية) التي أشير إليها في غير مكان كانت مما يعد ضمن هذا التقعيد الاخير.

اولا: العبقرية المحمدية:

كثيرا ما تناول المستشرقون هذه الزاوية لجوانب تخدمهم في مسعاهم لمجابهة الاسلام واخيرا وليس آخرا جاءت لتساهم من هذا الموقع في دور مساند للمصادر الخارجية الكتابية والاسس الجاهلية للرسالة المحمدية ممثلة بالقرآن - كونه التسجيل الحرفي للوحي - لتكون عبقرية محمد مصدرا مكملا ومساهما في صياغة محمد للقران وهو ما عده المستشرق (مونتيه) المصدر الاسلامي الصرف معبرا عنه

بالقرآن بالافكار الجديدة التي اضافتها عبقرية محمد الدينية، من بين ثلاثة مصادر حدد بها مصادر القرآن[1].

وقد ضمَّن المؤلف قول القائلين بالعبقرية المحمدية مصدرا للوحي القرآني كله في اطار المعتقدين بأن القرآن نتاج فكر محمد (ﷺ) الشخصي ولذا أفردناه هنا لوجود من رآى فيه مصدرا مساهما لا كليا بخلاف اعتقاد عريض سائد عند مجمل المستشرقين لذا آثرت التنويه.

ثانيا: تصوير الوحي حلما:

يعد المستشرق (كزيميرسكي) من المميزين في سباق تعداد مصادر الوحي المحمدي فبعد ان ذكرنا له مصدرين يطالعنا بمصدر جديد ولكنه هذه المرة أكثر إسنادا لاستنتاجه من سابقيه - مع تهافته - حيث يدعي ان اللقاء الاول مع ملك الوحي كان مناما ليبرز الوحي في صورة حلم[2].

ومن المؤكد ان هذا المستشرق صدر في دعواه هذه عن رواية ضعيفة لابن هشام في اول ما نزل من الوحي [... فجاءني وانا نائم بحراء بنمط من ديباج فيه كتاب ...][3]. (وهو حديث مرسل[*] يرويه عبيد بن عمير، لكن وان ثبت من هذا المرسل انه اوحي اليه بذلك في المنام أولاً قبل اليقظة امكن ان يكون مجيء الملك في اليقظة عقب ما تقدم في المنام)[4].

([1]) : ينظر: د. فرج: الاستشراق، ص134، مصدر سابق.

([2]) : ينظر: الجبري: السيرة النبوية، ص79.

([3]) : الطبري: تاريخ الامم والملوك، م1، ج2، ص467-468، مصدر سابق. وكذلك ورد في السيرة النبوية: ابن هشام، ج1، ص236، مصدر سابق.

([*]) : المرسل ما رفعه تابعي مطلقا او تابعي كبير الى النبي (ﷺ)، وهو ضعيف لا يحتج به عند الجمهور، الا اذا اعتضد بمجيئه من وجه اخر مسندا او مرسلا آخر، فيحتج به، اما مراسيل سعيد بن المسيب فيحتج بها لانه حجة، ينظر: العسقلاني: ارشاد الساري، ج1، ص9، مصدر سابق.

([4]) : ابن حجر: فتح الباري: ج1، ص24، مصدر سابق.

وليس من مانع من القول انه يمكن ان يكون مجيء الملك والنبي في حالة نوم ولكنه بمجرد قدومه افاق ثم تتابعت الاحداث في يقظته (ﷺ)، بدءا من الغط وطلب القراءة كما يمكن تفسير النوم بالمعنى المجازي اي انه كان متمددا على هيئة النائم لا نائما على الحقيقة والامر يتسع لهذا الراي.

لذا فان ذهاب (كزيميرسكي) للاعتداد بحديث لم يكتسب حتى درجة الظن في الصحة لن يفلته او يشفع له من نقض دعواه، سيما ان خطورة هذه القضية تكمن في ترك المجال مفتوحا للقياس عليها بمواقع قرآنية أخرى قياساً على الآيات الأولى من سورة العلق.

المبحث الثالث

المصادر الخارجية للوحي القرآني
في كتابات المستشرقين

المطلب الاول

المصادر الخارجية التي عدوها مصدر الوحي القرآني كله

اولا: مضامين دينية متعددة الأصول:

يختصر (جولد تسيهر)[*] مفتريات من سبقوه في ادعاء مصدر خارجي للقران ليقول جازما وحاصرا: (تبشير النبي العربي ليس الا مزيجا منتخبا من معارف وآراء دينيه عرفها واستقاها بسبب اتصاله بالعناصر اليهودية والمسيحية وغيرها[**] والتي

(*) : وصف الشيخ محمد الغزالي افكار جولد تسيهر بهذا الصدد انه كتب اربعماية صفحة في الاستدلال على ان العقيدة والشريعة هبطتا على محمد من اي ناحية ... الا من السماء، ينظر كتابه: دفاع عن العقيدة والشريعة، ص22، مصدر سابق، وقد رد فيه بتوسع على كتاب (جولدتسيهر): العقيدة والشريعة.

(**) : يقول (ترتون): (الصوم اول ما شرع كان تقليدا لما عند اليهود ثم بدل وغير وصار اشبه بصوم النصارى مع شيء من التغاير) كما يقول: (ان فكرة صلاة الجمعة اقتبسها الرسول من الزوادشتية)، عرفان: الاسلام والمستشرقون، ص25، كما عزا (بروكلمان) عدة الصلوات للتاثر بالفرس، ينظر: بروكلمان: تاريخ الشعوب الاسلامية، ج1، ص73، مصدر سابق، وينظر ايضا (جولدتسيهر): العقيدة والشريعة، ص17-18، فقد عقد مقارنات متهافتة لعبادات اسلامية وما اعتقده مشابها لها عند الاديان الاخرى.

تاثر بها تاثرا عميقا والتي رآها جديرة بأن توقظ عاطفة دينية حقيقية عند بني وطنه)[1].

اي ان محمدا (ﷺ) لم يأت بهذا القرآن لا من عند الـلـه ولا من عند نفسه وان ما فعله محمد يقتصر على دور الصياغة والقولبة والتكييف، فقد ادعى انه (ﷺ) نقل اغلب أصوله وفرعه عن الرومان والفرس والهنود[2].

اما المستشرق (كازانوفا)[***] فقد اراد ان يبدو أكثر تخصصا وتمحيصا بتقعيد جديد لم يسبق اليه بهذه الحدية والوضوح فيقول: (ان القرآن في مكة من وحي النصرانية وفي المدينة من وحي اليهود)[3].

فمع استفاضة المستشرقين القائلين بالمصدرية الكتابية للقران فان احدا منهم – ممن وقعت عيني على محرراتهم – لم يشر الى هذين المصدرين بهذا التحديد المكاني والزماني الصريح.

اما من عدوا التأثر بالأديان والكتب السماوية التي كانت معروفة آنذاك عاملا مساعدا في صياغة افكار القرآن وقصصه فسنأتي عليه في الشطر الثاني من هذا المبحث.

([1]) : جولد تسيهر: العقيدة والشريعة في الاسلام، ص5-6، المصدر السابق.

([2]) : ينظر: الغزالي: دفاع عن العقيدة والشريعة، ص21، مصدر سابق.

(**[*]) : كازانوفا، ب: من آثاره، محمد وانتهاء العالم في عقيدة الاسلام الاصلية، 1910م، الا انه اهتم بتاريخ مصر بشكل خاص، ينظر: العقيقي: المستشرقون، ج1، ص219، مصدر سابق.

([3]) : الجندي: الاسلام في وجه التغريب، ص293، مصدر سابق.

ثانيا: الاثر البيئي:

يبدو ان المستشرق (هنري جب) لم ترق له تهمة الاخذ عن الكتب السماوية السابقة مصدرا كليا فادعى ان محمداً صنعته بيئته الخاصة بمركزها الثقافي والديني والتجاري، وبحكم مركزها بين العالم وصلتها بأرقى شعوبه اذ يقول: (فما في القرآن ثمرة طبيعية لنشأة محمد في مكة وقد نجح لأنه كان واحدا من المكيين)[1].

وان كان يفهم من هذه المصدرية العريضة احتمال اعتمادها على روافد كثيرة في بيئته كونت ملكته الكبيرة لإنجاز عمل ضخم كهذا، ومما يجعلنا متاكدين من ذلك هو تصريح (جب) بقوله: (ان قريشا حاربت محمدا كذلك بسبب ما اخذه عن المسيحية وبخاصة السريانية من اخبار الجنة والنار وهم لا يؤمنون بالجزاء الأخروي أبداً)[2].

ويلخص هذا الفهم الدكتور الدسوقي قائلا: (وقد ظن الاستشراق ان ما بين القرآن المكي والمدني من بعض التفاوت في الاسلوب والمضمون يؤكد زعمه بأثر البيئة ودورها في تكوين الاسلوب القرآني)[3].

وبذلك يمكن ان يكون الشعر وورقة وقس بن ساعدة وغيرهم عناوين اصغر تحت هذا العنوان الا اننا لم نتناول في هذا الشطر الا اقوال المستشرقين التي فرضوا مصدرا واحدا شاملا سواء احتوى روافد او كان وحده كفيلا بان يوحي لمحمد (ﷺ) قرانا او بصفته مصدرا تجميعيا معبرا عن جملة المؤثرات الرافدة للفكر المحمدي المنتج للقران، ليبدو نضح البيئة العربية المكية[*].

([1]) : Mohammedanism an historical survey, by: H. A. R., Gibb, p.25.

([2]) : المصدر نفسه، ص27.

([3]) : الدسوقي: الفكر الاستشراقي ، ص88، مصدر سابق.

([*]) : تاثر طه حسين باراء (جب) وعبر عنها في كتابه الشهير (الادب الجاهلي)، للاستزادة ينظر: خفاجي، محمد عبد العظيم: الشعر الجاهلي، ص399-403، ط1986، دار الكتاب اللبناني - بيروت. هذا وقد وازن بين كتابيهما (المذهب المحمدي) و (الادب الجاهلي) د. محمد البهي واثبت تطابق الافكار والنتائج ورد عليهما ينظر: البهي: الفكر الاسلامي الحديث، ص210-215.

ثالثاً: أسفار محمد:

من الواضح ان الأسفار بحد ذاتها ليست ما يعنيه المستشرقون تحديدا وان ما يترتب على السفر من احتكاك بالاخرين ومعارفهم وأديانهم، مع افتراضهم مقدما ان ذلك كان يعني محمدا ويسترعي انتباهه وبحثه عن علماء الدين في اسفاره الكثيرة!!.

الا ان موضوع (الاسفار) كغيره ليس الا عنوانا تجميعيا يختزل روافد وروافد ولنستمع للمستشرق (بودلي) اذ يقول: (تركت الرحلة الاولى في نفس محمد اثراً عميقاً)[1]، ومما لاشك فيه انه يقصد في ما يقصد وعلى راس القائمة (القرآن) قائلا: (ومرت ايام الصبا سراعاً، فما جاوز عمر محمد السادسة عشرة حتى تعددت رحلاته ففاقت ما يقطعه مكي طوال حياته)[2].

وفي توضيحه لدعواه المتهافتة يذهب للقول: (وانه لمن الطبيعي ان تجعل هذه الرحلات محمداً يفكر فيما يرى ويسمع فكان على نقيض من سبقه من الانبياء، فانه لم يكتفي بالمسائل الالهية)[3].

وهذا ما يروج له (جولدتسيهر) متجنيا فيه على التاريخ والسيرة الصحيحة فيقول: (وكذلك بعض عناصر القرآن المسيحية، نعرف انها وصلت الى محمد من طريق التقاليد او الروايات المتواترة المنحرفة، وعن ابتداعات المسيحية الشرقية القديمة، كما ينظم الى هذا وذاك شيء من الغنوصية الشرقية، وذلك لان محمداً قد

([1]) : بودلي، ر. ف: الرسول: حياة محمد: ص47، مصدر سابق.

([2]) : المصدر نفسه، ص51.

([3]) : المصدر نفسه، ص52، كما ينظر: زكريا، زكريا هاشم: المستشرقون والاسلام، ص530، 1971.

اخذ بجميع ما وجده باتصاله السطحي الناشيء عن رحلاته التجارية، مهما كانت طبيعة هذا الذي وجده، ثم افاد من هذا دون اي تنظيم)[1].

المطلب الثاني

المصادر الخارجية المساهمة في تشكيل الوحي القرآني

تتآزر المصادر المساهمة مع العناوين الاكبر لتشكل بالإطار العام استنفاذا لكل ابواب ومداخل الشبه للوحي القرآني، وعليه ترى ان بعض المستشرقين قد اسهم في اكتشاف مصدر او رافد جديد او ذهب ليعضد ويؤكد طروحات سابقيه وباكتمال المصادر الداخلية والخارجية تكون جهود المستشرقين قد استنفذت ومن كل المداخل لتقويض الصرح الاسلامي حول ظاهرة الوحي منشأ النبوة وطريق الرسالة.

وسنرى فيما تبقى من هذا الفصل اثرا تفصيليا لتلك التهم التي كان من الممكن تبويبها تحت الشطر الاول من هذا المبحث الا ان موجديها أرادوا تقديمها لتكون جزئية الاثر في الوحي المحمدي ليبقى المجال مستمرا لاكتشافات جديدة.

أولاً: الأثر الكتابي:

يستطيع كل باحث في الاستشراق الديني ان يحسم مدى شيوع وتفشي هذه التهمة في مؤلفات المستشرقين اذ تعد المسالة الثانية الابرز في ذلك الصرح الورقي الخائر الذي اعدوه عبر سنين تعد بالمئات، بعد مسالة بشرية القرآن، فسرعان ما يكتشف حجم إلحاحهم على تكريس مسالة اخذ محمد (ﷺ) من الكتب السماوية السابقة، غاضين

(1) : جولدتسيهر: العقيدة والشريعة، ص18، مصدر سابق.

البصر تارة عن طرق اكتساب هذه المعلومات، ومسلطين جل العناية والابحار في استقصاء سبل معرفته لتلك الآثار الكتابية تارة اخرى.

وايا كان الامر فان هذه التهمة الاثقل قد اصبحت وبحكم التعصب العقيم مسلمة استشراقية.

ويحسن بنا الآن ان نذهب للتعرف على الوسائل التي عدوها شريان التغذية التوراتية والانجيلية لمحمد (ﷺ) من خلال ابرز ما عرضوه لنا سنتناول الاساس اليهودي اولا ثم نتبعه بالاساس المسيحي الذي افترض لتخريج هذه التهمة بالحد الأدنى من النقد المضاد وبالحد الاعلى من الاقناع فإكتنه عبر خيال واسع ما سنرى، اذ ينظرون لهذا التناول خطوة أكثر تفصيلا في الادعاء العام، وأكثر كفاءة احتجاجية في الاستدلال عليه حسب راي اصحابها.

1- الأساس اليهودي.

في مدخل ترجمته للقران يقول المستشرق (مونتيه): (إن الدين اليهودي هو المصدر الرئيس للقران وبالتالي فهو المصدر الرئيس للعقيدة القرآنية وهذا صحيح فهو يخضع للتأثير اليهودي أكثر مما يخضع للتأثير النصراني)[1].

ويؤكد هذا ايضا (تور آندريه) قائلا: (لا شك ان الأصول الكبرى للاسلام مستقاة من الديانتين اليهودية والمسيحية وهذه حقيقة لا يحتاج إثباتها الى جهد كبير)[2].

وبعبارة تكاد تطابق سابقتها يقول (أندرسون): (ليس من شك في ان محمداً اقتبس افكاره من مصادر التلمود وكتب الاساطير اليهودية والمصادر المسيحية)[3].

([1]) : د. فرج: الذرائع، ص134، مصدر سابق.

([2]) : عبد الحميد: المستشرقون والاسلام، ص24، مصدر سابق.

([3]) : المصدر نفسه، ص34.

أمر التأثر محسوم وبلا شك او نقاش وهذا مقدمة لاستدلالهم على ذلك التاثر عبر طريقة المقارنة التي تميز بها من السابقين (مونتيه) فهو يرى ان قصة الطير مع ابراهيم في القرآن ماخوذة من التوراة عن قربان الميثاق[1].

وشتان ما بين اسلوب القصة القرآنية وطريقة الحكاية التوراتية وبعيدا عن المضمون يتحول (مونتيه) لمناقشة الناحية الاسلوبية زاعما: (ان اسلوب القرآن متاثر بكتابات سفر التثنية واشعيا الثاني)[2]. وعن الاطار العام في الكتابة يقول (بلاشير) في اشارة مباشرة للأثر التوراتي في القرآن: (والقرآن يتبع عن كثب الديباجه التوراتية عامة، الا ان اللغة العربية تضفي على الرواية ميزة غريبة بسياقها المكثف وباهتمامها بالايحاء أكثر من اهتمامها بالوصف)[3].

هذا وقد جاء في مادة (القرآن) في الموسوعة الاسلامية مقارنة لمضمون القرآن مع العهدين القديم والجديد وبعبارة ظاهرة التحيز: (نجد كثيرا من الايات القرآنية تفيد ان محمدا قد تلقى تعاليم مبلغين كثر خاصة منهم اليهود والنصارى، ثم ادرجت هذه التعاليم ضمن السياق القرآني)[4].

كما استحوذت شبهة تأثير يهود المدينة على عدد من المستشرقين[*] وصيغ حولها حيثيات وتفسيرات وابعاد، جعلت ليهود المدينة اليد الطولي في اسعاف محمد (ﷺ) بامدادات يهودية ملحة له، فقد زعم (بلاشير): (ان ما جاء به القرآن الكريم انما نتج عن الحكايات التي اخذها محمد مؤلف القرآن من الفقراء النصارى بمكة... وفي العهد

([1]) : ينظر: العهد القديم (سفر التكوين، اصحاح: 15: 9-18).

([2]) : ينظر العهد القديم (من الاصحاح 40-50)، ص131، مصدر سابق.

([3]) : بلاشير: القرآن نزوله، تدوينه، ص56، مصدر سابق.

([4]) : القرآن الكريم (دراسة لتصحيح الاخطاء الواردة في الموسوعة الاسلامية): مادة (القرآن): ص26، مصدر سابق.

([*]) : منهم (كازانوفا) حيث تمت الاشارة لمقولته قبل بضعة صفحات، ينظر: الجندي: الاسلام في وجه التغريب، ص293، وكذلك (مونتيه): ينظر: الذرائع، ص134.

المدني استمال محمد بعض اليهود واخذ منهم ما ألف من القرآن المدني باسلوبه الرشيق... فهو في نهاية المطاف قبس من التراث التوراتي التلمودي والمسيحي)[1].

وباسلوب تفسيري هابط يحاول (بروكلمان) ان يعلل سبب تأثر الاسلام باليهودية في بداية الدولة في المدينة – على فرض محسوم لديه بحصول التاثر – فيقول: (تأثرت اتجاهات النبي الدينية في الايام الاولى من مقامه في المدينة بالصلة التي كانت بينه وبين اليهود واغلب الظن انه كان يرجو عقب وصوله الى المدينة ان يدخل اليهود في دينه وهكذا حاول او يكسبهم عن طريق تكييف شعائر الاسلام بحيث تتفق وشعائرهم في بعض المناحي)[2].

وفي محاولة مشوهة ايضا لتفسير التشابه النسبي المحدد بين محتوى الديانات السماوية يقول هذا الاخير: (وليس من شك في ان معرفته – اي الرسول – بمادة الكتاب المقدس كانت سطحية إلى أبعد الحدود وحافلة بالاخطاء وقد يكون مدينا ببعض هذه الاخطاء للاساطير اليهودية التي يحفل بها القصص التلمودي)[3].

2- الاساس المسيحي:

استنزفت نسبة المصدر المسيحي الإنجيلي للقران الكريم كأحد مصادره المهمة جهدا هائلا فاق كل المصادر والروافد التي تفتقت عنها مخيلات حاقدة ومريضة من كثير من المستشرقين وبذا فإن حصر الاقوال التي ادعت ان الاساس والاثر المسيحي قد اسهم في صناعة القرآن امر قد لا يطبقه أحد حتى من أوتي من الصبر حظا وفيرا، نظرا لتفشي هذا الادعاء بشكل غير مسبوق على الاطلاق ولا نبالغ ان قلنا بأنه أكثر

([1]) : د. فرج: الذرائع، ص130، مصدر سابق.

([2]) : بروكلمان: تاريخ الشعوب الاسلامية، ج1، ص46، مصدر سابق.

([3]) : المصدر نفسه، ج1، ص43.

بديهيات الاستشراق تسليما وانتشارا ويأبى (بروكلمان) الا ان يضع لمسته هنا ايضا ليقول: (إن محمداً مدين للمعلمين المسيحيين - أكثر من دينه للاساطير اليهودية – فهم الذين عرفوه بانجيل الطفوله وبحديث اهل الكهف السبعة وحديث الاسكندر وغيرها من الموضوعات التي تتواتر في كتب العصر الوسيط)[1].

وسبق ان أشرت إلى ان (بروكلمان) من القائلين بتفوق التأثير المسيحي في القرآن على التاثير اليهودي قائلا: (اما في مكة نفسها فلعله اتصل بجماعات من النصارى كانت معرفتهم بالتوراة والانجيل هزيلة الى حد بعيد)[2].

فمن الواضح قدرة هذا المستشرق على اختزال عشرات التهم في مقولة واحدة، فيفترض ان في مكة نصارى ثم انهم جماعات، تاركا الامر على عمومه وقاسماً المجال لكون هناك اتصالات اخرى خارج حدود مكة.

هذا وقد احسن المستشرقون الافادة من توظيف سفر النبي الى الشام مرتين لا ثالث لهما وربط سفره باكتساب علوم الانجيل ومعارفه من نصارى الشام وها هو (بودلي) يقول: (هو الرجل الذي كان يمضي أكثر وقته على الطريق ليس من اجل رحلاته العديدة ولكن لتكوين مصدر معرفته)[3].

وزعموا ايضا: (ان محمدا تعرف في رحلاته بالقبائل العربية التي دانت بالمسيحية ومنها اخذ آراءه غير ان كثيرا من العلماء القدامى ومنهم المحدثون قد ذهبوا الى ان مثل هذا الاتصال مع المسيحية امر غير محتمل بل لو فرضنا وقوعه، فإن المسيحية التي كانت سائدة في تلك الرقعة من العالم لم تكن تتميز بشيء عن الوثنية، فقد قال

([1]) : بروكلمان: تاريخ الشعوب الاسلامية، ج1، ص43.

([2]) : المصدر نفسه، ص32.

([3]) : بودلي: الرسول: حياة محمد، ص49، مصدر سابق.

علي (ﷺ): ان قبيلة تغلب لم تأخذ من المسيحية سوى عادة شرب الخمر)[1]. وبصدد تأثير النصرانية في محمد يقول (درمنغم)[*]: (ومما لا مراء فيه ايضا ان كان للنصرانية اثر في محمد... ثم يعود فيؤكد ثانية بالقول ومما لا مراء فيه ايضا ان النصارى الذين كانت كنائسهم تحيط بجزيرة العرب قد أوغلوا في قلب هذه الجزيرة)[2].

كما افترض (بودلي) ان محمداً كان له دراية متينة بالمسيحية عندما كان في مكة وفي تلك الاثناء سمع من الأساقفة الرهبان، فيقول: (وكان قس بن ساعدة راهب نجران يخطب الناس من فوق جمله شارحا عقيدته، وكان يقضي الساعات وهو يحدث الناس عن تفاهة الحياة الدنيا وعظمة الحياة الآخرة ، ولقد استمع محمد الى شذرات من هذه الخطب ، وفي السنين التالية كان محمد يخطب الناس من فوق جمله وكان حديثه يحوي كثيراً من العظات التي كان يرددها الراهب النصراني)[3]، وكان يقيم هؤلاء بجوار سوريا في الصحراء العربية. فان لم يكن محمد (ﷺ) قد التقاهم في بلادهم فانهم قد وصلوا الى بلاده لكي ينشأ احتمال اللقاء لا محالة ولا مانع لديهم من الجمع للخيارين، كما نسب الى بعض الاساقفة انهم كانوا يبشرون بالمسيحية من فوق ظهور الإبل وذلك من خلال الاسواق التي كانت تعقد سنويا في عكاظ بالقرب من مكة[4].

([1]) : علم الدين: مقرر مادة الاستشراق: ص158-159، مصدر سابق.

([*]) : درمنغم، اميل: من اشهر آثاره: (حياة محمد)، وقد وصفه العقيقي بالقول: (وهو خير ما صنفه مستشرق عن النبي ويرجع اليه علماء المسلمين)، هذا وقد الف محمد حسين هيكل كتابه: (حياة محمد) على نمط كتاب درمنغم، ينظر للمزيد العقيقي، المستشرقون، ج1، ص349.

([2]) : حياة محمد: اميل: درمنغم، ص124- 125، ترجمة: عادل زعيتر، ط2، 1988.

([3]) : بودلي: الرسول، حياة محمد، ص49، مصدر سابق.

([4]) : ينظر: خليفة: الاستشراق والقرآن العظيم، ص24-25، مصدر سابق.

وللعلمية والدقة فقد قالوا أن هناك واحدا منهم يسمى قس بن ساعدة والصواب تاريخيا هو ان قس بن ساعدة وقس آخر يسمى قس بن كعب، قد ألقيا الكثير من الخطب على العربان في اثناء تلك المواسم ولسوء الحظ فإن الصواب اعتبار نظرية نفوذهم على النبي يكاد ينحصر بان كلا من الأسقفين قد توفيا قبل ميلاد النبي (ﷺ) بقرن[1].

اما (فيليب حتي) فيرى - دون دليل او توثيق - انه عاش نحو عام ستماية للميلاد[2]. وفي هذا الوقت كان قد مضى من عمر النبي ثلاثون عاما وما ذلك الا ليكون احتمال سماعه وتأثره بهم وأردا بل مطروحا بقوة.

وقد غالى بعضهم فجعله - اي قس بن ساعدة - كاهنا نصرانيا بل أسقفا على نجران[3]. وتأسيساً على ما تقدم افترض (جب) ان قريشا قد ادركت أصول اللعبة المحمدية ومصادرها فشرعت بالحرب معه قائلا: (ان قريشا حاربت محمداً وذلك بسبب ما أخذه عن المسيحية وبخاصة السريانية)[4].

وبطريقة أسلس يحاول (درمنغم) - الذي ادعى في كتابه (حياة محمد) انه سيتوخى الاعتدال والانصاف - ان يربط تأثر الاسلام بالنصرانية وباسلوب التسلل فلنسمع ما قاله: (ليس بعسير ان يجد الباحث في القرآن جميع أصول النصرانية على الرغم من بعض الظواهر، منها خروج ادم من الجنة..... وقصة سقوط ابليس المتكبر.... وهي تماثل في النصرانية سقوط الشيطان الذي أبى ان يعتقد بالكلمة

([1]) : علم الدين: مقرر مادة الاستشراق، ص166، مصدر سابق.

([2]) : حتي: تاريخ العرب، ج1، ص151، نقلا عن المصدر السابق، ص167.

([3]) : علم الدين: مقرر الاستشراق، ص166 وللمعلومات عن قس بن ساعدة ينظر: الاصبهاني: الاغاني، ج14، ص86-87.

([4]) : Mohammedanism, Gibb, p.27.

المتجسدة، ومما اتفقت فيه العقيدتان رسالة نوح وابراهيم وموسى والانبياء والكتب المقدسة والملائكة والمسيح الدجال واليوم الاخر والبعث والحشر والحساب وترى الاسلام في هذه الامور كلها اقرب الى النصرانية منه الى اليهودية)[1]. وهناك من ذهب الى ابعد من ذلك بكثير بأن محمدا من طائفة مسيحية اصلا! اذ يقول بلاشير ناسبا الحديث لكازانوفا: (وربما وجب الا نستبعد في ذلك فكرة بعض التأثيرات الإلهية كما يصرح كازانوفا)[2] ويهمش المترجم شارحا بالقول: (تقول النظرية الالفية بحكم المسيح الف سنة على الارض قبل قيامة الموتى وقد قيل بأن محمد ينتمي الى طائفة مسيحية تعتقد بان المسيح نفسه قد بشر بنبي اسمه احمد وهذا الاسم هو صيغة اخرى لاسم محمد ولما كان القرآن قد انذر بيوم القيامة القريب ونهاية العالم على الاقل في القسم الاول منه، وبان النبي قد يرى بنفسه عقاب الكافرين، فلم يكن هناك من داع اذاً لتدوين الوحي في حياة النبي اما للاعتقاد بان النبي لن يموت قبل قيام الساعة واما للاعتقاد بان الساعة وشيكة الوقوع)[3].

فمهما اختلفت اساليبهم في الاشارة والتلميح والتصريح للأخذ والتأثر عن المسيحية فان ذلك يعد اختلاف تنوع لا اختلاف تضاد في الغالب الأعم.

اما بخصوص تاثر النبي بلقائه مع الراهب (بحيرى) وهي مسالة اثقل كاهلها المستشرقون واهلكت من كثر الدس وتحميلها مالا تحتمل[*]، إن صحت على راي ضعيف.

هذا وقد عاب المستشرقون على المؤرخين المسلمين عدم دراستهم العلمية للرحلة ووقوفهم عند قصة خاتم النبوة، اذ لم يصوروا اللقاء تصويرا عقليا، ومن المؤسف ان

([1]) : درمنغم، اميل: حياة محمد، ترجمة عادل زعيتر، ص131، ط2، 1988 المؤسسة العربية للدراسات والنشر - بيروت.

([2]) : بلاشير: القرآن، نزوله، تدوينه، ص29، مصدر سابق.

([3]) : مترجم، المصدر السابق، رضا سعادة، ص29.

([*]) : ينظر: لوبون: حضارة العرب، ص102-103، مصدر سابق، ومقدمة هيكل: حياة محمد.

تروي لنا كتب السيرة ان النبي (ﷺ) التقى في هذه الرحلة الراهب (بحيرى) مرتين وفي الشام رأى أحبار الروم ونصرانييهم وسمع من كتبهم[1].

علما بأن من المقطوع به، انه لم يخرج لدراسته دين او فلسفة ولم يلق من يتحدث معه في ذلك، مع ان قصة لقاء النبي بالراهب (بحيرى) المفتعلة والمختلفة لا اهمية لها حتى وان صحت - في مجال بحثنا - وقد نقضها من المحدثين الشيخ الزرقاني[2] وكذلك اثبت الدكتور محسن عبد الحميد، عقلا ونقلا استحالتها وانها فرية كبيرة عبرت على المسلمين ودخلت كتب السيرة[3].

اما (وات) فقد رأى مصدراً مسيحياً آخر أفاد منه محمد في تكثيف معرفته بالاديان فيقول: (يبدو ورقة من بين الذين اتصل بهم محمد بسبب معرفته بكتب المسيحية المقدسة)[4].

وفي ادعاء قديم جديد يطالعنا (زويمر) بأن اثنين من صناع السيوف المسيحيين قد اسهما في رفد محمد بالمعلومات فيقول: (انهما قد علما محمدا، فقد كان كل من جبر ويسار وهما عبدان عند مولاهما من بني الحضرمي، الذين انكرا وتحت التعذيب انهما قد علما محمد شيئا وان ما كان يحدث هو العكس تماما)[5] الا ان زويمر يستحسن موقف سيدهما ويفضله على رأيهما لانسجامه مع ما يريده (زويمر).

ثانيا: الاساس الجاهلي:

حظيت هذه الفكرة باهتمام العديد من المستشرقين معتمدين على بعض المسائل محاولين توجيهها لإساغتها عنوة مصدرا رافدا بالحد الادنى للقرآن، بعد ان حسموا فيما بينهم مسالة بشرية القرآن.

---

(1) : ينظر: ابن هشام: السيرة النبوية، ج1، ص191-193، وقد اسس استنادا لها المستشرق بودلي، ينظر: كتابه: الرسول، حياة محمد، ص48، مصدر سابق.

(2) : ينظر: الزرقاني:مناهل العرفان، د2، ص421-423، ويذكر ان رواية الترمذي ليس فيها اسم بحيري.

(3) : عبد الحميد، محسن: جامعة الموصل، مجلة الجامعة، ص69-74، ع4، س9، 1980.

(4) : Watt: Mahomet Ala Mecque, p.78.

(5) : علم الدين: مقرر الاستشراق، ص162، مصدر سابق.

فالمستشرق (ادوارد مونتيه): (يعد الاساس الجاهلي المصدر الثاني لما ذكر في القرآن من الاعتقاد بالجن وتقديس الكعبة وقصص عاد وثمود، لقد احتفظ محمد - هكذا يزعم - من الوثنية القديمة بالحج الى مكة بكل ما كان يتصل به من شعائر، وذلك بعد ان خلع عليه طابعا روحيا وصبغة توحيدية كذلك يمكن رد عقيدة القدر الى الوثنية العربية)[1].

ويستمر (بروكلمان) في مغالطاته في اثناء حديثه عن الديانات وعقائد العرب قبل الاسلام موحيا باستمداد أصوله بل أركانه من بعض المعتقدات الوثنية قائلا: (والواقع ان الساميين اعتبروا الاشجار والكهوف والينابيع والحجارة العراض على الخصوص مأهولة بالأرواح، ومن هنا قدس العرب القدماء ضروبا من الحجارة في سلع وغيرها من بلاد العرب كما يقدس المسلمون الحجر الاسود)[2] وبعد هذا الوصف الدلالي للحجر الاسود يعود ليقول: (ولعله أقدم وثن عُبد في تلك الديار)[3].

كما تناول (هاملتون جب) وعلى طريقة سابقيه الربط بين الاحيانية العربية القديمة المكونة من الاعراف والبينة والمعتقدات الخرافية من ناحية وبين العقائد الغيبية والطقوس الاسلامية من جانب آخر، اذ يريد (جب) ان يقول بصراحة ان الاسلام جاء ليضفي الصفة الدينية على تلك الاحيانية القديمة فقد تأثر بها وصاغ ما يوافق توجيهاته ولا يعارض الموروث السائد[4]، فيقول: (ان نشاة الاسلام في مجتمع مؤمن (بالنسمية) - مجتمع الجزيرة العربية الجاهلية، حقيقة ذات اهمية بالغة في تاريخ الاسلام، نعم انه لم يستمد أصوله ولم يتطور من صميم ذلك المجتمع بل على

([1]) : فرج: الاستشراق، ص135، مصدر سابق.

([2]) : بروكلمان: تاريخ الشعوب الاسلامية، ج1، ص24.

([3]) : المصدر نفسه، ص31.

([4]) : ينظر: جب، هاملتون: دراسات في حضارة الاسلام، ص233، ترجمة: احسان عباس، د. محمد يوسف نجم، محمود زايد، ط2، 1974، دار العلم للملايين - بيروت.

الضد من ذلك كان ثورة على المباديء العربية ولكنه لم يستطع الا ان يعكس - بعض الشيء - لون البيئة التي فيها نشأ)[1].

وعلى صعيد اخر يصطنع (مونتيه) جاهدا علاقة لا وجود لها الا في ذهنه ورهط من امثاله يربط فيها القرآن بالشعر الجاهلي، لأن الشعر الجاهلي تسجيل صريح لحياة العرب الوثنيين قبل الاسلام، عاداً الاسلام - ويقصد القرآن - لا يخرج من كونه تطور بشكل ما للوثنية الجاهلية التي ضمنت في مواقع كثيرة بالشعر الجاهلي[2].

فكلام المستشرقين عن استمداد القرآن من الشعر الجاهلي بشكل عام او بتخصيصه بشعر اميه بن ابي الصلت مطنب ولهم في ذلك غاية لا تخفى عن دارسي الاهداف الاستشراقية، فهي كما يؤكد الدكتور هدارة: (ايجاد علاقة بين الشعر الجاهلي او سجع الكهان في رايه والقرآن الذي يعتمد في بعض آياته على الاسجاع والفواصل)[3].

ولن نستغرب كثيرا ممن سمعنا كل زيوفهم ان يأتوا بمصادر أكثر استجلابا للسخرية من اصحابها الذين يكيلون بمكيالين فياخذون ما يعجبهم ويزدهم طغيانا فيما يتركون الاثر الصحيح فقد وقفوا من شعر امية بن ابي الصلت موقف المتيقن المطمئن مع ان اخبار امية لا تبلغ في الصحة والدقة والتحقيق اخبار السيرة التي يشكون واحيانا ينكرون مفرداتها ومع ذلك فان هذا ليس غريبا على المنحرفين منهجيا.

يقول الدكتور التهامي نقرة بصدد التأثر بشعر امية: (ومن اغرب الخيال ان المستشرق (كليمان هوار)[*] كتب فصلا زعم فيه انه اكتشف مصدرا جديدا للقران هو

([1]) : المصدر نفسه، ص238.

([2]) : فرج: الاستشراق، ص13، وكذلك بحث د. محمد مصطفى هدارة: موقف (مرجليوث)، من الشعر العربي، في مناهج المستشرقين في الدراسات العربية الاسلامية، ج1، ص408، مصدر سابق.

([3]) : المصدر نفسه، ص48.

([*]) : هوار، كليمان: (1854-1927م)، اجاد العربية الفصحى ولغات اخرى وهو عضو في المجمع العلمي العربي بدمشق ومن كتبه: (وجه الشبه بين القرآن وشعر امية بن ابي الصلت) وله عشرات الترجمات والمؤلفات، للمزيد عن جهوده وآثاره ينظر: العقيقي: المستشرقون، ج1، ص212، مصدر سابق.

شعر أمية بن أبي الصلت وقارن بينه وبين آيات القرآن فاستنتج صحة هذا الشعر مما يلاحظ من فروق بين ما ورد فيه وما ورد في القرآن من تفصيل لبعض قصصه كاخبار ثمود وصالح، مستدلا على ذلك بانه لو كان هذا الشعر منحولا لكانت المطابقة تامة بينه وبين القرآن، ثم يزعم ان استعانة النبي به في نظم القرآن حملتا المسلمين على مقاومته ومحوه ليستأثر القرآن بالجدة وليصح ان النبي قد انفرد بتلقي الوحي من السماء)[1].

وعلى ذات النهج يدعي المستشرق (يوسف شاخت)[*] ان هناك توافقا كبيرا بين الاسلام وأعراف الجاهلية[2].

([1]) : د. التهامي، نقرة: مناهج المستشرقين، ج1، ص33. وذكر ابن قتيبة تعريفا شافيا بامية بن ابي الصلت جاء فيه: هو شاعر مخضرم عاش في الجاهلية والاسلام وكان يخبر ان نبيا يبعث اظل زمانه وكان يامل ان يكون هو هذا النبي، فلما بعث محمد (ﷺ) كفر به حسدا ولما سمع الرسول بعض شعره قال: (آمن لسانه وكفر قلبه). وكان يحكي في شعره قصص الانبياء، ينظر: ابن قتيبة: الشعر والشعراء، ص459-462، وللمزيد ينظر: عبد الفتاح، بهجت: امية بن ابي الصلت: حياته وشعره، ص11، ط1975، وزارة الاعلام، بغداد، وقد ذكر د. شاهين في كتابه انه ثقفي ينظر الكتاب، ص116. وفي رواية البخاري لحديث الرسول عنه: (كاد امية بن ابي الصلت ان يسلم). ينظر: ابن حجر: فتح الباري، ج8، ص153، مصدر سابق.

ومن شعره:

الا ايها الانسان اياك والردى ... فانك لا تخفى على الله خافيا
واياك لا تجعل مع الله غيره ... فان سبيل الرشد اصبح باديا[*]

([*]) : ينظر: ابن هشام: السيرة النبوية، ج1، ص227، مصدر سابق.

وكذلك:

الحمد لله ممسانا ومصبحنا ... بالخير صبحنا ربي ومسانا
الا نبي لنا منا فيخبرنا ... ما بعد غايتنا من راس محيانا[*]

([*]) : الاصبهاني، ابي الفرج علي بن الحسين بن محمد القرشي، ت(356هـ): كتاب الاغاني: م4، ص1343، تحقيق: ابراهيم الابياري، ط1969، دار الشعب – مصر، كما ذكر روايات عدة عن تطلعه للنبوة للمزيد ينظر: م4، ص1334-1347.

([*]) : شاخت، يوسف: (1902-1969م)، مستشرق الماني اشتهر بدراسة التشريع الاسلامي تاثيره وتاثره ثم نشر دراساته بعد ذلك في دائرة المعارف الاسلامية، العقيقي: المستشرقون، ج2، ص46، مصدر سابق.

([2]) : الجندي: الاسلام في وجه التغريب، ص289، مصدر سابق.

ثالثا: افراد ومجاهيل:

هناك اسماء لا تقع ضمن المصادر الثلاثة الفائتة منها سلمان الفارسي حيث ذكر (درمنغم) أنه أفاد من اليهودية والمسيحية والفارسية بحكم تنقله وإقامة من اشتروه بعد ان بيع لهم عبداً وبعد ان اسلم وحظي بنفوذ وحظوة من محمد (ﷺ) فاستطاع ان يتدخل في حرب بين المسلمين وقريش (في غزوة الخندق) ويقول هذا المستشرق من خلال هذه الحادثة (نستنتج ان لسليمان نفوذ يسوغ له ان يؤثر في افكار محمد)[1].

ومن الواضح بان الامر لا يتوقف على هذا المعنى بل المقصود ان لسلمان إسهاماً غير مباشر في التغذية الفكرية لسيدنا محمد (ﷺ) وبذلك يكون قد شارك فعلا في صياغة القرآن.

ومن الغريب ان الضحاك (رحمه الله) قد عد (الملحد اليه) سلمان حيث استبعد القرطبي (رحمه الله) ما ذكره الضحاك من انه سلمان ففيه بعد، لأن سلمان إنما أتى النبي (ﷺ) بالمدينة[2]، قال تعالى: (لسان الذي يلحدون اليه اعجمي وهذا لسان عربي مبين)[3].

ومن المستشرقين المعاصرين افترض كل من (منزيس) و (جاردنر) ان هناك معلما آخر للنبي!! وجزما بانه سلمان الفارسي الذي شارك في كتابة القرآن وكلنا يعلم ان الجزء الاكبر من القرآن اي حوالي ثلثيه قد اوحي في السنوات الثلاث عشرة الاولى للبعثة، قبل هجرة الرسول الى المدينة، حيث حضر اليه سلمان الفارسي (رضي الله عنه)[4].

([1]) : ينظر: شاهين: دراسات في الاستشراق، ص126، مصدر سابق.

([2]) : ينظر: القرطبي: الجامع لاحكام القرآن، ج10، ص177-188.

([3]) : القرآن الكريم: النحل (103).

([4]) : ينظر: خليفة: الاستشراق والقرآن العظيم، ص46، مصدر سابق.

وعلى النقيض تماما فقد نسبوا للمرتد مسيلمة اسهاما في هذا المجال الذي حشروا فيه أشكالاً وألواناً من المصادر معبرين بذلك عن مدى تخبطهم الذي لازم بحوثهم واصرارهم على التعصب والتشويه حيث يرى (بلياييف): (ان مسيلمة وتعاليمه سبقت القرآن ومحمد ويصل في مغالطاته الى حد قوله ان مسيلمة كان معاصرا اسبق ومعلما وحليفا فيما بعد لصاحب الشريعة الاسلامية وان مواعظه تكاد تسبق السور المكية ثم يقول إن القرآن قد اشترك في وضعه أناس من جزيرة العرب وخارجها وليس من تأليف شخص فرد (يعني النبي) اذ انه يجد مادته شديدة التنوع والاختلاف وكذلك ديباجته)[1].

ولا ندري كيف يمكن الربط بين تنوع او لنقل اختلاف مواد القرآن وبين اشتراك مسيلمة في اخراج القرآن انه التفكير البقري[*] في احسن الاحوال.

وهناك شبهة جاءت من اساءة فهم قوله تعالى: ﴿**وَما أَرْسَلْنا مِنْ قَبْلِكَ مِنْ رَسولٍ وَلا نَبِيٍّ إِلّا إِذا تَمَنّى أَلْقى الشَّيْطانُ في أُمْنِيَّتِهِ فَيَنْسَخُ الـلـهُ ما يُلْقي الشَّيْطانُ ثُمَّ يُحْكِمُ الـلـهُ آياتِهِ والـلـهُ عَليمٌ حَكيمٌ**﴾[2] فقد جاء في عرض محرر مادة القرآن: (قد اعطى القرآن ثلاثة تفسيرات لما وقع فيه من التبديل منها ان الشيطان يدخل شيئا ما فيما يوحي به الى محمد احيانا، فمن خلال اسلوب الوحي يظهر مصدر الادعاء بطريق الايماء بان للقران مصدرا

([1]) : بلياييف: العرب والاسلام والخلافة العربية، ص79، مصدر سابق.

([*]) : يقول الشيخ محمد الغزالي واصفا نمط التفكير المفتقر للترابط والمعتمد على الحالة الكيفية للمستشرق غير المقنع في طرحه فيقول: (كنا نسمع من النسوة العجائز في قريتنا ومن كبار الشيوخ ايضا قالوا: ان الارض محمولة على قرن ثور، حسنا فما هو سر الزلزال!! قالوا: اهتزاز الارض حين ينقلها الثور من القرن الايمن الى القرن الايسر؟!! فما هو الرعد؟!، وقالوا: صوت خواره المتقطع حين يشاء الخوار. فما هو المد والجزر؟! قالوا: اثار شهيقه وزفيره حين يرسل انفاسه ويستردها من فوق صفحة الماء. ان هذا التفكير البقري لن يعجز عن التعليل لما يعتقد) ؛ الغزالي: دفاع عن العقيدة والشريعة، ص22، مصدر سابق.

([2]) : القرآن الكريم: سورة الحج (52).

يكتنفه الغموض والغرابة غير المصادر الواضحة التي مر ذكرها وهو المتمثل في مصدر مجهول من غرباء الناس وفي مصدر شيطاني غامض)[1].

هذا وقد افاد المستشرقون إيما إفادة من قصة الغرانيق: (وانهن الغرانيق العلى وان شفاعتهن لترتجى) ولم اعرج عليها لان اصلها قد جاء في تفسير الطبري ولم تكن افتراءً استشراقيا فان كان من محاسبة او نقد فللباديء وليس للمروج المتلقف كحال المستشرقين في هذه المسألة، لذا لم اعرض لها بالتفصيل مع أن كثيراً من المستشرقين قد تناولوها بإسهاب وتهويل علما بانها فرية سخيفة وأكذوبة مكشوفة.

وبهذه الحلقة اكتملت منظومة الادعاءات بنفي المصدرية الربانية للوحي المحمدي الجلي ونسبته الى مصادر اخرى من داخل النفس المحمدية ومن خارجها من الأصول والمنابت العديدة للتأثير بغية تشويه طريق الوحي الرباني لكن خابوا وخسروا.

([1]) : القرآن الكريم: دراسة لتصحيح الاخطاء، ص28، مصدر سابق.

الفصل الخامس

رد شبهـات ومطـاعن المستشرقيـن

على الوحي ومتلقيه (ﷺ)

مقدمة:

لقد تركنا العنان واسعا أمام المستشرقين ليخرجوا ما في جعبتهم من شبهات ومطاعن بصرف النظر عن خلفية صدورها التي لاتعدو أن تكون إما جهلاً وإما حقداً ولما كانت قضية الوحي من قضايا العقيدة التي يتأسس عليها الايمان بالله ورسوله ورسالته، فقد كان لزاما علينا ان نستوقف هذه الفئة الضالة من المستشرقين التي نفثت بسمومها لغرض رخيص لا يخفى على احد.

هذا ولم يترك المستشرقون فرصة الا حاولوا من خلالها افتراض او اختلاق تهمة او شبهة علها تكون له او لغيره منفذا للوصول الى مطعن جديد.

ومع انهم قد اعادوا التهم الممسوخة التي تعلق بها المشركون في بدء الرسالة الا ان الفئة الباغية لم يثنها ذلك عن الدخول في سباق مصادر للوحي مع المشركين علها تكون لهم الصدارة والتجديد والاصالة في امر هذه المصدريات سيئة الصيت.

ولما كانت عقيدتنا حصننا الحصين فان ذلك قد أراحنا وجعلنا نشعر بالغلبة والثقة فمهما حاول الاستشراق المغرض ان ياتي لنا من منافذه المكشوفة، فقد كان القرآن دائما بالمرصاد لكل المنكرين والمشككين الذين حرقهم الحقد أحيانا.

فلم يكن من مهمة أسهل ولا أمتع من رد هذا السقام الى اصحابه وان كان لهذه الشبهات من خير فهي تفتح شكوكا قد لا يفكر فيها المرء مطلقا ويكاد يستشعر لها اصلا او معنى، فيرى الرد جاهزا ومجهزا على تلك الفرايا فتعود نفسه قريرة بالايمان المؤصل بالعقل ومسلحاً بالرد في خضم صراع الحضارات والافكار الذي اصبح سمة من سمات عالم اليوم.

وسنرد بعون الـلـه وبتوفيقه على الشبهات والمطاعن التي وردت في هذه الرسالة ولا سيما في الفصل الرابع الذي طفح باشكال من التهم التي تناولت علوما ومنطلقات شتى منها الفلسفي ومنها النفسي والاجتماعي والطبي احيانا وكان الأصل فيها المنحى الديني الذي منه انطلقت وتفتقت مخيلات المبدعين من المستشرقين الأكثر حقدا.

وسنعالج هذه الشبهات حسب ورودها في الفصل الرابع وسنقفز فوق بعض الشبهات ترفعا عنها لصغارها او إنكشاف عوارها وفقدانها لاقل الحدود من اللياقة والادب او لشيوع الرد عليها واشتهار كونها تجنياً واختلاقاً.

المبحث الاول

أهلية الرسول للنبوة والتلقي
عبر رد الشبهات

المطلب الاول

رد شبهة الصرع واظهار جوانب تحامل مدعيها

إن أية مقارنة علمية حصيفة بين اعراض الوحي التي كانت تظهر عند نزول ملك الوحي الذي يحمل وحياً قرآنياً على سيدنا محمد (ﷺ) وبين الاعراض المصاحبة لمرض الصرع تكشف لنا وبمجرد معرفة عوارض الحالتين اللتين باعد بينهما العلم وشهادة العارفين مدى تنافرهما وعدم تطابق اي منهما في وصفه او سببه او نتيجته مع الآخر.

وعلى هذا يعلق موضحا المفارقة الدكتور هيكل بالقول: (ان تصوير ما كان يبدو على محمد في ساعات الوحي على هذا النحو من الناحية العلمية أفحش الخطأ، فنوبة الصرع لا تذر عند من تصيبه اي ذكر لما مر به اثناءها، بل هو ينسى هذه المدة من حياته بعد افاقته من نوبته نسيانا تاما، ولا يذكر شيئا مما صنع او حل به خلالها، ذلك لان حركة الشعور والتفكير تتعطل فيه تمام التعطل، هذه أعراض الصرع كما يثبتها العلم، ولم يكن ذلك ما يصيب النبي العربي أثناء الوحي، بل كانت تتنبه

حواسه المدركة في تلك الاثناء تنبها لا عهد للناس به، وكان يذكر بدقة متناهية ما يتلقاه وما يتلوه بعد ذلك على اصحابه)[1].

كما رد على القائلين بهذه التهمة بنو جلدتهم وشركاؤهم في كثير من الشبهات فيقول (بودلي): (يذكر الأطباء ان المصاب بالصرع لا يفيق منه وقد ذخر عقله بأفكار لامعة وانه لا يصاب بالصرع من كان في مثل الصحة التي يتمتع بها (محمد) حتى قبل مماته باسبوع واحد وما كان الصرع ليجعل من احد نبيا او مشرعا وما رفع الصرع احدا الى مراكز التقدير والسلطان يوما، وقد كان من تنتابه مثل هذه الحالات في الازمة الغابرة يعتبر مجنونا او به مس من الجن ولو كان هناك من يوصف بالعقل ورجاحته فهو (محمد) ولا شك)[2].

ويمكن القول بأن نزول الوحي لم يكن يعني الغيبوبة الحسية حتما او يقترن بها، وحتى عند نزول الوحي وغيابه (ﷺ) الحسي فانه يبقى في تنبه الادراك الروحي غاية التنبه وكثيرا ما يحدث والنبي في تمام يقظته العادية[3]، وبالتدقيق في حال النبي عند تلقي الوحي من ملك الوحي نجد ان الوجه وحده هو الذي يحتقن بينما يتمتع النبي بحالة عادية وبحرية عقلية ملحوظة من الوجهة النفسية اذ ان ذاكرته تحفظ كل ما تجده في هذه اللحظات، زيادة على تقديره وإحساسه بمدى الشدة التي يتعرض لها في برحاء الوحي[4] وهو ظاهر التعارض مع ما وصف من اعراض الصرع كما تقدم.

ويحار المرء حقا في تقدير كم الغباء الذي افترضوه في قرائهم والآخذين عنهم الذين سيصدقون ادعاءهم هذا مع الشخصية الاولى في العالم والتي اصبحت رمز التوازن والوسطية والاعتدال.

---

(1) : هيكل، محمد حسين:حياة محمد، ص40-41، ط3، 1358هـ مطبعة دار الكتب المصرية – القاهرة.

(2) : الجبري: السيرة النبوية، ص76، مصدر سابق.

(3) : ينظر: الصغير: تاريخ القرآن، ص11-12، مصدر سابق .

(4) : ينظر: المدرس: الظاهرة القرآنية والعقل، ص84، مصدر سابق.

وعلى سبيل اظهار مزيد من المفارقات بين الحالين نقول ان ما تسفر عنه ظاهرة الوحي من اقوال تفوق بسمو وكبرياء واعجاز ظاهرة الصرع التي لا تسفر الا عن كلام مخلوط ليس له معنى ولا يرتبط اوله بآخره ولا سابقه بلاحقه، هذا زيادة على ما ذكر من افتراق وتباعد في العوارض الجسمية للحالين، اذ ان الصرع مرض عصبي يفارق من كل وجه ظاهرة الوحي[1].

حتى وأن أخذنا بالحسبان عدم وجود وصف اقرب من الصرع لما اعتقده المستشرقون عن حال النبي عند نزول الوحي فإن ذلك لا يسوغ لهم اطلاق احكام خاطئة كهذه لا سند لها، ولا يمكن ان تصدر الا عن مادي حاقد سيما اذا اعدنا التذكير بعلمهم واطلاعهم على تفصيلات كثيرة تظهر عظمة القرآن - عدا القيمة البلاغية- مما يجعل من غير المعقول بل من المحال كون هذا القرآن صادرا عن رجل كان يصرع وبوصف اقرب للاختلال والمس.

وعلى الجانب الفرضي فان احتمال افتعال عوارض الوحي امر غير ممكن، اذ كيف يستطيع شخص التحكم في افراز العرق الشديد في اليوم الشديد البرد وهذه الحالة كانت تصيب الرسول (ﷺ) عند تلقيه وحيا جلياً.

وكيف للنبي (ﷺ) ان يجعل وجهه يحتقن بالدم ؟ وهذا يحتاج منه ان يتوقف عن التنفس تماما، ولو قلنا على سبيل الجدل ومماشاة المستشرقين بأن ذلك ممكن سرعان ما نفاجئهم بالحديث الصحيح الثابت بانه كان يغط غطيط النائم، كما ان حبسه للنفس سيجعل اوداجه الكريمة تنتفخ فيكتشف الحاضرون هذه اللعبة، اذ انهم لم يكونوا سذجا بل كانوا كفاءآت عقلية ونفسية لا تنطلي عليهم مثل هذه المسخرة المفترضة جدلا.

كما انه لم يكن ليستطيع ان يجعل من فخذ زيد بن ثابت تكاد ترض من ثقل فخذ الرسول (ﷺ) الا اذا اعتمد على الارض بكل قواه وضغط، وهذا لو حدث للوحظ

([1]) : ينظر: القرآن الكريم: دراسته لتصحيح الاخطاء الواردة في موسوعة بريل، ص35-36، مصدر سابق.

على الفور وانكشفت الحيلة وتخلى الناس عنه ولأعابوا عليه فعلته وكذلك كيف نفسر دوي النحل الذي سمعه الحاضرون غير مرة عند نزول الوحي على الرسول (ﷺ)[1]. كما لانجد في الصرع ونوباته اي تفسير لصلصلة الجرس التي كان يسمعها النبي في حالة التلقي وكذلك دوي النحل الذي يسمعه الحاضرون، مما يقطع بأنها أعراض للوحي وليس لها علاقة من قريب او بعيد بالصرع.

ويقتضي العقل والمنطق القول انه لو كانت عوارض الوحي هي اعراض الصرع او قريبة منها، لكان من المفترض وهو الرد التلقائي عند اصحابه الكرام الذين كانوا يقدمونه على انفسهم واموالهم ويفتدونه بها ان يسارعوا فينقذوه ويذهبوا به الى اهل الطب والعلاج ليشفى من هذا المرض ولكانوا يمسكون به من اطرافه عند نزول الوحي عليه لكي لا يؤذي نفسه او الاخرين لكن ما كان يحدث انهم كانوا لا يقربونه حتى ينجلي عنه الوحي فيفيق حينئذ من نفسه دون ان يكون هناك علامة فزع على وجهه او زوغان بصر او معاناة أو أي أثر من الآثار المشاهدة على المصروع ساعة إفاقته من النوبة.

وكذلك لماذا لم تسارع خديجة الى علاجه اذا كان ذلك حقا قد ألمّ به ولم كانت تتركه يذهب الى الغار حتى بعد نزول جبريل عليه، ايعقل ان تتركه معرضا نفسه لهذا الخطر القاتل؟[2].

أبقي بعد هذا شيء يمكن ان يقوله المستشرقون!!

ونؤكد هنا ان هذه التهم لا يمكن ان تكون مقنعة لاحد او ان تؤتي اكلها وتصل اهدافها الا عند من لا يعرف ألف باء السيرة وهي الشريحة الكبرى في الغرب مع الاسف، امام المسلمين فلن يعدو ذلك بالنسبة لهم سوى محض ترهات وهرطقات لقناعتنا بضدها ولأننا ندرك قصد القائلين بها ومرادهم.

([1]) : ينظر: عوض: مصدر القرآن، ص188، مصدر سابق.

([2]) : ينظر: عوض: مصدر القرآن، ص190، وقد افرد لهذه الشبهة وردها عشرات الصفحات برد علمي شامل، مصدر سابق.

اذ سرعان ما يكتشف المسلم الملم زيف الربط بين عوارض الوحي المحمدي الجلي وبين أعراض الصرع ونوباته، اذ لم يكن الرسول (ﷺ) شخصا انفعاليا غير متزن ولا متقوقعا في اطار ذاته ونزواته بل على العكس تماما كان نعم القائد الحكيم والزوج والتاجر والداعية، ولم يصل الينا في اضعف الروايات انه (ﷺ) كان يسقط كاللوح حين ينزل عليه الوحي ولا حدث قط ان آذى نفسه في اثناء ذلك، ولم تكن ترتفع حرارته بل كان على العكس يحس ببرد في ثناياه[1].

وكان (ﷺ) يسأل عن صاحب السؤال بعد ان يتركه ملك الوحي، ان كان سبب نزول الوحي في ذلك السؤال ويجيبه في التو، بل إنه في المرة التي نزل فيها الوحي بتبرئة ام المؤمنين (رضي الـلـه عنها) من حديث الافك نجده قد سري عنه وهو يضحك من البشر[2].

وطبقا للوصف الطبي والتشخيص المرضي للمصاب بالصرع فانه لا يمكن تفسير مثل هذا السلوك او نسبته الى مصروع قد أفاق للتو من نوبة صرع.

وهكذا بالنسبة لكل ظاهرة يمكن ان تطرأ على الانسان مهما كانت سامية او دانية فانها لا يمكن ان تبدو بعد التحليل والمقارنة الا مغايرة لظاهرة الوحي مغايرة كلية لان الوحي اختص الـلـه به من عباده الرسل والانبياء وسيما ذلك الوحي الجلي كما اشرت في فصل سابق وهو الذي كان يغيب فيه الرسول غيبة كأنها الإغماء وما هي من الاغماء في شيء بل هي جوهر الاتصال الروحاني بالملك ولثقل هذا اللقاء بين الذاتين المختلفتين وثقل النازل في هذا اللقاء من مواد الوحي القرآني الكريم فقد كان يعاني رسول الـلـه منه شدة أساء المستشرقون فهمها وتوجيهها حتى هرفوا بما لم يعرفوا

([1]) : ينظر: السيوطي: الاتقان، ج1، ص60، مصدر سابق.

([2]) : ينظر: صحيح البخاري: كتاب التفسير، (4473).

واساؤوا لشخص الرسول الكريم بتشخيص يرفضه العقل والعلم، وقد نبأنا قبل ذلك القرآن الكريم بسلامة صاحب الوحي وأنه فوق الشبهات وأكمل البشر[1].

وبهذا كله تظهر المفارقات العجيبة التي لا تلتقي أبدا بين عوارض الحالتين بين ما يعطل الإدراك الإنساني ويفقده الشعور والحس وبين الوحي بسموه الروحي الذي اختص الـلـه به أنبياءه ليلقي اليهم بحقائق الكون اليقينية العليا[2].

المطلب الثاني

رد شبهة الهستيريا

ان هذا النوع من الفرايا ان دل على شيء انما يدل على جهل اصحابها الفاضح بمحمد (ﷺ) الذي علمنا عنه ادق احداث سيرته وتفاصيل سريرته وبشهادة التاريخ الصحيح والادلة القاطعة انه كان (ﷺ) وديعا، صبورا، حليما بل كان عظيم الصبر واسع الحلم، فسيح الصدر، يستوعب الناس جميعا ويسعهم، وكان شجاعا مقداما سليم الجسم، صحيح البدن، حتى انه صارع (ركانة) المشهور بشجاعته فصرعه؛ بذلك يكون (ﷺ) قد جمع الصحة النفسية والجسمية في اعلى صورها البشرية، فقد كان حظه الاعلى من بين حظوظ البشر في كل صفات الحسن[3].

ويقول الشيخ الزرقاني في رد هذه الشبهة: (اما مرض (الهستيريا) الذي يصفونه (ﷺ) كذبا به فهو داء عصبي عضال، أكثر اصابته في النساء ومن اعراضه شذوذ في

([1]) : ينظر: القرآن الكريم، دراسة لتصحيح اخطاء موسوعة دار بريل، ص35-36، مصدر سابق وللمزيد انصح بالرجوع للدكتور دراز: النبأ العظيم، ص63 وما بعدها، مصدر سابق، حيث تحدث عن المباينة التامة والمناقضة الكلية بين الوحي والصرع.

([2]) : ينظر: الجبري: السيرة النبوية، ص74، مصدر سابق.

([3]) : ينظر: الزرقاني: مناهل العرفان، ج1، ص81، وان شئت فانظر ففي سيرة ابن هشام والغزالي، محمد: فقه السيرة، ص60-69، ط8، 1982، دار الكتب الاسلامية، مطبعة حسان - القاهرة. والسباعي: السيرة النبوية، والسيوطي: فقه السيرة في مواضع كثيرة فيها.

الخلق وضيق في النفس واضطراب في الهضم وقد يصل بصاحبه الى شلل موضعي ثم الى تشنج ثم إلى إغماء وقد يزعم المصاب أنه يرى اشباحا تهدده وأعداء تحاربه او انه يسمع أصواتاً تخاطبه على حين انه لا وجود لشيء من ذلك كله في الحس والواقع، ثم كيف يتفق ذلك الداء العضال الذي اعيا الاطباء وما انتدب له محمد (ﷺ) من تكوين أمة شموس أبية وتربيتها على اسمى نواميس الهداية ودساتير الاجتماع وقوانين الاخلاق، فهل المريض المتهوس الذي لا يصلح لقيادة نفسه يتسنى له ان يقوم بهذه القيادة العالمية الفائقة ثم ينجح فيها هذا النجاح المعجز المدهش!؟)[1].

ولنا من معاشريه وأصحابه وأزواجه شهادة واقع حال تعاملهم وإكبارهم واتباعهم له اذ لا يستسيغ العقل والمنطق ان يطل كل هؤلاء على كل حالاته ولا تخفى عليهم من اسراره خافية ان يطيعوه ويتبعوه لو علموا فيه مرضا كالذي اتهمه به المستشرقون.

ام كان هؤلاء من الغفلة بحيث جازت عليهم حيلته ومزاعمه وبينهم اصحاب العيون الثاقبة النافذة والالسن الجريئة، فهل خافوا محمداً ان يصارحوه بالامر وقد فر طالبا الامن من مكة فاراً بدينه ودعوته؟!

المطلب الثالث

رد شبهة الهلوسة

تسببت طريقة البحث الغربي المادي كثيرا من سوء الفهم لقضايا وظواهر إسلامية يتوقف الايمان بها - كما اشرت في غير موضع - على الايمان بالغيب، اذ لم يعي المستشرقون حقيقة الوحي وخطاب الملك جبريل للرسول (ﷺ) وكذلك ما ورد من احاديث رؤيته له عيانا فقاسوا تلك المشاهدات على ما يعرف بالهلوسة - وقد

([1]) : الزرقاني: مناهل العرفان، ص81-82، المصدر السابق نفسه.

سبق تعريفها - ظناً منهم بان ذلك محض تصورات الا ان ذلك لا يغفر لهم سوء الفهم هذا لان هناك عشرات الدلائل المثبتة للوحي عقلاً ونقلاً عن أصدق وثائق التاريخ الصحيح من القرآن والسنة.

ولعل هذا ايضا ما دفع البعض الى اعتبار ذلك ازدواجا بالشخصية ان ترى آخراً يخاطبك ويكبر بداخلك هذا التصور الخيالي حتى تشعر انه حقيقة واقعة يحدثك وتسمعه وتبصره بعينك وحقيقة الامر انه ليس له وجود الا في خياله فقط وعلى هذا يرد الشيخ عبيد بالقول: (اما ازدواج الشخصية الذي فسر به بعضهم الحالة المحمدية اثناء نزول الوحي عليه، لاشتمال الواقعة الوحيية على الحوار بين محمد وبين ذات غير مرئية فانه مرفوض بمنطق التاريخ ولغة العقل وذلك:

اولا: لو كان محمد (عليه السلام) مزدوج الشخصية وكان حواره مع الملك جبريل في بداية نزول الوحي حواراً مع نفسه او شخصيته الثانية الوهمية المستولية على حسه ووجدانه لكان يجب ان يستمر ذلك الحوار المسموع في كل الحالات الوحيية، ولكن ذلك لم يحدث اذ لزم الصمت بعد المشهد الاول من الوحي.

ثانيا: لو كان عليه السلام مزدوج الشخصية لغاب عن واقعه المشهود وتفاعل مع تلك الشخصية الوهمية تكلما وضحكا وبكاء وسؤالا وجوابا، ولا ندفع في بعض الأحيان تحت تاثير تلك الشخصية للقيام بأعمال غريبة او مضرة عدوانية او عديمة المعنى ولاختل نشاطه العقلي وعجز عن القيام باموره المعاشية فضلا عن ان يتمكن من تربية جيل وهداية أمة وبناء دولة)[1].

ومن ناحية اخرى فان دائرة المعارف البريطانية ترجع الهلوسة الى ذكريات قديمة، فكيف يمكن تفسير رؤية الرسول (صلى الله عليه وسلم) لجبريل (عليه السلام) في المرة الاولى على الاقل بأنها ذكرى ولم تكن قد سبقت ببساطة لأنها الاولى في مسيرة الوحي؟ انه امر متعذر بل مستحيل استنادا لقولهم وفرضيتهم. وكذا الحال بالنسبة للوحي الذي كان ينزل ردا على مشكلات نشأت لتوها ولم يحدث ان وجدت من قبل في المجتمع العربي او

([1]) : عبيد: النبوة في ضوء العلم والعقل، ص165، مصدر سابق.

المحيط الذي كان يتحرك فيـه الرسـول (ﷺ) كما هو الحال مثلا في قصة الثلاثة الذين تخلفوا عن غزوة تبوك او مسجد الضرار او صلاة الخوف واشباه ذلك، فانه يتعذر ان تكون استذكارا لأمر حدث من قبل[1].

ولا ادل من انتفاء هذه الشبهة عن رسول الـلـه من عدم قدرة المستشرقين على نسبة أفعال يمكن صدورها عن المصابين بهذا المرض سوى تمحلهم لاتصاله بالملك والرؤى التي كان يراها بارجاع اصلها زورا الى مرض قد ألمّ به وهو الهلوسة، وهذا يدلك على فساد الشبهة وعدم انطباقها على اي شيء من افعال الرسول (ﷺ) اذ ان ذلك يقتضي استيفاءها لجوانب كثيرة من تصرفاته يظهر فيها اثر هذا المرض، اذ ان هذه الأنواع من الأمراض لا تقتصر على نوع خاص من السمعيات بل تشمل جوانب الحياة المختلفة.

المطلب الرابع

رد شبهة الكآبة والعزلة

حاول المستشرقون إظهار خلوة النبي في الغار تعبيراً عن ميل فطري للكآبة وحب العزلة والانقطاع والنفور الاجتماعي ولا يخفى ما وراء ذلك من تأسيس لانطباع بـأن محمداً (ﷺ) غير سليم من الناحية النفسية، وبذلك يكونون قد اساؤوا حقا فهم معاني الخلوة التي هذب فيها محمد (ﷺ) روحه وخلا بنفسه متأملا في هذا الكون وخالقه نافرا من عبادة الاوثان طامعا في الصفاء.

وقد فرق الشيخ عرجون بين التحنث - اي التعبد والتبرر - قبل الوحي وبعده بالقول: (ان هذا الخلاء الذي كان قبل التحنث الخاص قبيل مجيء الملك كان أثراً من آثار طهارة الفطرة التي فطر عليها النبي (ﷺ)، وسلامتها ونقائها من تأثرات البيئة، أما خلاؤها في غار حراء الذي حبب إليه بإلهام آلهي بعد ان نبيء فهو وسيلة ربانية

[1] : عوض: مصدر القرآن، ص210، مصدر سابق.

اختارها الـلـه تعالى لعبده طريقة من طرائق التعهد التربوي لاعداده، ولهذا جاء التعبير عنه في الحديث بـ (حبب إليه) للإشعار بانه أمر روحاني، وجه إليه (ﷺ) توجيها الهيا خاصاً، وإلهاماً ألهمه ليكون تمهيدا للقاء الملك، وليس امتدادا للخلاء الفطري، الذي كان يقصد به (ﷺ) اعتزال قومه، وتنائيه عن جاهليتهم، كما كان يفعل بعض الحنفاء فيما يرويه التاريخ)[1].

ولم نر في الثابت الصحيح من الاحاديث ما يشير الى ان محمدا (ﷺ) نسي الليل والنهار وأصبح التعاقب فيهما من غير إدراك منه، هذا ولم نسمع عن اختلاط الحلم باليقظة أيضاً.

ولم يبق - كما يدعي درمنغم - ستة اشهر كذلك معتزلا في الغار اذ كيف يمكن ان يستجمع زاداً يكفيه كل هذه المدة؟!.

يجيب د. عتر علي مزاعم درمنغم في كتابه حياة محمد، الذي استفرغ فيه وسعه ليَحْبُكَ للناس اسطورة توهمهم ان محمداً قد خارت - في الغار - قواه العقلية والعصبية والنفسية وسيطرت عليه الهواجس والخيالات والأوهام نحوا من ستة أشهر حسب زعمه فادخل ذلك في روعه انه غدا رسولا من الـلـه[2]، يجيب بالقول: (ولكن الذي يقع فريسة تلك الحالة المرضية المزعومة فلا يعقل ان يصدر عنه الحديث عن الالهيات والنبوات في اسمى صورها ولا التشريعات الناجعة لاعتى مشكلات الحياة، ولا ذلك الذكر الحكيم باسلوبه الآخّاذ البليغ المعجز)[3].

وهكذا ياتي الشيخ محمد رشيد رضا ليؤصل لنفي الاعتزال في الغار قبل الوحي كونه سنة محمدية قديمة عنده فيقول: (ان روايات المحدثين تفيد انه حبب اليه الخلاء والوحدة والتحنث في غار حراء في العام الذي جاءه فيه الوحي، وكان هو يحمل الزاد وما كان أحد يحمله إليه، وما ذكره ابن اسحق من تعبده فيه في شهر رمضان كل

([1]) : عرجون، محمد الصادق ابراهيم: محمد رسول الـلـه - منهج ورسالة - ، ص470، ط1، 1995، دار القلم - دمشق.

([2]) : ينظر: درمنغم، اميل: حياة محمد، ص77-78، مصدر سابق.

([3]) : عتر: نبوة محمد في القرآن، ص224، مصدر سابق.

سنة، انما كان في زمن فترة الوحي، واما قوله انه كان يتوسل بذلك الى ما اشتد شوقه اليه من المعرفة وابتغاء الإلهام مما في الكون من أسبابها فهو مما يخر في بال الباحث - يقصد اميل درمنغم - في حياة رجل صدر عنه عقب هذه الخلوة ما صدر من علم ومعرفة وإصلاح وإرشاد إلى النظر والتفكر في آيات السماوات والارض ولكن لم يرو عنه (ﷺ) انه كان يقصد ذلك ويبتغيه)[1].

وحديث عائشة (رضي اللـه عنها) في بدء الوحي صريح الاشارة الى ان مدد خلوته بالغار لم تتجاوز الليالي ذوات العدد ثم يعود ويتزود وهذا موافق لما ذهب اليه الشيخ رضا ويتضمن الحديث ايضا معنى يفيد بأن ذلك التحنث بالمدد الطويلة لم يكن قد فعله النبي قبل النبوة وإرهاصاتها.

وبهذا نخلص الى ان الخلوة بالنفس في الغار هي تربية روحية وتاهيل رباني لصاحب النبوة ولا يمكن لعاقل ان يفهم ذلك بأنه نتاج مرض او ضعف او كآبة الا من كان قلبه مجدباً من المعاني قاحلاً من أثر الروح التي تثمن هذه الخلوة وتستقريء مراد اللـه منها وأثرها في النبي (ﷺ).

([1]) : رضا: الوحي المحمدي، ص56، مصدر سابق.

المطلب الخامس

رد شبهة معرفته لحيل الروحانيين

ان تقادم الأيام والسنين لا يؤثر في صفاء سيرة سيد المرسلين محمد (ﷺ) بأي شيء لأننا نعلم عن سيرته الطاهرة أكثر مما نعرف عن انفسنا وآبائنا ولا مجال للدس فيها تحت مظلة تقادم السنين.

اما هذه الشبهة الرخيصة التي قال بها (مرجليوث) فمن السهل ردها لأن رسول الله لم يثبت انه اعطى يوما ما صك غفران لاحد او ادعى الرهبنه بل كان يصر على وضع الأمور في نصابها.

اما اذا كان يرى هذا الحاقد في إرسال العمامة على المنكب علامة خاصة لجمعية محمد السرية فهذا عقم ما بعده عقم، اذ ان الاسلام ينظم ادق تفاصيل حياة المسلم ويجعل من السنة اثرا يقتفيه الناس ولا يمكن الاستدلال - بارسال العمامة - على انه تعلم حيل الروحانيين.

واما تحية الاسلام: السلام عليكم، فهل هذه شعار جماعة كالماسونية مثلا لا ندري ونحار في مدى القصور بالاحتجاج في هذه الشبهة الساذجة التي لا ترقى لبحثها في حوار او رد علمي.

ولنا في كلام القاضي الهمذاني خير رد وبيان اذ يقول: (انه ما من احد يطلب فناً من الفنون الا وله في ذلك تارات وطبقات، فاول ذلك ان يكون طالبا او سائلا عمن عنده هذا الأدب وهذا الفن من العلم والادب، ثم يختلف الى اهله ويصحبهم فيكون تارة

مبتدئاً ثم متوسطاً ثم ماهراً متقدماً وكل هذه الأحوال معروفة معلومة لأهل زمانه، لا يجوز ان يذهب عليهم ولا يجوز ان يخفي ولا يكتم عن أحد كائنا من كان)[1].

ولكنا لم نسمع ان قريشا يوما قد أظهرت له علمها بذلك مما يدل على انتقائه اصلا، والا لو كان لعلم كما أشار القاضي ونبه.

ويحق لنا ان نتساءل اين هذا المعلم الذي قيل بأنه أعطى محمداً هذا السر الذي تميز به ولم لم يفز به لنفسه فينال به السيادة والريادة والسبق ولم تركه لمحمد ان كان ما ادعوه حقا...؟!.

وكذلك لِم لَم يسارع الى كشف امر محمد (ﷺ) وينال بذلك رضا وإعجاب اهل الكفر ويأخذ كبير هداياهم وعطاياهم لحل لغز ألغاز حياتهم، بعد ان اصبحت رسالة محمد ودينه الجديد أمر يهدد بقاءهم وأصنامهم وأعراف جاهليتهم.

أترى هل تصمد هذه الشبهة امام سؤال واحد.. أم أنها خائرة منهارة من لحظة الولادة القيصرية ...!!؟

([1]) : الهمذاني، عبد الجبار بن احمد: ت(415هـ): تثبيت دلائل النبوة، ص87، تحقيق وتقديم: عبد الكريم عثمان، 1966، الدار العربية للطباعة والنشر والتوزيع – بيروت.

المطلب السادس

رد شبهة الشعر عن الرسول (ﷺ)

لقد كان رسول الـلـه (ﷺ) يكره الشطح والاسراف في الخيال ويحاربه وما سيتلزمه، فقد ذم القرآن الشعراء الذين يركبون مطايا الخيال الى حد الغواية[1].

ويقول تعالى:﴿**والشُّعَراءُ يَتَّبِعُهُمُ الْغاوونَ، أَلَمْ تَرَ أَنَّهُمْ في كُلِّ وادٍ يَهيمونَ، وَأَنَّهُمْ يَقولونَ ما لا يَفْعَلونَ،إلّا الَّذينَ آمَنوا وَعَمِلوا الصّالِحاتِ وَذَكَروا الـلـهَ كَثيراً وانْتَصَروا مِنْ بَعْدِ ما ظُلِموا وَسَيَعْلَمُ الَّذينَ ظَلَموا أَيَّ مُنْقَلَبٍ يَنْقَلِبونَ**﴾[2].

فإذا كان المستشرقون قد ادعوا ان القرآن شعر اختزل في العقل الباطن لمحمد (ﷺ) ثم نطق به وتخيل انه وحي اوحي اليه، فلماذا لم تستجب قريش ومعها كل العرب لتحدي محمد عندما طالبهم متحديا ان يأتوا بمثله ثم بسورة ثم بآية منه وعجزوا عن الاتيان بمثله جميعا وفرادى...؟!!

ألم يدر هذا في خلد هؤلاء المرتجلين غير آبهين لمدى مجانية كلامهم، اذ ان ما قالوه يفترض كسر نظرية الإعجاز القرآني، منذ ساعة التحدي الاولى، ان كان ما قالوه صحيحا.

فان كان ما قاله محمد شعرا فان العرب القريشيين الذين نزل فيهم وعليهم القرآن وهم أصح الناس لساناً فما الذي دفعهم للخنوع وعدم مجابهة ذلك التحدي وهم

---

(1) : ينظر: الزرقاني: مناهل العرفان، ج2، ص425، مصدر سابق.

(2) : القرآن الكريم: الشعراء (224-227).

اهل العربية الأقحاح الذين صاغوا معلقات الشعر العربي وتفننوا في بحوره وضروبه وأوزانه[1].

وكما تحدثنا كتب السيرة عن مدى إكبارهم وإعجابهم لبلاغته التي لا عهد ولا قبل لهم بها حتى أنهم كانوا ليسجدون له وهم على الشرك لإدراكهم عظمته، فكيف لهؤلاء الأعاجم أن ينصبوا انفسهم حكاما للبلاغة والشعر العربي، إذ لو أفنوا عمرهم في مدارسة آيات القرآن ما استشعروا او أدركوا من معانيه ما يفهمه صاحب الاذن واللسان العربي من اول سماعه للقران الذي يلمس فيه قدرة الخالق الذي اعجز البشر في نظمه ومعانيه التي تبقى الاعجاز الخالد ما كانت ودامت هناك حياة على هذه البسيطة، فقد قال عتبة بن ربيعة في حق القرآن الكريم عندما سمعه من محمد (ﷺ): (و اللـه سمعت قولا ما سمعت مثله قط و اللـه ما هو بالشعر ولا بالكهانة ولا بالسحر)[2].

وهكذا جاء الرد الالهي مفندا لزعم مدعي هذه الشبهة على مر العصور منكرا عليهم ادعاءهم ومن أصدق من اللـه حديثا قال تعالى: ﴿**وَما هُوَ بِقَوْلِ شاعِرٍ قَليلاً ما تُؤْمِنونَ**﴾[3].

([1]) : ينظر: عوض: مصدر القرآن، ص40 وما بعدها، مصدر سابق.

([2]) : الخضري، محمد: نور اليقين في سيرة سيد المرسلين، ص50، تحقيق الشيخ عبد العزيز سيروان، ط1، 1982، دار الايمان - بيروت.

([3]) : القرآن الكريم: الحاقة (41).

المبحث الثاني

رد شبهات المصادر الداخلية للوحي

المطلب الاول

رد شبهة تأليف القرآن من فكر محمد (ﷺ) الشخصي

تعني هذه الشبهة ان كذبا بواحا قد سطر في القرآن، ليس له من مصدر الهي سماوي وانه لا يتعدى كونه خلاصات تجارب وافكار محمد (ﷺ)، وقد نسبها زورا وبهتانا الى رب العالمين واسس بناءً على هذه الفرية قرآنه.

وهنا يمكن القول ان سيرة النبي في قومه اربعين سنة وفواح عطرها واشتهاره فيهم بالصدق والامانة فإن ذلك يستدعي بالضرورة ان يكون صادقا مع نفسه وعلى هذا يقول الدكتور البوطي: (ولذا فلا بد ان يكون قد قضى في دراسته لظاهرة الوحي على اي شيء يخايل لعينيه او فكره وانظر في هذه الاية التي جاءت تعليقا على تأملاته ودراسته الاولى في محاولة لاستكشاف حقيقة ما قد ساوره من هذا الامر: **﴿فَإِنْ كُنْتَ فِي شَكٍّ مِمَّا أَنْزَلْنا إِلَيْكَ فاسْأَلِ الَّذينَ يَقْرَأُونَ الْكِتابَ مِنْ قَبْلِكَ لَقَدْ جاءَكَ الْحَقُّ مِنْ رَبِّكَ فَلا تَكونَنَّ مِنَ الْمُمْتَرينَ﴾** [1]، ولذا روي ان النبي (ﷺ) قال بعد نزول هذه الاية: لا اشك ولا اسأل)[2].

([1]) : القرآن الكريم: يونس (94).

([2]) : البوطي: كبرى اليقينيات الكونية، ص159، مصدر سابق.

وهكذا يحيل العقل ان يكون منطويا في ذات الوقت على ادق صفات الامانة والصدق وعلى أحط مظاهر التمثيل والخداع والكذب، ويمكن الافادة من شهادة الكافرين التي قالوها بداهة وهم أعرف بالتأكيد من المستشرقين بحقيقة كلام الوحي ودلالاته الاعجازية وبالتالي فهم اقرب للحال ان صدقوا جميعا، اذ قال الوليد بن مغيرة - عم ابي جهل - لقومه بني مخزوم لما سمع القرآن من محمد (ﷺ): (و الـلـه لقد سمعت من محمد آنفا كلاما ما هو من كلام الانس ولا من كلام الجن وان له لحلاوة وان عليه لطلاوة وان اعلاه لمثمر وان اسفله لمغدق وانه ليعلو وما يعلى)[1].

كما أن أميـة الرسول الكريم شـكلت صفعة لمدعي التأليف من الفكر الشخصي للنبي (ﷺ)، وعندما كانت تضيق عليهم الشبهة كانوا يجمعون أكثر من مصدر للقران، وهكذا حصل في الحقائق التاريخية التي اخبر بها القرآن فنقول أيمكن ان يعلم انسان بوساطة المكاشفة النفسية جملة كبيرة من الحقائق التاريخية كقصة قوم لوط وثمود ويوسف (عليهم السلام)، فلو ردت هذه الحقائق الى انها اكتسبت بالدراسة فإن الامية المقطوع بها تردهم على ادبارهم، ومما يشهد له (ﷺ) بأميته ما حدث من خلاف في صحيفة صلح الحديبية اذ رفض المشركون ان يعرف طرف النبي (ﷺ) بـ محمد رسول الـلـه وطلبوا ان تصبح محمد بن عبد الـلـه، فرفض الكاتب وكان علي بن ابي طالب (ﷺ) ان يمحوها فسأله النبي عنها فأشار إليه فمسحها النبي بيده الكريمة وهذا ايضا دليل على الامية في القراءة والكتابة[2].

وقد احسن الاستاذ عبيد فهم واستقراء الحكمة الربانية من كون محمد (ﷺ) نشأ ومات اميا وقد عبر عن ذلك بالقول: (في عدم اقباله (ﷺ) على تعلم القراءة والكتابة مع قابليته على تعلمها بما أوتي من سرعة الفهم ونباهة العقل ويقظة الاحاسيس وقوة الذاكرة زيادة على علو همته وحبه للمعالي من الامور وحاجته الاكيدة الى

([1]) : الخضري: نور اليقين، ص43، مصدر سابق.

([2]) : البوطي: كبرى اليقينيات الكونية، ص158، مصدر سابق.

الكتابة لادارة عمله التجاري من تنظيم سندات ووثائق وتدقيق حسابات وليطلع على قدر كبير من ثقافة العصر وحوادث الدهر المكتوبة وكذلك في عدم قيامه بطلب العلم او البحث عن الحق مع صفاء روحه، وعدم رضاه عن عقيدة قومه، اشارة مضيئة الى ان هنالك إرادة إلهية سابقة اقتضت صرفه عن الأمرين معاً نفياً وإبعاداً لشبهة مستقبلية قد تحوم حول دعواه النبوة)[1].

وعلى صعيد البلاغة والاعجاز القرآني فإن أهل العربية او غيرهم ممن غاصوا في بحورها فانهم يلمسون بلا شك فارقا هائلا بين كلام الخالق المتصف بصفات الكمال من حيث الروعة والبيان والاسلوب الآخّاذ الذي لا تنضب معانيه وصوره وبين كلام النبي وهو في غاية البلاغة مما عرف من كلام البشر والمشتمل على صفات الحسن والابداع، وقد أبان عن هذا المعنى د. عناية اذ يقول: (اذا كان القرآن من تأليف محمد فحديثه الادنى منه بلاغة وفصاحة وبيانا يكذب ذلك، ولكان الاولى الا ينسب لنفسه حديثا وان يجعل كل كلامه قرانا)[2].

ويمكن رد هذا المعنى المتهافت بالتساؤل التالي: لو كان القرآن من تاليف محمد (ﷺ) ومن خالص فكره وتصنيفه لما عجز العرب جميعا عن الاتيان بمثله، مع الأخذ بنظر الاعتبار أنه (ﷺ) قبل ان يبعثه الـلـه رسولا لم يكن قد اشتهر او عرف انه من فصحاء العرب ولا من بلغائهم؟![3].

كذلك لو فرضنا على سبيل الجدل ان شيئاً من ذلك حصل فان ائمة الفصاحة والبلاغة سيكتشفون الامر بمنتهى البساطة لانهم ملكوا ناصية العربية لغة القرآن المعبرة عن معانيه وخزائنه غير النافذة، وهم بذلك يدحضون زعم محمد ان القرآن

([1]) : عبيد: النبوة في ضوء العلم والعقل، ص118-119، مصدر سابق.

([2]) : عناية: شبهات حول القرآن، ص21، مصدر سابق.

([3]) : ينظر: شاهين: دراسات في الاستشراق، ص158، مصدر سابق.

يوحى اليه من عند اللـه من جهة وكذلك فإنهم سيمعنون في دحضه ورد بضاعته اليه عبر تقليده او الاتيان بمثله او ما يفوقه، لو صح ذلك او شيء يسير منه.

لكنهم عجزوا ايما عجز عن الاتيان بمثله او شيء منه كما نعلم[1].

زد على ان اسلوب الخطاب الرباني الذي يميز بين ذات الأمر والمأمور والناهي والمنهي والعابد والمعبود يقدم ردا فاصلا في التأكيد على ذاتين، يتضح اختلافهما بشكل لا لبس فيه ولا مجال للاختلاط والتأويل فيه، الا اذا كان القصد رخيصا والغرض تشويها، فهناك تصبح التهم جزافا والشبهات بلا ضابط ولا صمام حكمة او صدق.

وعلى هـذا يمكن القول بأن: (الخطاب المتكرر بالامر والنهي متوجها لشخص النبي (ﷺ) على هذا النوع من الاستمرارية والتوسع والتنوع في المقامات لا يمكن الا ان يكون مشاهدا يبلغ في حكم العقل مبلغ القطع بأن القرآن المخاطب متمايز في مصدره عن ذلك الشخص المخاطب، اذ كيف يمكن ان يرد الامر والنهي من الشخص على ذاته نفسها وهو في حال الاستواء العقلي كما هو مسلم به في حق محمد (ﷺ)!.

وإذا جاز افتراضنا ان يحدث ذلك مرة او ان يصنع مرات فكيف يجوز ان يستمر حدوثه لسنوات عديدة وان يرد على المواضيع والمقامات المتنوعة الكثيرة كما هو مسجل في واقع القرآن الكريم الذي نزل تنجيما على مدى أكثر من عشرين عاما!؟)[2].

هذا وقد يضطر المرء مع فظاظة الشبهات ان يكون غليظا مع اصحابها في الاسئلة والتساؤلات زيادة على الردود، هنا نستطيع القول ان محمدا (ﷺ) الذي صدق به الكثيرون وأقروا بإعجاز القرآن الذي نزل عليه، الم يكن بمقدوره ان يدعي عليهم

([1]) : ينظر: عناية: شبهات حول القرآن، ص22، مصدر سابق.

([2]) : القرآن الكريم: دراسة لتصحيح اخطاء موسوعة دار بريل، ص39، مصدر سابق.

الالوهية في خضم عجزهم اللا محدود عن المعارضة والاتيان بمثله فلماذا لم يدع الالوهية فضلا على النبوة، وهو قد استطاع ان يأخذ عليهم عجزهم عنه، فيجعله ذلك بحال أكثر قدسية واكبارا والتصديق حال فيهم لما رأوا وسمعوا، فيكسب مزيدا من ثقة الناس فيه[1].

ولكن:﴿ما لَهُمْ بِهِ مِنْ عِلْمٍ وَلا لِآبائِهِمْ كَبُرَتْ كَلِمَةً تَخْرُجُ مِنْ أَفْواهِهِمْ إِنْ يَقولونَ إِلّا كَذِباً﴾[2]

ولعل في دروس فترة الوحي ما يفيدنا في جانب الرد ايضا، اذ كان يبطيء عليه الوحي وهو اشد ما يكون اليه تلمسا وشوقا وحاجة لمقاومة جحود المشركين حتى انهم قالوا ان محمداً ودعه ربه وقلاه، ففي فترة الوحي الاولى والأطوال بعد نزول الوحي عليه (ﷺ) في غار حراء واشتداد ذلك على الرسول (ﷺ) ما يفيد بأنه من ذات اخرى مستقلة، كما ان في قصة اهل الكهف الذين سئل عنهم رسول الله (ﷺ) فأبطأ عليه الوحي حوالي مدة اربعين يوما بقي طيلتها في حرج من يهود حيث سألوه عنهم، فلو كان القرآن من عنده فما الذي يمنعه من سرعة الرد عليهم[3].

ففي قصة الافك كبير دلالة على الهية النص القرآني الكريم التي ابطأ بها الوحي لحكمة من الله اراد الله بها ان يميز الخبيث من الطيب، دونما دور لمحمد (ﷺ) سوى التلقي والتبليغ، ففي هذه القصة التي نالت من شرف زوجته عائشة (رضي الله عنها) ومن كرم نبوته، فقد تأخر نزول الوحي بالقرآن بتبرئته لها حوالي شهر، ذاق هو وزوجته الأمرين خلال هذه المدة، فلو كان القرآن من عنده فما الذي يمنعه من الرد السريع القاطع لالسنة المتقولين في شرفه (ﷺ)[4].

([1]) : ينظر: عناية: شبهات حول القرآن، ص21، مصدر سابق.

([2]) : القرآن الكريم: الكهف (5).

([3]) : ينظر: غزلان، رشيد: كنوز القرآن، ص32، ط1، 1985، جمعية عمال المطابع التعاونية - عمان.

([4]) : ينظر: عناية: شبهات حول القرآن، ص22، مصدر سابق.

لكنه ما كان ليذر الكذب على الناس ويكذب على الـلـه تعالى القائل:**﴿وَلَوْ تَقَوَّلَ عَلَيْنا بَعْضَ الْأَقاوِيل، لَأَخَذْنا مِنْهُ بِالْيَمين، ثُمَّ لَقَطَعْنا مِنْهُ الْوَتينَ، فَما مِنْكُمْ مِنْ أَحَدٍ عَنْهُ حاجِزينَ﴾**[1].

وفي ذات الموضوع تساءل العالم الفرنسي المعروف بوريس موكاي بالقول: (كيف أمكن لمحمد (ﷺ) ان يتناول قبل اربعة عشر قرنا حقائق علمية في القرآن لم يكتشفها الا التقدم العلمي في القرون الحديثة، لو لم يكن القرآن وحيا منزلا لا شك فيه ولا ارتياب في نصوصه)[2].

وما هذا الرد الا زيادة في تأكيد وتأصيل القناعة العقيدية بنبوة محمد (ﷺ) وصدق وحيه لا من أجل صناعة عقيدة وبناء لبنات الايمان، فتلك غالبا ما يستصعب ايجادها ان لم تدعم بنعمة الايمان بالغيب وتعزز بأرضية سليمة من غريزة الايمان الفطري، ومع ذلك فانها ممكنة اذ لا مجال للمنكرين والمتنكرين المكابرين من الهروب من سطوة هذه الحقيقة التي لا تبرح الا ان تفرض نفسها اذا كان العقل والمنطق والانصاف سيد الأحكام.

([1]) : القرآن الكريم: الحاقة (44-47).

([2]) : بوكاي: التوراة والانجيل والقرآن والعلم، ص149-150، مصدر سابق.

المطلب الثاني

رد شبهة كون خيال محمد (ﷺ) وطموحه مصدر للقران

يسلك المستشرقون في طريق شبهتهم هذه مسلكا نفسيا يبدو طريقة للخروج من ورطة الشروع بالتشكيك بمحمد (ﷺ) ودعوته، ولا سيما ان كان المنطلق في هذا المسلك منطلقا نفسيا، وبذلك نقول ان محمدا (ﷺ) لم يظهر فيه قبل البعثة ما يدل على بوادر خيالية او نفس وثابة او طموحات غير اعتيادية او مشروعة، كما لم يكن لكهولته أثر في هذا المجال الا ان الامر لا يتعدى كونه أكثر من سوء ربط زمني للاحداث ببعضها حتى ولو صحت الشبهة جدلاً فإن قليلاً من المعاناة والالم والاضطهاد الذي وجده النبي خلال مدة الدعوة المكية كان كفيلا بأن يجعله يعيد الامر في هذا الخيال ويكتشف من تلقاء ذاته انه اسرف فيه ولكن الذي حمله على تجشم عذابات الدعوة وتحمل المشاق والمقاطعات واشكال الحصر والتضييق في مرحلة هي الاطول في تاريخ الدعوة المحمدية حمله الى ذلك ثقته بالله ويقينه بالنازل عليه وشعورا بالمسؤولية تجاه التكليف الرباني.

كما اننا لا نلمس أثر أُبهة أو استعلاء أو كبر في تعامل الرسول مع رعاياه عندما اصبح رجل الدولة الاول والقائد الاعلى لشؤونها كافة، بل اظهر كل تسامح وتعال على صغائر الامور وحتى عندما دانت له الجزيرة واستتب وضع الدولة الاسلامية فإنه بقي (ﷺ) مثال الزهد والتواضع والرحمة، وكذلك فإن الاخبار الثابتة الصحيحة لم تورد مطلقا بان النبي كان يرجو ان يكون النبي المنتظر، ولو كان لدونه المحدثون والمؤرخون كما دونوا عن امية بن الصلت[1].

(1) : ينظر: الجندي: الاسلام والمستشرقون، ص208، مصدر سابق.

بل لقد صرح القرآن:﴿**وَما كُنْتَ تَرْجو أَنْ يُلْقى إِلَيْكَ الْكِتابُ إِلّا رَحْمَةً مِنْ رَبِّكَ فَلا تَكونَنَّ ظَهيراً لِلْكافِرينَ**﴾ [1] ولذلك تقول المستشرقة الالمانية (فاغليري): (ان محمدا رسول الاسلام قد ابدى طوال حياته اعتدالا لافتا للنظر فقد برهن انتصاره النهائي على عظمة نفسية قل ان يوجد لها مثيل في التاريخ)[2].

المطلب الثالث

رد شبهة كون الوحي النفسي مصدر القرآن

ان دراسة اللقاء الاول مع الملك تحتل اهمية مميزة في كثير من المواقف وتكشف اللثام عن بعض الخفايا او تزيدها جلاءً ولعل في دراسة الحوار الذي دار بين الملك حامل الوحي وبين محمد (ﷺ) المكلف بتحمله، وذلك حينما امر بالقراءة فامتنع لانه لا يعرف القراءة، وتكرر المشهد ثلاثا وكأنما فيه تأكيد مقصود تثبت به على مر الزمان المغايرة بين الشخصية النبوية المستقلة وظاهرة الوحي الذي يكون فيها شخص الرسول الكريم طرفا متلقيا مصغياً، وذلك من خلال هذه المداولة الثلاثية التي تقطع برسوخ الوحي بالمفاضلة بين الطرفين بما تحمل من التكرار المنبه لكل ما عسى ان يحصل من التخيلات والاوهام ومع ذلك وكل ذلك لم تحل الشواهد الكثيرة دون وقوع هذه الفئة الضالة من متعصبي المستشرقين في شرك التطاول باساءة الفكر والظن معا[3].

---

(1) : القرآن الكريم: القصص (86).

(2) : فاغليري: لورا فيشيا: دفاع عن الاسلام، ص38، ترجمة منير بعلبكي، ط3، بيروت، 1976، دار العلم للملايين وللمزيد انصح بالرجوع لكتاب: الغرب نحو الدرب باقلام مفكريه: محفوظ العباسي، ص60-62، ط1، 1987، وينظر: لوبون: حضارة العرب، ص110، مصدر سابق.

(3) : ينظر: القرآن الكريم: دراسة لتصحيح اخطاء موسوعة دار بريل، ص37-39، مصدر سابق.

كما ان سيرة الرسول (ﷺ) في قومه هي شاهد اخر على سلامته من هذه المصدرية الكدرة التي تشوه تاريخ وسيرة الوحي والنبوة معا اذ لم يعرف عنه قومه انه يتمتع بوحي نفسي، وهم يعرفونه حق المعرفة كما ان القرآن الكريم يتعدى ويتجاوز كل ما نسبوه للرسول من صفات وخوارق بل يتعدى كل استنباط عقلي أو إدراك وجداني، كذلك لم يعرف احد عن النبي (ﷺ) قبل البعثة أنه أُوتي خوارق الاخبار والغيبيات والعلوم كما انه لم يحدث عن اساطير الاولين[1].

وتأكيداً للمعنى السابق يقول الاستاذ البوطي: (ان شيئا من حالات الالهام او حديث النفس او الاشراق الروحي او التأملات العلوية لا يستدعي الخوف والرعب واصفرار اللون، يدل على ذلك القياس اليقيني القائم على استقراء الحالات وجميع الظروف المشابهة وليس ثمة اي انسجام بين التدرج في التفكير والتأمل من ناحية ومفاجأة الخوف والرعب من ناحية اخرى والا للزم من ذلك ان يعيش جميع المفكرين والمتأملين نهبا لدفعات من الرعب والخوف المفاجئة المتلاحقة، وانت خبير بأن الخوف والرعب ورجفان الجسم وتغير اللون كل ذلك من الانفعالات النفسية التي لا سبيل الى اصطناعها والتمثيل بها، حتى لو فرضنا امكان صدور المخادعة والتمثيل منه (عليه السلام) وفرضنا المستحيل من انقلاب طباعه المعروفة قبل البعثة من الصدق والامانة الى عكس ذلك تماما)[2].

وهكذا تظهر شبهة تمتع الرسول (ﷺ) بالوحي النفسي بلا دليل فاقدة لكل مسوغ او معنى بل هي في حد ذاتها من قبيل الهذيان النفسي الذي عصف بهذا النفر من الضعفاء وهم بهذا يصدق عليهم قول الـلـه تعالى:﴿**وَإِذا لَمْ تَأْتِهِمْ بِآيَةٍ قالوا لَوْلا اجْتَبَيْتَها قُلْ إِنَّما أَتَّبِعُ ما يوحى إِلَيَّ مِنْ رَبِّي هَذا بَصائِرُ مِنْ رَبِّكُمْ وَهُدىً وَرَحْمَةٌ لِقَوْمٍ يُؤْمِنونَ**﴾[3].

---

(1) : عناية: شبهات حول القرآن، ص34 بتصرف، مصدر سابق.
(2) : البوطي: كبرى اليقينيات الكونية، ص157، مصدر سابق.
(3) : القرآن الكريم: الاعراف (203).

وقد وجدنا المستشرقين قد اسرفوا في تشخيص رؤى النبي للوحي وتلقيه الوحي منه، فمنهم من قال انه نطق ذهني او كشف نفسي او كشف تدريجي مستمر او نتاج شدة التركيز وخروج اللا شعور واوهام وتخيلات، ان هذا التخبط المفاهيمي المصطلحي في مجال علم النفس يدل بشكل لا ينقصه الايضاح على مدى اختلاط ظاهرة الوحي عليهم وتلمسهم لتفاسير وتحليلات لا تأتي بشيء من الصحة والصواب لأنها تشخيصات لأمر لم يعرفه رسول الـلـه وهم بذلك يحدثون خلطا لا حدود له واساءة لأكثر نقاط ارتكاز العقيدة الاسلامية.

ولا ندري كيف يمكن حتى لمن برع في التعلم عن طريق قوى النفس الخفية ان يعلم اخبار الامم الغابرة وقصص الانبياء مع أقوامهم فإن ما جاء به القرآن من هذه العلوم المغرقة في القدم وعن تاريخ البشرية هو فوق طاقة العقل البشري مهما اوتي من ذكاء او فطنة او فراسة، مما يثبت ان تلك الاخبار والقصص انما جاءت وبكل يقين للنبي (ﷺ) عن طريق الوحي، إذ العقل يحيل معرفة هذه الخفايا القديمة او تلك العلوم الحديثة التي تضمنها الوحي الالهي لمحمد (ﷺ) الا بطريق الوحي الالهي نفسه[1].

وهذا مصداق قوله تعالى:**﴿تِلْكَ مِنْ أَنْباءِ الْغَيْبِ نوحيها إِلَيْكَ ما كُنْتَ تَعْلَمُها أَنْتَ وَلا قَوْمُكَ مِنْ قَبْلِ هَذا فاصْبِرْ إِنَّ الْعاقِبَةَ لِلْمُتَّقينَ﴾**[2].

فهل يمكن لاصحاب العقول والتنبؤات والمنجميـن أن يأتوا بهذه الحقائق التي جاء بها (ﷺ) ومن المفيد القول اننا لا ندعي عليهم ذلك بل انهم ادعوا هذا المصدر بمفرده مصدر قرآن محمد (ﷺ) وبذلك يكون هذا الافتراض شاملا القرآن الكريم من الفه الى يائه مرورا بشتى انواع العلوم والمعارف التي تناولها او أشار اليها القرآن وهذا ما يظهر

(1) : ينظر: عناية: شبهات حول القرآن، ص35-36، مصدر سابق.

(2) : القرآن الكريم: هود (49).

فساد عقولهم وعدم منطقية الشبهة وينم عن قصور الفهم والتصور والرغبة في الانتقاص من ثوابتنا العقدية.

المطلب الرابع

نفي شبهة الاتصال بالمطلق والعقل الاصلاحي

ان واقعية السيرة النبوية بتفاصيلها وظهور التعقل سمة مميزة من اخص صفات الحكمة التي ذكرها كل المنصفين يجعل القول بالانصراف الى اتصالات وتعلقات نفسية وروحية داخلية محض افتراء لا اساس له من الصحة، وعلى هذا يقول الاستاذ عتر: (انظر في سيرة سيد الخلق محمد (ﷺ) هل تراه كان مبتلى بالغفلة والبلاهة فيتراءى له ما يتراءى...؟! ام تراه بنى مجتمعا قويا على دعائم وطيدة وقاده الى النصر والظفر وأسس دولة على أُسس منيعة منحتها قوة للاتساع بعده من جبال الصين شرقا الى حدود فرنسا غربا.

ان محمداً (ﷺ) والرسل قبله كافة، قد عرفوا بالتعقل والنباهة والفطنة قبل النبوة وبعدها يعترف لهم بهذا اتباعهم واعداؤهم على السواء، وهنا يتيقن ان مثله في نباهته وفطنته وذكائه لا تختلط عليه الامور ولا تغلبه الاوهام والهواجس)[1].

ولا نرى في وصف المستشرقين لنتاج ظاهرة الوحي بالاتصال المطلق، فان ذلك لا يعدو كونه شكلا من اشكال الفبركة المصطلحية وتحسين غلاف الشبهة علها تجد شيئا من القبول والرواج، وفي صدد حديثهم عن النبي (ﷺ) وقدراته العقلية التي أملت عليه القيام بثورة اصلاحية - كما يعتقدون - فانهم اسقطوا بذلك تجارب خاصة كالثورة الفرنسية والثورة على الكنيسة من قبل لوثر واتباعه وان كنا نقر بأن محمداً (ﷺ) قد حباه الـلـه سداداً في الرأي وعقلاً مدبراً داعياً محاطاً برعاية الـلـه وعنايته، استطاع من خلاله ان يحدث تغييرا زلزاليا لمجتمع الوثنية والشرك والاصنام ويبني

---

(1) : عتر: نبوة محمد في القرآن، ص227، مصدر سابق.

مجتمع الفضيلة الاول الذي عم فيه الرخاء وتحقق للناس فيه ما يصبون اليه من صلاح في الدنيا والآخرة على خطين مستويين لا يغلب أحد منهما الآخر.

ولكنهم في إبرازهم لهذه المصدرية المشبوهة في العقل الاصلاحي انما يقصدون اظهار مدى انزعاجه من عقيدة الجاهلية واعرافها ورغبة جامحة تولدت فيه لتغيير هذا الواقع فكان انعكاس هذه الرغبة في ان خرج عليهم بشرائعه الإصلاحية التي قدمها بديلا للواقع المؤسف الذي يعيشون فيه، بعد ان طال تفكيره في سبل احداث انقلاب في مسيرة حياتهم يخلصهم من هذا الواقع المتردي...

وفي سبيل اظهار مدى فساد هذه الشبهة يقول الشيخ رضا: (لقد ظل النبي (ﷺ) ثلاث سنين لم يتلُ فيها على الناس سورة ولم يدعهم الى شيء ولا تحدث الى اهل بيته ولا اصدقائه بمسألة من مسائل الاصلاح الديني الذي توجهت اليه - بزعمهم - نفسه ولا من ذم خرافات الشرك الذي ضاق به ذرعه، اذ لو تحدث بذلك لنقلوه عنه)[1].

ويمكن القول ان محمداً بسلامة فطرته لم تكن نفسه تميل لشيء من عمل الجاهلية بل كان رفيعا في كل شأنه ولم يسجد لصنم قط ولم يذكر التاريخ ما يقلل من رجاحته بل على العكس كان مثل الاتزان والوسطية في شأنه كله، ومع ادراكه لفساد قومه وضلالهم الا ان ذلك لم يكن الباعث على تأليف القرآن - كما يتضح من هذه الشبهة - وكما فضح ذلك عدم ذمه لعاداتهم وعباداتهم مدة ثلاث سنين وحتى فيما بعد ذلك كانت موضوعات العقيدة تصبغ بشكل عام آيات القرآن ولم تكن سمة خطابه ثوريةً اصلاحيةً او انقلابيةً، بل كان لسان حاله قوله تعالى: ﴿**ادْعُ إِلى سَبيلِ رَبِّكَ بِالْحِكْمَةِ والْمَوْعِظَةِ الْحَسَنَةِ وَجادِلْهُمْ بِالَّتي هِيَ أَحْسَنُ إِنَّ رَبَّكَ هُوَ أَعْلَمُ بِمَنْ ضَلَّ عَنْ سَبيلِهِ وَهُوَ أَعْلَمُ بِالْمُهْتَدينَ**﴾[2]، وقد ابرز الشيخ الجبري المفارقة بين سداد فكر النبي وبين كون ما جاء في القرآن ليس له من طريق سوى الوحي الالهي فيقول: (اننا جميعا نصادف

---

(1) : الوحي المحمدي: ص70، مصدر سابق.
(2) : القرآن الكريم: النحل (125).

كثيرا انقداح آراء في قلوبنا وارادات مصممة لما نعزم عليه ولكن لا يقوى هذا على ان يكون كالقرآن لا في بلاغة لفظ، ولا في رائع معنى ولا في امساك بجامع القلوب، وقد كان للنبي (ﷺ) آراء ناضجة لم تبلغ ان تكون قرآنا)[1].

وبهذا يكون مراد المستشرقين من الجمع بين شبه الاصلاح والعبقرية هو ابراز قدرته (ﷺ) على فهم واقع يريد تغييره وعبقريته المتقدة التي استطاع من خلالها ان يؤلف لهم ما يحقق في المجتمع الذي يريد الخصائص والصفات التي اراد قيامه عليها، ناسين ومتناسين لجوانب كثيرة سبقت الاشارة اليها؛ لا يمكن استحصالها او الاطلاع عليها الا بوساطة الوحي الرباني الى رسوله المصطفى.

ولنقرأ هنا كيف اعتقد المستشرق (جولي) ان القرآن تشريع محمدي بحت، ثم ادرك خطأه فقال: (قرأت ان القرآن هدى لقوم يتفكرون وانه تحدى المتشككين ليأتوا بسورة من مثله...**﴿وَإِنْ كُنْتُمْ فِي رَيْبٍ مِمّا نَزَّلْنا عَلى عَبْدِنا فَأْتوا بِسورَةٍ مِنْ مِثْلِهِ وادْعوا شُهَداءَكُمْ مِنْ دونِ اللـهِ إِنْ كُنْتُمْ صادِقينَ﴾**[2] ، ثم امعنت التفكير اذا كان النظام القرآني للحياة يعزى الى رجل ولد في سنة (570)م فلا شك ان بمقدورنا في سنة (1954) ان نصل الى نظام افضل منه وبدأت البحث على هذا الاساس ولكنني فشلت في كل مجال)[3].

وهكذا فقد شهدوا على انفسهم وابناء جلدتهم وقد عرف بعضهم الحق والصواب وبعضهم استمر على غوايته وضلاله.

---

(1) : الجبري: السيرة النبوية، ص73، مصدر سابق.

(2) : القرآن الكريم: البقرة (23).

(3) : العباسي: الغرب نحو الدرب، ص107، مصدر سابق.

المبحث الثالث

رد شبهات المصادر الخارجية للوحي

المطلب الاول

رد شبهة الاخذ عن مضامين دينية متعددة

تأسست هذه الشبهة على منطلق فاسد اصلا، اعتمدت فيه على كون القرآن صناعة بشرية محمدية وافترضت ان يكون مداد هذه الصناعة هو ما اطلع عليه من **اديان وكتب ومعتقدات شتى ونرد هذه الشبهة بالقول:**

اولا: ان محمداً (ﷺ) عاش ومات اميا لا يخط الكتاب ولا يقرؤه وهو ما اقره القرآن الكريم ولم يصل انه قال قائل من المشركين خلافه فهو قطعي الثبوت[1]، فأنّى يكون له الاطلاع على هذه الكتب التي لم تكن حاضرة او موجودة ولا سيما العهدين القديم والجديد، الذين لم يكونا موجودين في عصر الرسول (ﷺ) وحتى بعد وفاته بمئات السنين هذا ما أكده (بودلي)

(1) : ينظر: سعيد، محمد رأفت: الاسلام في مواجهة التحديات، ص26، ط1، 1987، دار الوفاء للطباعة والنشر والتوزيع.

بقوله: (ان اول ترجمة عربية رسمية للعهدين القديم والجديد ظهرت بعد موت محمد بقرون)[1].

ثانيا: ان الرسول (ﷺ) لم يسافر الا مرتين خارج الجزيرة كما تروي كتب السيرة وهو بذلك لم يتصل لا بالفرس ولا بالعجم الرومان ودليله وشاهده في صحة ذلك شهادة مرافقوه ولصقاؤه في السفر وهذا بدوره ينفي احتمالية ان يكون قد طالع او لقي فاقتبس مما استحسنه عندهم[2].

ثالثا: ان اية مقارنة علمية تستطيع ان تحدد التفاوت الهائل بين البيان الرباني في القرآن وبين القصص البشري: (فالقرآن يتميز بالصدق المطلق ويتسم بالتماس العبرة والبعد عن التفصيلات الاسطورية ويترفع عن سذاجة العرض، الى قدر من الحكمة تتفق مع النظم القرآني)[3].

وهذا يحسم عدم اخذ مضامين دينية واضفاء صياغة اسلوبية جديدة، وقد سبقت الاشارة الى ان المسالة الاسلوبية التي تعد من صميم البلاغة العربية لم يستطع احد من عتاة الجاهلية ان يثبت يداً لمحمد فيها وبالتالي فان هذه الشبهة التي اطلقها (جولدتسيهر) واقرانه متهاوية لا تقوى على مواجهة حقيقة الهية الوحي، وبصدد الرد على شبهة مماثلة يقول الدكتور عرفان: (ان الافكار التي تبدو متشابهة في دوائر الحضارات الانسانية المختلفة لا تدل بالضرورة على الاقتباس ومع ذلك ورغم التشابه

(1) : بودلي: الرسول، حياة محمد، ص104، مصدر سابق، وينظر: زكريا: المستشرقون والاسلام، ص53، مصدر سابق.
(2) : ينظر: الجبري: السيرة النبوية، ص90، مصدر سابق.
(3) : الجندي: الاسلام والمستشرقون، ص200، مصدر سابق.

الضئيل القائم بين تعاليم الاسلام واليهودية والمسيحية فان هناك اختلافات جوهرية أما في الصورة والشكل وأما في المحتوى والغاية)[1].

المطلب الثاني

رد شبهة الاثر البيئي

لا يمكن ان يفهم المرء كيف يكون الاسلام نضحا للبيئة الجاهلية وتأثراً بواقعها وانعكاسا لطريقتها في التفكير كما ادعى (جب) وغيره، اذ ان الاسلام شكل انقلابا اخلاقيا واجتماعيا وعقيديا قوض كل المعتقد الجاهلي البائس وسما بأمة العرب من قبائل متناحرة تهدر دماءها لأسخف الأسباب وربما لبيت شعر يهجو به احدهم الاخر فجاء الاسلام وحقن دماءهم وصان اعراضهم واعاد للنفس البشرية قيمتها وحبب اعداء الامس ببعضهم فاصبحوا في دين اللـه اخوانا.

كذلك هل يمكن ان يفسر الرقي التشريعي في الاسلام بانه امتداد لما قد عرف من تخبط الجاهلية التي لا تفرق بين حلال وحرام وصحيح وسقيم، ان هذا ليبدو ضربا من الحقد الابله الذي لا ينتمي للحقيقة وحتى في حدودها الدنيا.

كما ان لغة القرآن الكريم قد تحررت من الاساليب العربية التقليدية وجاء القرآن باساليب متعددة تذوقها العرب وطاروا بها وبمعانيها لذة وفرحا، ولم يكن القرآن بنظمه اسير السجع والثقافية وبعيدا كل البعد عن سجع الكهان في الجاهلية ولا يمكن عقد مقارنة بينه وبين الشعر لتباعد المقامات والمقالات وعلى أي قياس[2].

---

(1) : عبد الحميد: الاسلام والمستشرقون، ص26، مصدر سابق.

(2) : ينظر: الجندي: الاسلام في وجه التغريب، ص341، مصدر سابق .

ويشهد لقضيتنا العادلة ايضا واقع حال العرب آنذاك الذين لم يكونوا قد احاطوا علما بعشر معشار ما جاء به القرآن الكريم في اطار معلوماته الرائعة التي تحسم امرالقرآن في نسبته للخالق وتنزهه عن عبث البشرية واجتهاد كائن من كان في امره[1].

وغني عن القول بأن عموم الرسالة المحمدية للبشرية كافة قد جعلها حكما في ذلك اذ انها لقيت القبول والتصديق عند غير العرب وآمن بالقرآن عشرات الملايين من غير اهل الجزيرة فكيف لهؤلاء ان يؤمنوا لو كان القرآن نضحا مستمدا معبرا عن واقع العرب في جزيرتهم، أكان القرآن سيخاطب عقولهم وقلوبهم ويجعلهم يدخلون في دين اللـه افواجا من شتى أصولهم ومشاربهم؟!.

كما لم يثبت انه (ﷺ) سمع ممن ادعى المستشرقون انه اخذ منهم كاليهودية والنصرانية في بلاد العرب قبل الاسلام وممن تنصر من فصحاء العرب وشعرائهم كقس بن ساعدة الايادي وامية ابن أبي الصلت، فأما قس فقد مات قبل البعثة واما امية فقد كان طامعا بالنبوة فلما بعث النبي حسده فلم يسلم ولم يلق النبي قبل النبوة ولا بعدها[2].

وقد طور (درمنغم) فكرة انتشار ووجود النصرانية في بلاد العرب الى حد ان ذلك الانتشار قد ولد لديهم تعلقا بالتحنث والتعبد، وقد انعكس ذلك على سلوك محمد

---

(1) : ينظر: الجبري: السيرة النبوية، ص92، مصدر سابق.

(2) : ينظر: رضا: الوحي المحمدي، ص51، مصدر سابق.

(ﷺ) في رغبته في الخلاء والوحدة والتحنث في الغار وسنأتي على بيان ان ذلك لم يكن الا في عام الوحي برأي له ما يعضده ويقويه[1].

وهكذا نصل الى ان النبي (ﷺ) لم يكن فيما نزل عليه من ربه متأثراً ببيئته او معبرا عن تطلعاتها او مستقرئاً ومحللاً لواقعها، وانما كان رسول هداية واسوة حسنة ليهدي من كانوا في ضلال مبين.

ولولا هذا ما كتب لهذه الدعوة بالظهور والغلبة على الرغم مما تجده من انواع العرقلة والتخريب والترصد، لكن الـلـه غالب على امره ولكن أكثر الناس لا يعلمون.

المطلب الثالث

رد شبهة الافادة من اسفار محمد (ﷺ) المتعددة

تحدثنا الاخبار الصحيحة ان محمدا (ﷺ) لم يعرف السفر بمعناه الحقيقي الا مرتين قبل البعثة، الاولى كانت مع عمه ابي طالب في تجارة الى الشام وهو طفل وهنا نقول ان صحبته مع عمه تؤكد وجود شاهد على تحركات هذا الطفل اذ انه في حله وترحاله اسير لرأي وعمل عمه فيحل ويقيم حيث يريد عمه كما ان سنه لا تسمح له بتلقي معلومات غاية في الشمول والتعقيد والاحاطة تنظم حياة الفرد والاسرة والمجتمع والأمة، وغني عن الاشارة مرة أخرى بأنه (ﷺ) أُمي لا يعرف قراءة او كتابة.

كما ان تلك القوافل التي تذهب الى الشام لا تمر بمدين وهي ارض سيناء ولم تكن هذه القوافل تضيع شيئا من وقتها للبحث مع العرب في طريقها عن انبائها والتاريخ

---

(1) : ينظر: المصدر نفسه، ص56 وقد تحدث عن هذا الامر بتفصيل واستطراد الشيخ عرجون: محمد رسول الـلـه، ص46-472، مصدر سابق.

القديم لسكنة تلك المناطق، ولا يعرف عنهم اهتمامهم بلقاء احبار النصارى ومباحثتهم في دينهم وكتبهم.

والمرة الاخرى وايضا الى الشام في تجارة لخديجة (رضي الله عنها) وهو شاب مرة واحدة ولم يتجاوز مدينة بصرى في المرتين، هذا زيادة على انه كان يرافقه في الرحلة ميسرة غلام خديجة والذي روى عن حسن خلق رفيقه اطيب الصفات والاوصاف[1].

فلو كان حصل شيء من الجلوس والاستماع والمحاورة مع الرهبان والاحبار لتشبث بذلك مشركو قريش قديما قبل الحاقدين المتخلفين من متعصبي الاستشراق ولذكروا محمداً بمصدرها الاصيل وأسكتوه وانتهى امر دعوته[2].

ويشير الشيخ رضا الى مسألة مهمة تدفع عقلا امكان شبهتهم اذ يقول: (نزل بعد اقرأ والمدثر أكثر من ثلاثين سورة من قصار المفصل وأوساطه ليس فيها شيء مما زعموا انه تلقاه او شاهده في الاسفار ولا مما وصفوا من افكاره في الغار)[3].

ونتساءل أيكفي وقت سفرة تجارية لهذا التعلم والاستحفاظ بحيث يطالع شتى الوان العلوم والاشارات والالماحات التاريخية والقصص القرآني والافكار العلمية والحسابات والفلك الا يستدعي ذلك منه اقامة مطولة حتى ترسخ عنده هذه العلوم التي ستكون مصدره ومنهاجه بها يرد ويتالف خصومه ويجيب على سائليه ويقنع اتباعه والراغبين بدعوته، فأين ذلك واين شهادة الشهود اللصقاء به؟!.

---

(1) : ينظر: رضا: الوحي المحمدي، ص52-53، مصدر سابق.

(2) : ينظر: عتر: نبوة محمد في القرآن، ص215.

(3) : رضا: الوحي المحمدي، ص71، مصدر سابق.

المطلب الرابع

رد شبهة الاثر الكتابي

اولا: الاساس التوراتي:

ان سيرة حياة الرسول (ﷺ) بتفصيلاتها التي جاءت على عين الشمس حتى نكاد نعرف في كثير من جوانب شخصيته الكريمة أكثر مما نعرف عن انفسنا وتاريخنا الشخصي وعلى هذا فان معيشته واهتماماته (ﷺ) لا يمكن التعدي عليها بالاضافة والتعديل او التكهن حولها لانها غدت حقائق محضة لتواترها واشتهارها، وهنا يمكن القول بصدد علاقة النبي مع اليهود كما يفترض بل يقطع المستشرقون انها كانت سبيلاً للتأثر والإفادة من التوراة (لقد عاش رسول الله (ﷺ) فترة ما قبل النبوة وثلاث عشرة سنة من النبوة في مكة المكرمة ولم يكن في مكة من اليهود احد في ذلك الوقت لأن اليهود كانوا يتواطنون في المدينة المنورة وما حولها وفي خيبر وفي تيماء وفي وادي القرى وفي اليمن وكل هذه المراكز كانت بعيدة كل البعد عن مكة ولم يرحل رسول الله (ﷺ) الى واحد منها ولم ينقل الينا ابدا ان رسول الله (ﷺ) كان يتردد على احد من اليهود ولذلك فاننا نجزم بأن اليهودية لم تكن مصدر معلومات للرسول (عليه السلام)[1].

وان كانت هذه الحقيقة التاريخية تكفي وتزيد في الرد على القائلين بها ولكن للامعان في ذلك يمكن القول استنادا للحقائق التاريخية والحفريات الآثارية (ان اول

---

(1) : قلعة جي: أ. د. محمد رواس: دراسة تحليلية لشخصية الرسول محمد (ﷺ) من خلال سيرته الشريفة، ص54، ط1، دار النفائس – بيروت.

طبعة عربية للعهد القديم قد نشرت بعد المسيح بتسعة قرون اي بعد موت محمد (ﷺ) بما يقرب من ثلاثة قرون)[1].

هذا فضلا عن ان القرآن الكريم في الفترة المكية كان دائم التاكيد على جوانب العقيدة وتصحيح اخطاء اليهود والنصارى زيادة على ما حصل من تحريف وحذف وتشويه للتوراة، فكيف يكون اليهود بتحريفهم وتزييفهم مصدراً للقرآن ولو حصل ذلك، أكان محمد سيبادر الى معاداتهم فيواجهونه باخذه عن كتابهم.

وهكذا فانه لم يؤثر عن احد من قدامى اليهود او النصارى والذين عاصروا نزول الوحي ما يفيد بدعوى الأخذ عنهم[2] ومن الغني عن البيان ما نلمسه من تفارق رواية التوراة ورواية القرآن للقصص التي زعموا اخذها من رهبان واحبار كان يلقاهم (ﷺ) ويتصل بهم في مكة وسرعان ما تتبدد هذه الشبهة في اية مقارنة بين شكل ومضمون اي رواية بين التوراة والانجيل[3].

فان كان هناك ثمة تشابه ضئيل في القصص القرآني مع ما وردت في كتب اليهود والنصارى فان ذلك يرد عليه ويفسر بوحدة المصدر الالهي، لأن ما جاء به الرسول محمد (ﷺ) ليس إلا مكملاً للأديان السماوية السابقة، وهذا هو التفسير المعقول من وجهة النظر الدينية[4].

ويقول الدكتور جريس متتبعا اساس هذه الدعوى: (ان ما كان يسعى اليه المشركون من قبله ثم المستشرقون من بعده القول بان الرسول (ﷺ) جاء بالقرآن من بعض علماء النصارى واليهود الذين لم تكن معلوماتهم غزيرة بما في كتبهم (التوراة

(1) : زكريا: المستشرقون والاسلام، ص530، مصدر سابق.
(2) : ينظر: سعيد: الاسلام في مواجهة التحديات، ص62، مصدر سابق.
(3) : ينظر: الجندي: الاسلام والمستشرقون، ص200، مصدر سابق.
(4) : ينظر: عبد الحميد: المستشرقون والاسلام، ص26، مصدر سابق.

والانجيل) وبالتالي فان ما اخذ منهم محمد (ﷺ) متمثلا في القرآن الكريم، غير صحيح لأنه من مصادر غير قوية ولا موثوقة بها وهم بهذا يريدون ان ينكروا صحة هذا القرآن)[1].

وزيادة على الفارق الشاسع بين المفهومين القرآني والكتابي عن الله والتناقض الرهيب بين اساطير الكتاب المقدس وحقائق القرآن، فاننا نذكر ذلك الموقف العدائي الذي وقفه مجتمع اليهود في المدينة تجاه النبي (ﷺ) وهو ما يعطي برهانا بالغا على خطأ بل وفداحة خطأ الافتراض الذي يقول ان اليهود والنصارى قد ساعدوه في كتابة القرآن[2].

ثانيا: الأساس الإنجيلي:

وهكذا نجد ان هذه المصدرية التي غطت مساحة شاسعة من كتابات المستشرقين باستدلالاتها المتهافتة التي لاتصمد امام نقدنا لها ولذا نقول:

على الرغم من تفشي الوثنية وشيوع الجهل والامية في الجزيرة العربية ومعرفة المستشرقين وتسليمهم بهذه الحقيقة، فانهم لا يلقون لهذه الحقيقة التاريخية الذائعة اي بال عندما يدعون ويزعمون انتشار النصرانية في عرب الجزيرة وبالتالي فان محمدا بالضرورة قد افاد من هذا!!.

علما بأن التاريخ يخبرنا عمن كانوا على دين الحنيفية او تنصروا من عرب الجزيرة والذين لا يزيد عددهم عن اصابع اليد الواحدة كورقة وقس وامية وقد بينا انه لم يتحقق اي شكل من الافادة او الانتفاع من علومهم لعدم اجتماعهم على عكس

---

(1) : جريس، د. غيثان علي: افتراءات المستشرق كارل بروكلمان على السيرة النبوية، ص24، ط3، 1994.

(2) : ينظر: خليفة: الاستشراق والقرآن العظيم، ص46-47 وقد ذكر المستشرق الفرنسي (بوكاي) في هذا الخصوص حججا بالغة تظهر افتراق القرآن عن غيره من الكتب المقدسة وانصح المستزيد بالتقدم اليه.

ما ذهب اليه جزافا فيليب حتي من ان قس بن ساعدة عاش نحو عام 600م ستمائة للميلاد، اما ورقة سنأتي له في رد خاص مفصل[1].

ويرد الاستاذ الجندي على اصحاب هذا المطعن بالقول: (اما الذين يدعون بان للقران مصدرا من الانجيل والتوراة فأنهم يجهلون ما اورده القرآن من أصول عديدة لم ترد في الكتابين من التفصيلات في بعض الأحداث لم يعرفها اليهود والنصارى، فقد اخبر القرآن باشياء ما كان يعلمها احد من اهل الكتاب انفسهم مع انها تتعلق بصميم مسائل دينهم، فهم لم يكونوا يعرفون شيئا عن كفالة زكريا (عليه السلام) للسيدة مريم بعد ولادتها، كذلك قد اخبر القرآن باشياء كثيرة تحققت تحققا تاما بعد الاخبار بها منها اخباره عن انتصار الروم بعد انخذالهم)[2].

وهذا يصلح ايضا في الرد على المستشرق (بروكلمان) الذي كعادته اساء الاستنتاج والتفسير معا عندما ربط التشابه في الاشارة الى بعض القصص واخبار السابقين، فقد عزى ذلك الى اخذ القرآن عن المسيحية رافضا بذلك فكرة وحدة المصدر الالهي التي تشكل الاساس في فهم كل تشابه ان حصل.

وبالنسبة للافادة من علوم المسيحية التي عرفها سلمان الفارسي (رضي الله عنه) الذي اعتنق المسيحية في بلاد الشام، ثم رحل الى المدينة بعد ذلك حيث قابل النبي وارتضى الاسلام دينا، والكل يعلم ان الجزء الاكبر من القرآن اي ما يقرب من ثلثيه قد اوحي في مكة قبل هجرته الى المدينة حيث جاءه سلمان معلنا اسلامه[3].

---

(1) : ينظر: عتر: نبوة محمد في القرآن، ص216-217، مصدر سابق.

(2) : الجندي: الاسلام في وجه التغريب، ص343، مصدر سابق.

(3) : ينظر: خليفة: الاستشراق والقرآن العظيم، ص46.

فاذا كان سلمان مصدر المعلوماتية المحمدية، فمن أين كان يستمد ذلك قبل قدوم سلمان وهو في مكة وكيف رسخ امور العقيدة من بعث ونشور وتذكير باخبار الامم السالفة والامر محسوم بان القرآن على نفس الوتيرة من العلو والارتفاع في البلاغة وعلى الدرجة العالية منها اذ لم يلحظ تقدم أو تراجع في الأسلوب القرآني بعد الانتقال الى المدينة مما يحسم كون المصدر واحدا، من الـلـه لا اله الا هو.

وقد ظهر في الرد على القائلين بتعدد اسفار محمد (ﷺ)، عدم تلقيه علما او لقائه احدا يملك علما كتابيا من رهبان واحبار ورجال دين مما يقطع بصحة ما اعدنا تاكيده بعدم معرفته للمسيحية.

هذا وسنأتي لبحث قصة بحيرى فيما بعد لنؤكد انتفاء اي اساس او مصدر مسيحي للقران بل كان القرآن ناسخا وحكما على ما قبله من الشرائع والكتب.

وابسط مايرد به على مدعي هذه الشبهة ان القرآن لا يزيد على ما في الانجيل من تفصيلات وحسب بل ان الامر يتعدى ذلك لاشتماله على ما يخالف الانجيل مخالفة جوهرية في أمور مفصلية في جوهر الاعتقاد المسيحي وذلك شأن مريم وعيسى ومعارضة القرآن للتثليث والصلب والخطيئة، فكيف يمكن ان يكون الاسلام قد استقى أصوله وفروعه كما يدعون من المسيحية وقد جاء ليظهر عوارهم ويقر الحقائق الخالدة ويكشف الزيف والتزوير الذي قالوه على الـلـه كذبا[1].

وهكذا يتطوع للرد ابن جلدتهم المستشرق (بل) ليقول: (مهما كانت معرفة الرسول العميقة بكل هذين الدينين - يقصد المسيحية واليهودية - او حتى معرفته

(1) : ينظر: الجندي: الاسلام في وجه التغريب، ص344، مصدر سابق.

بالكتاب المقدس ذاته، فانه لا يوجد على العلاقة بينهما دليل مقنع، اذ ان سورة الاخلاص في القرآن تشكل تعارضا شديدا مع احد المبادىء الرئيسية في المسيحية)[1].

ويؤكد التاريخ استحالة اطلاعه (ﷺ) على نسخة من الانجيل بالقول: (ان اول طبعة رسمية عربية للعهد الجديد قد ظهرت بعد موت محمد (ﷺ) بما يقرب من خمسة قرون، كما لم يكن الانجيل كذلك باللغات الاخرى في متناول عامة الناس وكانت تلك الاراء القليلة التي كانت متداولة بين عامة الناس والمأخوذة من الانجيل غامضة مبهمة وأكثرها يناقض بعضها بعضا، حتى لا يصح ان يتخذ اساسا لهذه الدقة والاتساع والقوة الموجودة في القرآن الكريم)[2].

المطلب الخامس

رد شبهة الاساس الجاهلي

نشأ الاسلام ونما ونشر دعوته في ارض العرب وكان اهلها مادة الاسلام الاولى وجاءت رسالة الاسلام فعدلت سلوكهم باتجاه ما يقربهم لربهم ويصلح احوالهم في الدنيا والاخرة، ولم تكن الحياة قبل الاسلام سوءا مطلقا من ألفها إلى يائها بل كان هناك ما يحترم من اعرافهم وعاداتهم وقد شهد بذلك رسول الـلـه ومن ذلك على سبيل المثال؛ حلف الفضول واجارة المستغيث وحسن الضيافة والكرم وغيرها.

اما ان الاسلام اقر ما يخالف مقاصد الشريعة الالهية فان ذلك مردود على اصحابه الذين عجزوا عن فهم الاشياء والمعاني الا بدلالتها المادية فحسب، اما الاسلام الذي

(1) : خليفة: الاستشراق والقرآن العظيم، ص47، مصدر سابق.

(2) : زكريا: المستشرقون والاسلام، ص530 مع تصرف طفيف، مصدر سابق.

تقوم اهم شرائعه على الايمان بالغيب فقد حرص على تربية الناس تربية روحية تؤمن بالمعاني لا بالمواد مطلقا ومن هنا حدث سوء تفريق المستشرقين بين اعراف الجاهلية ومعتقداتهم المستندة للخرافة والمعبرة عن جهل بحقائق ظواهر الكون وخالقها، وبين المعتقد الاسلامي الذي نبذ الخرافة والجهل وأيقظ في الانسان عقله وروحه معا في توازن لا ينفصم.

واذا كان (مونتيه) يعد الحج الى مكة عادة من عادات وعبادات الوثنية القديمة فإن ذلك يدل على مدى قصوره في فهم الامر، لأن الحج الى مكة وفيها الكعبة التي هي اقدم مكان للعبادة على وجه الارض، لم يكن من عادات العرب الجاهليين فهي موجودة مذ عرف البشر الارض، كما ان طواف المسلمين حولها وتذكرهم نضال الانبياء وسعيهم الدؤوب من اجل الدعوة للدين وتجشم العناء في سبيل ذلك فان ذلك من شأنه أن يبقي الامة حية في تذكر رسالتها علاوة على ما تمنحه هذه العبادة من معاني تتجسد بها جوهرة التوحيد ويتضح بها شكل العلاقة المباشرة بين الانسان وربه بلا شفيع او وساطة او قربان او صك غفران وفيها يتخلص الانسان من سطوة التفكير المادي الى سمو التفكير الروحي.

فبالتأكيد إن الحج الى الكعبة على الطريقة الاسلامية ليس عرفا جاهليا ولا تعبيراً عن (البشرية) كما يحلو (لجب) ان يسميها، فلا اوثان ولا قرابين ولا سادة ولا عبيد الا الـلـه وحده.

كما ان الاسلام الذي حفز التفكير العقلي الملتزم الجاد والنافع قد دفع عمر (رضي الله عنه) للقول في تقبيل الحجر الاسود: (و الـلـه اني لاعلم انك حجر لا تضر ولا تنفع ولولا اني

رأيت خليلي رسول اللـه يقبلك ما قبلتك)[1] وذلك قبل أن يأتي (بروكلمان) ويقول ان الحجر الاسود قد قدس سيراً على خطى الجاهلية التي تعتقد ان الحجارة مأهولة بالأرواح.

وبهذا يظهر (بروكلمان) جدبه النفسي وخواءه الروحي إذ يرى ان ذلك كان عملا خرافيا وثنيا، بينما يتذوق ويتلذذ المؤمن بحلاوة هذا الإيمان لأن تربيته الروحية تثمن وتستشعر هذه المعاني.

ولا ندري ما يمكن قوله لـ (جب) عندما يقول ان الاسلام جاء ليضفي الاحيانية الدينية على الاحيانية القديمة وقد علم الداني والقاصي ان الاسلام في هذا الامر لم يقر الجاهلية على شيء، بل قامت بينهم الحروب على طبيعة هذا الاعتقاد والدين الجديد الذي دعا اليه محمد (ﷺ) والا لما كان هناك من سبب وجيه للخلاف ما دام الاسلام قد جاء ليحدث تغييرا شكليا في طبيعة العرف الجاهلي وبعض طقوس العبادة.

وفي قولهم بتأثير الشعر الجاهلي في القرآن فقد رد عليه من هو اجدر منهم من أهل العربية المشركين عندما اكدوا انتفاء هذه الصفة عن القرآن مع تمتعهم بحقد جارف للإسلام والقرآن وهنا يحق للعرب ان يخرسوا هؤلاء الأعاجم ويردوهم خائبين فهم لم يعرفوا القرآن الا ترجمات او شروحات تفسيرية وتخيل اليهم انهم حووا علوم الاولين والاخرين في العربية فيعلقون على الاسجاع والفواصل، وقد ظهر تفرد القرآن اسلوبا ومضمونا ولا يزال التحدي به قائما الى ان يشاء اللـه.

---

(1) : البخاري: كتاب الحج ص1520.

وعلى هذا يرد الشيخ الغزالي بالقول: (ان امراء الشعر لا يسرقون من الزجالين وان محمدا الذي قدم للعالم انفس العقائد والشرائع في ارقى اسلوب وانصع بيان لو كان اتى بهذا الدين من عند نفسه لا من عند الـلـه، لكان معنى هذا ان البشر اقدر على صنع الاديان من رب البشر، والا كيف يتصور ان القرآن عمل انساني وان العهدين القديم والجديد عمل الهي)[1].

(1) : الغزالي: دفاع عن العقيدة والشريعة، ص3، مصدر سابق.

المبحث الرابع

تحقيقات وردود خاصة

المطلب الاول

تحقيق قصة بحيرى ورد شبهة الاخذ عنه

استند العديد من المستشرقين مثل (درمنغم)، (رينيه)، (موير)، (مرجليوث) و(دانييل) على هذه القصة بصدد عدها مصدرا للوحي المحمدي، اي ان بحيرى بلقائه المزعوم مع محمد (ﷺ) قد قدم له اسرار الاسلام كلها وزوده من علمه الذي أسس محمد بناء عليه دينه ودعوته[1].

ولما وجد المؤلف كثرة اشارة المستشرقين لهذه المصدرية فقد اثرت البحث فيها سندا ومتنا والرد عليها بالبرهان التاريخي والعقلي واثبات تعارضها مع العقائد، سيما ان هذه القصة قد وردت في بعض كتب السيرة كسيرة ابن هشام[2] وتداولتها من بعده مؤلفات عديدة مما يعني ان هذه القصة ليست كما تعودنا محض اختلاق استشراقي وانما حاول المستشرقون الافادة منها بأقصى درجة ممكنة وسنرى مصير هذه القصة

([1]) : ينظر: عوض: مصدر القران، ص111-113 وكذلك الدسوقي الفكر الاستشراقي، ص90-91، وايضا: ابو خليل: الاسلام في قفص الاتهام، ص32.

([2]) : ابن هشام: السيرة النبوية، ط2، 1955، ج1، ص180، مصدر سابق، تاريخ الطبري، ج2، ص277-279، مصدر سابق، و ابن كثير: البداية والنهاية: ج2، ص283، هذا وقد نظر بعض المستشرقين الى قصة بحيرى على انها اسطورة وقصة موضوعة ونتفق معهم في هذا مع اختلاف مراد كل منا ونيته، ينظر: خليل: دراسة في السيرة، ص39-42، ط7، 1983، مطبعة الزهراء الحديثة - الموصل.

عبر فقرات هذا الرد الشافي وسأذكر إحدى هذه الروايات - بعدا عن الاطالة والاطناب - مع الالماح والاشارة والنقد للروايات الاخرى.

فقد روى الطبري قال حدثنا ابن حميد قال حدثنا سلمة قال حدثني محمد ابن اسحق عن عبد الـلـه بن ابي بكر كما نقل الرواية بسند اخر فقال: حدثني العباس بن محمد قال حدثنا ابو نوح قال حدثنا يونس بن ابي اسحق عن ابي بكر بن ابي موسى عن ابي موسى - يعني الاشعري - قال: **(خرج ابو طالب الى الشام وخرج معه رسول الـلـه (ﷺ) في اشياخ من قريش، فلما اشرفوا على الراهب وكانوا قبل ذلك يمرون به، فلا يخرج اليهم ولا يلتفت، قال: فهم يحلون رحالهم فجعل يتخللهم حتى جاء فاخذ بيد رسول الـلـه (ﷺ) فقال: هذا سيد العالمين هذا رسول رب العالمين، هذا يبعثه الـلـه رحمة للعالمين، فقال له اشياخ قريش، ما اعلمك؟ قال: انكم حين اشرفتم من العقبة لم تبق شجرة ولا حجر الا خر ساجداً، ولا يسجدون الا لنبي وانه اعرفه بخاتم النبوة اسفل من غضروف كتفه مثل التفاحة، ثم رجع فصنع لهم طعاما، فلما اتاهم به كان هو في رعية الابل، قال: ارسلوا اليه، فأقبل وعليه غمامة، فقال انظروا اليه، عليه غمامة تظله.**

فلما دنا من القوم وجدهم قد سبقوه الى فيء الشجرة، فلما جلس مال فيء الشجرة عليه، فقال انظروا الى فيء الشجرة مال عليه، قال: بينما هو قائم عليهم وهو يناشدهم الا يذهبوا به الى الروم، فان الروم ان راوه عرفوه بالصفة فقتلوه، فالتفت فاذا هو بسبعة نفر قد اقبلوا من الروم فاستقبلهم، فقال ما جاء بكم؟

قالوا: جاءنا ان هذا النبي خارج في هذا الشهر، فلم يبق طريق بعث اليها الناس، وانا اخترنا خيرة بعثنا الى طريقك هذا، قال لهم، هل خلفتم خلفكم احدا هو خير منكم؟ قالوا لا: انما اخبرنا خيرة لطريقك، قال: افرايتم امرا اراد الـلـه ان يقضيه، هل

يستطيع احد من الناس رده؟ قالوا: لا: فتابعوه واقاموا معه، قال: فأتاهم فقال: انشدكم الـلـه، ايكم وليه؟

قالوا: ابو طالب، فلم يزل يناشده حتى رده، وبعث معه ابو بكر (ﷺ) بلالا وزوده الراهب بالكعك والزيت)[1].

وجدير بالذكر ان روايات هذه القصة مع اختلافها وتعددها بل تعارضها لم ترد في مصادر الحديث المعتبرة كصحيح البخاري ومسلم ومسند احمد وسنن النسائي وابي داود وابن ماجة، الا ان الترمذي قد ساق احدى الروايات عن السند الاتي: (حدثنا الفضل بن سهل ابو العباس الاعرج البغدادي حدثنا عبد الرحمن بن غزوان ابو نوح اخبرنا يونس بن ابي اسحق عن ابي بكر بن ابي موسى عن ابيه قال، خرج ابو طالب....)[2] وقد تقدم نص هذه الرواية وليس فيها اسم بحيرى.

هذا وقد عني الدكتور محسن عبد الحميد بتحقيق شامل لروايات القصة جميعها من حيث سندها الذي لم يجد من يعالجه معالجة كاشفة لعواره وسقامه سوى نقد الحافظ شمس الدين الذهبي لمتونها وقد اشار الاستاذ محسن لهذا السبق[3] واخذ على عاتقه تحقيق جميع الاسانيد.

فأما الاسناد الأول الذي ذكره الطبري ففيه مجرحان وواحد مختلف فيه، فاولهم سلمة حيث لا يأتي هذا الاسم الا مجرحا واما عبد الـلـه بن ابي بكر - ان كان المخزومي- فقد قال عنه البخاري لا يصح حديثه وقد ضعفه نقاد الحديث[4].

([1]) : تاريخ الطبري: ج2، ص277-278، مصدر سابق.

([2]) : جامع الترمذي،ج5،ص590 (3620) تحقيق احمد محمد شاكر واخرون،دار احياء التراث العربي، بيروت.

([3]) : ينظر: محسن عبد الحميد: جامعة الموصل - مجلة الجامعة، ص69-74، ع4، س9، 1980م وقد افدت كثيرا من هذا التحقيق واعتمدت على مصادره ايضا.

([4]) : المصدر نفسه، ص72-73.

اذن فهذا السند لا يرقى لدرجة القبول لذلك لا يعتمد عليه وعلى ما ورد فيه وسنعرض الى نقد المتن تباعا.

واما السند الثاني الذي ساقه الطبري ففيه يونس بن ابي اسحق فقد ضعفه أحمد بن حنبل وقال: وقال آخرون لا يحتج به وفي حديثه لين[1].

إذن فهذا السند ضعيف لا يعتمد عليه ولا يقوم حجة في النقل وفيه زيادة على متن السند الاول (وبعث معه ابو بكر رضي الـلـه عنه بلالا...).

وأما سند الترمذي ففيه الفضل بن سهل الاعرج (ت 255) فقد جرحه ابو داوود وكان يقول: انا لا احدث عنه[2] وفيه أيضا يونس بن أبي اسحق الذي جرحه الامام احمد بن حنبل كما مر.

إذن فهذا السند غير مقبول ولا يقدم حجة عند محققي اهل الحديث ولذلك قال الذهبي فيه نكارة[3]. وقد تعرض ابن سيد الناس ت(734هـ) لنقد متن بعض طرق الرواية ومتنها بقوله: (ومع ذلك ففي متنه نكارة وهي ارسال ابي بكر مع النبي (ﷺ) بلالا، وكيف ابو بكر حينئذ لم يبلغ عشر سنين فان النبي (ﷺ) اسن من ابي بكر بازيد من عامين، وكانت للنبي (ﷺ) تسعة اعوام على ما قاله ابو جعفر محمد بن جرير الطبري او اثنا عشر على ما قاله اخرون وايضا فان بلالاً لم ينتقل الى ابي بكر الا بعد ذلك بأكثر من ثلاثين عاما)[4].

---

(1) : ابن حجر: تهذيب التهذيب، ج8، ص277-278، مصدر سابق.

(2) : المصدر نفسه، ج9، ص277-278.

(3) : الذهبي: تاريخ الاسلام وطبقات المشاهير والاعلام، ج1، ص38-39، ط1 القاهرة.

(4) : ابن سيد الناس، محمد بن محمد الاندلسي، ت(734هـ): عيون الاثر في فنون المغازي والشمائل والسير، ج1، ص34، ط1356هـ ، القاهرة.

وقد تعرض الحافظ الذهبي لنقد القصة نقدا علميا بقوله: (وهو حديث منكر جدا، واين كان ابو بكر؟! كان ابن عشر سنين فانه اصغر من رسول الـلـه (ﷺ) بسنتين ونصف واين كان بلالٌ في هذا الوقت، فان ابي بكر لم يشتره الا بعد المبعث، ولم يكن ولد بعد وايضا فاذا كان عليه غمامة تظله، كيف يتصور ان يميل فيء الشجرة لان ظل الغمامة تعدم فيء الشجرة التي تحتها، ولم نر النبي (ﷺ) ذكر ابا طالب قط بقول الراهب ولا تذاكرته قريش ولا حكمة اولئك الاشياخ مع توفرهم ودواعيهم على حكاية مثل ذلك، فلو وقع لاشتهر بينهم ايما اشتهار، ولبقي عنده (ﷺ) حس من النبوة، ولما انكر مجيء الوحي اليه اولا بغار حراء واتى خديجة خائفا... وايضا فلو اثر هذا الخوف في ابي طالب ورده، كيف كانت تطيب نفسه ان يمكنه من السفر الى الشام تاجرا لخديجة)[1].

ويلمس القاريء بسهولة عند اطلاعه على الروايات العديدة مدى تعارضها بل تناقضها في ذات القصة فبينما تقول رواية ابن اسحق ان القوم حضروا الى طعام بحيرى وبقي محمد (ﷺ) تحت الشجرة المائلة عليه، نرى رواية الطبري تقول: ان بحيرى جعل يتخللهم في القافلة حتى جاء فأخذ بيد رسول الـلـه (ﷺ) فقال: (هذا سيد العالمين وهذا رسول رب العالمين هذا يبعثه الـلـه رحمة للعالمين وكان هذا علنا لان قريش قالوا له من اعلمك)[2].

([1]) : الذهبي: تاريخ الاسلام، ج1، ص38-39، مصدر سابق.

([2]) : ينظر: د. محسن: تحقيق قصة بحيرى، مجلة الموصل، ص71 ، مع قائمة من الملاحظات التي ترد الرواية عقلا ونقلا.

وقد اشار محمد رشيد رضا الى ضعف هذه الاسانيد التي ليس فيها ما يشير الى ان محمد (ﷺ) قد سمع من بحيرى او تلقى منه درسا واحدا او كلمة واحدة لا في العقائد ولا في العبادات ولا في غيره[1].

اذ حسب الفرضية الاستشراقية التي تسلم بحصول اللقاء فانه يمكن القول بأن من المستحيل في مجرى العادة ان يصبح انسان ناضجا نضجا خارقا للمعهود بمجرد التقائه براهب مرة او مرتين وهو امي لا يعرف القراءة والكتابة[2].

وفي الرواية ايضا كذب محكي على لسان ابي طالب عند سؤال ماهذا الغلام منك؟ فاجابه: ابني وهذا كذب لا يجوز بحق ابي طالب الرجل الوقور الكبير في قومه، كما ان ذلك ليس له ما يسوغه ويبدو ان واضع الرواية قد ساقها بهذا الشكل لان الحوار سيقتضي ذلك كما هو ظاهر من نص الرواية[3].

ويلاحظ على الروايات الواردة في هذه القصة انها تعظم من شأن بحيرى وتجعله اعظم عالم بالنصرانية واليه ينتهي علمهم عن كتاب موهوم لم يستطيعوا ان يسموه لعدم وجود ذلك الكتاب.

وجاء في رواية ابن اسحق في سيرة ابن هشام (وكان اليه علم اهل النصرانية ولم يزل في تلك الصومعة مذ قط راهب، اليه يصير علمهم عن كتاب فيها فيما يزعمون،

([1]) : ينظر: رضا: الوحي المحمدي، ص49، مصدر سابق.

([2]) : ينظر: الزرقاني: مناهل العرفان، ج2، ص422 وقد اطنب في رد هذه القصة واستفاض في ابطالها عقلا وتعارضها مع الحقائق.

([3]) : محسن عبد الحميد: تحقيق قصة بحيرى، ص73، مصدر سابق.

يتوارثونه كابرا عن كابر) وهذا يشكل بحد ذاته خرقا في اصل العلم المجهول او الكتاب الذي استمد منه الراهب بحيرى[*] علومه)[1].

وهناك جملة من التساؤلات تطرح نفسها بقوة امام هذه الاقاصيص والتي يظهر من خلالها عجز هذه المرويات عن الاجابة عليها ونذكر منها:

هل يعقل ان يعي ويستوعب طفل بعمر عشر سنوات على أكثر تقدير[2] كل هذا الكم المعرفي الوارد في القران بمجرد لقاء او اثنين؟! لذا يجب اخذ عامل الزمن في الحسبان فالوقت لا يحتمل تعليم امي او كائنا من يكون فانه لن يستطيع ان ينهل كل هذا العلم في ساعة من زمان وربما اقل - حسب الروايات - التي عالجناها ولو بقي محمد عندهم الاف السنين لما اتوا بمثله فالعقل والبرهان يرفضان كونه من بشر[3].

ويتساءل المرء في امر اشياخ قريش الذين حضروا اللقاء، اليس في ذلك لهم برهان ودليل واقع على صدق دعوة محمد (ﷺ)، فلم يعلن احد منهم تصديقه بمحمد مستندا الى هذه الحادثة، وهذا التساؤل يصدق ايضا مع عمه ابي طالب مع الحاح النبي (ﷺ) عليه بأن يسلم؟!.

ولا ندري ماذا يمكن ان يجيب المستشرقون في سبب اختيار بحيرى لمحمد بالذات ولماذا اعطاه هذا التشريع ولم يعطه لابنه او قريبه او يدعيه لنفسه بدلا من ان يجود

(*) : ذكر شوقي ابو خليل في كتابه ان للراهب بحيرى اسمين حسب المرجع المسيحي وهما سرجيوس او بحيرى ينظر: كتابه ص33، وقد ذكر: رضا: الوحي المحمدي: بانه كان نسطوريا من اتباع اريوس في التوحيد، ص49.

(1) : محسن عبد الحميد: تحقيق قصة بحيرى، ص73، مصدر سابق.

(2) : ابن الاثير: الكامل في التاريخ، ج1، ص23، تاريخ الطبري، ج2، ص278، الروض الانف، ج1، ص206.

(3) : ابو خليل: الاسلام في قفص الاتهام، ص34، ط1986، دار الفكر - دمشق.

به على يتيم ابي طالب اليس هو – اقصد بحيرى - اولى بهذا المجد والخلود والشهرة[1]، ويجب الإشارة هنا الى ان المستشرقين تمسكوا بأن اللقاء قد حصل ولم ينبهوا لمسالة البعد الديني الذي انطلق منه بحيرى في تبشيره بمحمد – حسب الروايات – وانطلقوا من حصول اللقاء الى اعتماده مصدرا تعليميا فلذا لم يطرح التساؤل بان بحيرى رجل دين وراهب لا يجوز عليه الكذب بل نظروا الى علمه فحسب وعدوه مصدرا للوحي المحمدي.

ويرد الزرقاني على طريقة المستشرقين في تناول القصة التي ظهر شذوذها وضعف اصلها بالقول: (ان تلك الروايات التاريخية نفسها تميل ان يقف هذا الراهب موقف المعلم المرشد لمحمد (ﷺ) لانه بشره او بشر عمه بنبوته وليس من المعقول ان يؤمن رجل بهذه البشارة التي يزفها ثم ينصب نفسه استاذا لصاحبها الذي سيأخذ عن الله ويتلقى عن جبريل ويكون هو استاذ الاستاذين وهادي الهداة والمرشدين والا لكان هذا الراهب متناقضا مع نفسه)[2].

كما يحق لنا ان نتساءل اين كان بحيرى عندما كان الرسول (ﷺ) يسال فنرى الاجابة شافية كافية حاضرة في حينها فهل كان يحتاج في كل سؤال ان يسافر الى بصرى او يبرق له بالفاكس كلما عرض عليه سؤال او استدعى الموقف حسما لامر او اجابة عاجلة لسؤال...!!.

وعلى الصعيد الديني البحت نرى ان القران الكريم قد احتوى بين دفتيه ايات لا توافق عقيدة المسيحية فكيف يكتبها بحيرى الراهب او يعلمها لمحمد (ﷺ) ولتقرأ معا

---

(1) : ينظر: المصدر نفسه، ص33.

(2) : الزرقاني: مناهل العرفان، ص422، مصدر سابق.

قوله تعالى:﴿**وَقَوْلِهِمْ إِنَّا قَتَلْنا الْمَسيحَ عيسى ابْنَ مَرْيَمَ رَسولَ اللهِ وَما قَتَلوهُ وَما صَلَبوهُ وَلَكِنْ شُبِّهَ لَهُمْ وَإِنَّ الَّذينَ اخْتَلَفوا فيهِ لَفي شَكٍّ مِنْهُ ما لَهُمْ بِهِ مِنْ عِلْمٍ إِلّا اتِّباعَ الظَّنِّ وَما قَتَلوهُ يَقيناً**﴾[1].

وقوله عز من قائل:﴿**لَقَدْ كَفَرَ الَّذينَ قالوا إِنَّ اللهَ هوَ الْمَسيحُ ابْنُ مَرْيَمَ وَقالَ الْمَسيحُ يا بَني إِسْرائيلَ اعْبُدوا اللهَ رَبّي وَرَبَّكُمْ إِنَّهُ مَنْ يُشْرِكْ بِاللهِ فَقَدْ حَرَّمَ اللهُ عَلَيْهِ الْجَنَّةَ وَمَأْواهُ النّارُ وَما لِلظّالِمينَ مِنْ أَنْصارٍ**﴾[2].

وفي موضع اخر قال تعالى:﴿**وَإِذْ قالَ عيسى ابْنُ مَرْيَمَ يا بَني إِسْرائيلَ إِنّي رَسولُ اللهِ إِلَيْكُمْ مُصَدِّقاً لِما بَيْنَ يَدَيَّ مِنَ التَّوْراةِ وَمُبَشِّراً بِرَسولٍ يَأْتي مِنْ بَعْدي اسْمُهُ أَحْمَدُ فَلَمّا جاءَهُمْ بِالْبَيِّناتِ قالوا هَذا سِحْرٌ مُبينٌ**﴾[3].

ويمكن ان نلمس من قصة بحيرى ذاتها ما يدلل على تعارضها مع الاديان وأصول عقائدها فقول بحيرى: (انكم حين اشرفتم من العقبة لم تبق شجر ولا حجر الا خر ساجدا ولا يسجدون الا لنبي) وهذا باطل مخالف لاديان التوحيد، لان الشجر والحجر وجميع المخلوقات لا تسجد الا لله سبحانه وتعالى[4].

وهكذا نخلص الى استحالة ان يكون محمد (ﷺ) قد استقى اية معلومة من بحيرى فضلا على انه لم يلتق به اصلا لسقوط الروايات وتهافت واضح في سندها كما مر بنا، ويتفق المؤلف مع استاذه محسن عبد الحميد فيما ذهب اليه معللا سبب وضع هذه الرواية بأن عدداً من المغفلين من المسلمين وضعوها ظنا منهم انهم بذلك يضيفون دليلا جديدا يثبتون من خلاله نبوة رسول الله (ﷺ) استنادا الى شهادة وبشارة هذا العالم الراهب النصراني واما ان يكون وراء هذه الرواية اعداء الاسلام الذين نسجوا

([1]) : القرآن الكريم: النساء (157).

([2]) : القرآن الكريم: المائدة (72).

([3]) : القرآن الكريم: الصف (6).

([4]) : محسن عبد الحميد: تحقيق قصة بحيرى، ص73، مصدر سابق.

هذه القصة حتى يخرجوا عبرها شبهة اخذ الرسول مباديء القران عن بحيرى على اعتبار انه اعلم أهل الكتاب[1].

وقد وجدت بعض المستشرقين الذين لم يحفلوا بهذه القصة ومنهم المستشرق (بودلي) اذ يقول: (فقد كان محمد في العاشرة ومن غير المعقول ان مقابلة واحدة بين بحيرى ومحمد في سن العاشرة تترك هذا الاثر، وان من حظ بحيرى ان قابل محمدا، فلولا هذه المقابلة لاندثر كما اندثر ملايين الرهبان)[2].

وقد أشار الدكتور دراز الى ان هناك من المستشرقين من يرى ان لقاء محمد براهب وهو غلام مجرد قصة من نسج الخيال[3]، هذا وقد سفه (كارليل) احتمال ان يتعلم صبي في هذه السن من راهب يتحدث لغة اجنبية شيئا ذا بال[4].

ولا ندري ما سر هذا الرفض الاستشراقي في مقابل تمسك الاخرين بالقصة وسيما الالتقاء ببحيرى ومسألة سفره الى الشام، وقد يكون هذا الرفض ليس علميا بمعنى الطعن في صحة هذه القصة سندا او معنى وانما قد شعر بعضهم بانها تخدم الاسلام أكثر مما يمكن ان تفيدهم بصدد التشكيك فيه لانها احتوت مقولات تحمل معنى البشارة من قبل بحيرى لمحمد بحضور اشياخ قريش فعز عليهم ذلك فشككوا بها وبقيمتها، وايا كان الامر فاننا معنيون بأن نظهر سيرة النبي الكريم من هذه الروايات الباطلة المنحرفة التي ضلت طريقها بصدد تأكيد وإثبات النبوة لسيدنا محمد (ﷺ) وان كان في الامر مكر ودس فذلك حري بنا ان نسارع الى غربلة هذه الروايات التي تؤدي معنا عكسياً بخلاف ما قد يفهمه العامي والبسيط من القراء.

([1]) : محسن عبد الحميد: تحقيق قصة بحيرى، ص73، المصدر السابق.

([2]) : بودلي: الرسول، حياة محمد، ص48، مصدر سابق.

([3]) : ينظر: دراز: مدخل الى القران، ص134، ط دار الفكر - الكويت.

([4]) : ينظر: عوض: مصدر القران، ص112، مصدر سابق.

وبذلك نكون قد كشفنا هذه الرواية وانها باطلة لا يقوم بها دليل ولا حجة ولا يمكن ان تخدم المستشرقين الذين تلقفوها من كتب السيرة التي تسوق الاحاديث دونما فحص وامعان للنظر فيما تحتويه وعلى كل فقد هيأ الـلـه لهذا من يرده من حيث اتى ويكون له بالمرصاد.

المطلب الثاني

رد شبهة التعلم من ورقة بن نوفل

لعل من المفيد في هذه المسالة الاعتماد على الحديث الذي ترويه ام المؤمنين عائشة (رضي الـلـه عنها) في حديث بدء الوحي اذ تقول في امر لقائه (ﷺ) بورقة (....فانطلقت به خديجة حتى اتت به ورقة ابن نوفل بن اسد بن عبد العزى – ابن عم خديجة - وكان امرؤ تنصر في الجاهلية وكان يكتب الكتاب العبراني فيكتب من الانجيل بالعبرانية ما شاء الـلـه ان يكتب وكان شيخا كبيرا قد عمي، فقالت له خديجة، يا ابن عم اسمع من ابن اخيك فقال له ورقة: هذا الناموس الذي نزل الـلـه على موسى، يا ليتني فيها جذعاً، ليتني أكون حياً إذ يخرجك قومك، فقال رسول الـلـه (ﷺ) أو مخرجي هم؟ قال نعم، لم يأت رجل قط بمثل ما جئت به الا عودي، وان يدركني يومك انصرك نصرا مؤزراً، ثم لم ينشب ورقة ان توفي، وفتر الوحي)[1].

وهكذا يتضح من مجرى هذا اللقاء حقائق مهمة يجدر التاكيد والوقوف عليها منها: ان صاحب فكرة الذهاب الى ورقة هي خديجة (رضي الـلـه عنها)، فهذه الفكرة لم تخطر ببال سيدنا محمد (ﷺ) والا لكان صاحب المبادرة والاقتراح وهذا بدوره ينفي ما ادعاه (وات) من ان محمدا (ﷺ) كان على صلة سابقة بورقة وهو زعم بلا دليل

([1]) : البخاري: 1- بدء الوحي(3).

وترده الأدلة الكثيرة، ومن باب استغلال اي مجال للدس وغرس الشبهات فقد اعتبرت اقتراح خديجة ايضا مبعثا للشك في تأثرها بعلومه، وبالتالي تأثر محمد بافكار ورقة الدينية بواسطة خديجة (رضي الله عنها) ولكن من الطبيعي جدا ان تعلم المراة من قريباتها واقربائها احوال ابن عمها وكذلك اتجاهه الديني سيما وانه قد خالف اعراف ومعتقدات الجاهلية وبذلك فإنه سيصبح لتميزه من الاخرين محط نظر واستفهام، وهكذا فان الزعم بوقوع خديجة تحت تأثير ورقة فهو زعم باطل.

ويرد الدكتور عتر على ما قالوه من صلة بين محمد (ﷺ) وورقة بالقول: (فلو كان هناك اقل قدر من التواصل بين محمد وورقة لاقترضته قريش ولبنت مزاعمها عليه، ومثل هذه الصلات الدينية لاتخفي في مجتمع وثني ريفي قديم ضيق مكشوف بعضه تجاه بعض...!!.

لكن قريشا مع افراطها في العداء والبهتان، لما لم تورد شيئا من هذا القبيل دل ذلك على عدمه اصلا، وعلى ان القول به باطل مفضوح لا طائل وراءه بل لو كان شيء من ذلك محتملا احتمالا لمالت قريش الى ورقة ليعلم شبابها فيناهضوا بذلك دعوة محمد (ﷺ)[1].

ويظهر من الحديث الصحيح مجانبة ما ذهب اليه (وات) للحقيقة، من ان ورقة توفي بعد لقائه بمحمداً بثلاث سنوات[2]، اذ يخبرنا الحديث بان ورقة قد توفي ثم فتر الوحي، وقد خالف هذا ما جاء في السيرة لابن اسحق ان ورقة كان يمر ببلال وهو

([1]) : ينظر: عتر: نبوة محمد في القران، ص138، وقد افدت من اطنابه في رد شبهة الافادة من ورقة.
([2]) : Watt. W. Montgomery: Mahomet Ala Mecque. P.78.

يعذب، وهذا يعني انه تأخر إلى زمن الدعوة والى ان دخل بعض الناس في الاسلام، فاذا تمسكنا بالترجيح فما في الصحيح اصح(1).

ومما يدفع للحيرة ان - وات - عاد بعد صفحات قليلة ليقول بأن الدعوة كانت سرية تماما خلال هذه المدة(2)، ترى هو الجهل ام التحامل ام كلاهما؟!

ويخبرنا الحديث الصحيح ان ورقة كان شيخا قد بلغ من الكبر عتيا فعمي وذلك حين جاءته خديجة ومعها محمد (ﷺ) يسألونه في أمر ما رأى في الغار.

ويجب التنبه الى ان خديجة (رضي اللـه عنها) قد شهدت اللقاء بل وإدارته بين الطرفين ولا يخفى على هذه الزوجة الفطينة صاحبة العقل الراجح التي كانت ستدرك من شكل اللقاء فيما لو كان بينهما سابق معرفة او مجالسة وهي بذلك تقدم شهادة على براءة ورقة من تعليم الرسول (ﷺ) وشهادة للرسول (ﷺ) بأنه لم يتلق من ورقة اي علم يجعله يفيد منه في امر الرسالة او مضامين ومعاني القرآن الكريم، فضلا على انها قد حملت زوجها باديء الامر للقيا ورقة.

وعن مستوى علم ورقة بالنصرانية واطلاعه عليها يقول الشيخ رضا: (لقد استقصى المحدثون والمؤرخون كل ما عرف عن ورقة مما له سند صحيح وما ليس له سند صحيح فلم نعثر في رواياتهم على ما يشير الى ان ورقة كان داعية الى النصرانية او كتب فيها)(3).

---

(1) : ينظر: ابن حجر: فتح الباري، ج1، ص27 وقد وصف محمد رشيد رضا هذه الرواية بالشاذة، ص50.

(2) : Watt: Mahomet Ala Mecque, p.86.

(3) : رضا: الوحي المحمدي، ص50، مصدر سابق.

وعلم ورقة بالنصرانية لا يتعدى كونه كان كارها لعبادة الاوثان فخرج الى الشام فاعجبه دين النصرانية فتنصر ولقي من بقي على دين عيسى ولم يبدل ولهذا اخبر بشان النبي (ﷺ) والبشارة به الى غير ذلك مما افسده اهل التحريف والتبديل[1].

الا ان هذا لا يعني ان ورقة قد اصبح مرجعا دينيا للنصرانية وداعية اليها في بلاد العرب كما يدعي (درمنغم) حين وصفه بأنه من المطلعين على النصرانية جيدا علاوة على قوله بأن الرسول تلقى عن ورقة المتقن للعبرية في اشارة الى اشتمال علمه على علم أهل الكتاب يهود ونصارى وهي اشارة الى ان التشابه القراني مع ما في هذه الكتب يعزى الى ما قد جاد به ورقة على محمد (ﷺ) من علمه الغزير...الخ!، ولندعه يقدم فكرته كما قالها: (اما ورقة بن نوفل وهو ابن عم خديجة فقد تنصر وصار عالما بالكتب المقدسة فنقل بعض مافي الاناجيل على ما يروى وكان يعيش في البيئة التي يعيش فيها محمد)[2].

ونتلمس من موقف ورقة دلائل اخرى تدل على تصديقه بمحمد واعلامه له (ﷺ) بأن ما راه في الغار هو الناموس الذي نزل على موسى (عليه السلام) وقد اعلن ذلك بعد ان استطلع ما حصل لمحمد، فاعلن ان هذا مطابق في الوصف لما قد عرفه من صفات ملك الوحي الذي انزله الـلـه على موسى وهي الصفة التي يجمع عليها اصحاب الديانات السماوية يهودا ونصارى[3].

وزيادة على ذلك فقد بادر ورقة لاعلان تطوعه في مناصرة محمد (ﷺ) واتباعه ان بقي حيا الا انه لم يكتب له العمر فلم ينشب ان توفي، وقد تمنى ورقة ان يكون

([1]) : ابن حجر: فتح الباري، ج1، ص25، بتصرف لغرض الاختصار.
([2]) : ينظر: درمنغم: حياة محمد، ص76، ص83، مصدر سابق.
([3]) : ينظر: عتر: نبوة محمد في القران، ص218، مصدر سابق.

شابا في حياة وقوة ينصر بهما الرسول لعلمه بأن ما جاء به حق، كيف لا وقد ذهب الى الشام ناشدا الحقيقة فكيف الامر والحقيقة ماثلة امامه، فقد كان فرصة ذهبية طال بحثه عنها وعلى هذا يقول الشيخ الزرقاني: (واي منصف يسمع كلمة ورقة هذه ولا يفهم منها انه كان يتمنى ان يعيش حتى يكون تلميذا لمحمد ورغم كل هذا فقد حاول المستشرقون الايهام بان ورقة هو الاستاذ الخصوصي الذي استقى منه محمد دينه وقرانه: (إلا ساء ما يحكمون))[1].

وبصدد تثمين موقف ورقة واظهار مدى تصديقه وايمانه بمحمد فاننا لا نجانب الصواب ان قلنا انه اول من اعلن اسلامه للنبي على الاطلاق ويظهر ذلك من مجرى حديثه مع النبي في هذه الحادثة ويعلق الدكتور عتر بالقول: (ولا يغيب عنك ان ورقة قد اشهر تصديقه فماذا يحتاج أكثر من ذلك لاعلان اسلامه هل كان عليه آنئذ ان يذهب الى الكنيسة ليحذف اسمه من سجلاتها..؟! ام كان عليه ان يحصل على صك يبريء ذمته من المسيحية بعد ان عبث فيها رجال الكنيسة)[2].

وهكذا نرى انه لو كان ورقة مصدر معارف محمد ايقبل العقل ان يقف من محمد (ﷺ) موقف المؤيد التابع وهو استاذه وملقنه...؟!.

والأكثر فضاعة كيف لهذا الاتهام ان يقوم اذا علمنا ان ورقة قد مات ومحمد لم يشرع بدعوته بعد وأنّى لمحمد هذه العلوم بعد موته بأكثر من عشرين عاما، ان كان ما يدعوه صحيحا وقد شبع ورقة موتا.

ويرد (بودلي) على دعوى افادة محمد (ﷺ) من معارف ورقة بالقول: (كان حديثه مع ورقة يتعلق بعموميات اللاهوت وان السبب الذي يؤكد عدم اطلاعه على

([1]) : الزرقاني: مناهل العرفان، ج2، ص428، مصدر سابق.

([2]) : عتر: وحي اللـه حقائقه وخصائصه، ص140، ط1، 1984، رابطة العالم الاسلامي - مكة.

ترجمات ورقة هو ان ورقة مات قبل أن يبدأ محمد بتدوين ما اوحى به جبريل إليه)[1].

انها شبهة لا تقوى على الوقوف ولا تحتمل اية خطوط رجعة في المساءلة او تدقيق لانكشاف الدوافع التي بعثت بها وبتت من ذلك اللقاء جبلا خائرا من الشبهات والمطاعن.

المطلب الثالث

رد بلاغ التردي من شواهق الجبال

نص بلاغ التردي اللصيق بحديث بدء الوحي (.... وفتر الوحي فترة حتى حزن النبي (ﷺ) فيما بلغنا، حزنا غدا منه مرارا، كي يتردى من رؤوس شواهق الجبال، فكلما اوفى بذروة جبل، لكي يلقي منه نفسه، تبدى له جبريل فقال: يامحمد، انك رسول الـلـه حقا، فيسكن لذلك جأشه، وتقر نفسه، فيرجع، فاذا طالت عليه فترة الوحي غدا لمثل ذلك، فاذا اوفى بذروة جبل تبدى له جبريل فقال مثل ذلك)[2].

يقول ابن حجر في الفتح ان هذا البلاغ هو زيادة معمر على رواية عقيل ويونس وصنيع المؤلف - اي البخاري - يوهم انه داخل في رواية عقيل[3].

وقد عده الحميدي كذلك، حيث ساق الحديث الى قوله (وفتر الوحي)، ثم قال: انتهى حديث عقيل المفرد عن ابن شهاب الى حيث ذكرنا، وزاد عنه البخاري في حديثه المقترن بمعمر عن الزهري فقال: (وفتر الوحي فترة حتى حزن...) فساقه الى آخره[4].

([1]) : بودلي: الرسول، حياة محمد، ص49، مصدر سابق.

([2]) : البخاري: 91-التعبير (6982)، واحمد، ج6، ص232-233، ابو نعيم: الدلائل ج1، ص275-277، والبيهقي: الدلائل، ج2، ص135-136 وابن حيان: الاحسان (33).

([3]) : ابن حجر: فتح الباري، ج12، ص359، مصدر سابق.

([4]) : المرصفي: حديث بدء الوحي، ص76، وقد عالج فيه هذا البلاغ ولم اعدم النفع من مصادره.

وقد ضعف القاضي عياض هذا البلاغ لأن صاحبه معمر او الزهري لم يسنده وهذا مطعن فيه من جهة السند، مما حدى بالشيخ عرجون للقول: (فلا وجه لقبوله، بل ينبغي طرحه و رفضه)[1] ونتفق معه فيما ذهب اليه لوجوه كثيرة تطعن في هذا البلاغ سنأتي عليها تباعا ويقول الكرماني: (فيما بلغنا) اي في جملة ما بلغ الينا من رسول الـلـه (ﷺ) فان قلت: من ها هنا الى آخر الحديث يثبت بهذا الاسناد ام لا؟ قلت لفظة اعم من الثبوت به او بغيره لكن الظاهر من السياق انه بغيره[2].

اما الزرقاني فيرى ان عدم اسناده لا يوجب قدحا في الصحة، بل الغالب على الظن انه بلغه من الثقات لانه ثقة، لا سيما انه لم ينفرد بذلك[3].

الا ان الشيخ عرجون وقد اشار لموقف الزرقاني ناقدا فيرى ان ذلك مرفوض لانه يعتمد على فرض احتمالي في كون صاحب هذا البلاغ قد وصله عن الثقات، اذ ان حسن الظن بمن يسمع منه قد يحجب موضع النقد فيما يسمع، فلربما يروي الثقة عن غير الثقة لانه في اعتقاده ونظره ثقة، بينما غيره لا تقبل له رواية[4].

وقد حكم الدكتور ابو شهبة على هذه الرواية بالقول: (هذه الرواية ليست على شرط الصحيح، لانها من البلاغات، وهي من قبيل المنقطع والمنقطع من انواع الضعيف والبخاري لا يخرج الا الاحاديث المسندة المتصلة برواية العدول الضابطين،

---

(1) : عرجون: محمد رسول الـلـه، ص386، مصدر سابق.

(2) : ينظر: الكرماني: الكواكب الدراري، ج24، ص97، مصدر سابق.

(3) : ينظر: الزرقاني: شرح الزرقاني على المواهب اللدنية، ج1، ص216.

(4) : ينظر: عرجون: محمد رسول الـلـه، ص386، مصدر سابق.

ولعل البخاري ذكرها لينبهنا الى مخالفتها لما صح عنده من حديث بدء الوحي الذي لم يذكر فيه هذه الزيادة)[1].

فهكذا نجد البخاري لم يلحقه في صحيحه الا في موضع واحد فقط، رغم تعدد أسانيد حديث بدء الوحي، الا انه لم يرد هذا البلاغ الا في كتاب (التعبير) بلاغا لا تأصيلا[2] ولعل في ذلك تنبيها للناظر الفاحص من القراء.

وعلى هذا يعلق الشيخ عرجون بالقول: (فهذا البلاغ الذي اشتمل على هذا التخرص الباطل لم يرد من طرق الحديث على كثرتها وكثرة من روى الحديث من الائمة الا في رواية معمر وهذا التفرد يوجب - في الاقل - التوقف في قبوله بل يوجب رده وابطاله لما فيه من القوادح، بتعريض النبوة لهزة الشك والارتياب وتعريض النبي (ﷺ) لقلق النفس واضطراب الضمير وهزة الايمان وحيرة اليقين)[3].

ويجب ان يكون المعول عليه زيادة على ثقة من يسمع منه، اتفاق المتن مع أصول الايمان او لنقل عدم مناقضته لهذه الأصول، اذ ان صحة المتن شرط مع صحة السند في قبول النص المسموع، فلا يتعارض مع أصول الدين ومقاصد الشريعة المتفق عليها بين ائمة الدين والعلم.

حتى وان سلمنا بصحة سند هذا البلاغ فانه يقدح في عصمة الانبياء والرسل، الذين لا يقع منهم قط ما يشكك غي نبوتهم ورسالتهم، وهذا البلاغ هتك عصمة الانبياء ولم يبق لها مكان في مدة الحزن اليائس التي تقول ابطولة هذا البلاغ انه (ﷺ) مكثها وهو يغدو مرارا كي يتردى من شواهق الجبال، والامر على خلاف في طول

---

(1) : ابو شهبة: السيرة النبوية في ضوء القران والسنة ، ج1، ص265.

(2) : البخاري 91- التعبير (6982).

(3) : عرجون: محمد رسول اللـه، ص390، مصدر سابق.

وقصر الفترة، فمنهم من عدها ثلاث سنين كما في مرسل الشعبي وجعلها اخرون سنتين ونصف وقال غيرهم بانها ايام - ولن نذهب لترجيح هذه الروايات حتى لا نخرج من اطار موضوعنا – وما ذكر في البلاغ من الغدو مرارا لكي يلقي بنفسه من ذرا الشواهق يقتضي طول المدة، ولا سيما مع تمثل جبريل له وقوله: انا جبريل وانت رسول الـلـه حقا أكثر من مرة[1].

واذا نظرنا في حديث النبي (ﷺ) عن فترة الوحي فيما ثبت في الصحيحين مما يرويه جابر بن عبد الـلـه الانصاري عندما كان يحدث عن فترة الوحي قال: قال رسول الـلـه (ﷺ): (بينما انا امشي اذ سمعت صوتا من السماء فرفعت بصري فاذا الملك الذي جاءني بحراء جالس على كرسي بين السماء والارض، فرعبت منه فرجعت فقلت: زملوني، فانزل الـلـه تعالى: (يا ايها المدثر، قم فانذر... الى قوله ... والرجز فاهجر)[2] .

هكذا نجد ان هذا الحديث الذي تناول تحديدا مسألة فترة الوحي ما كان ليغفل مسالة في هذه الاهمية لو كانت قد حصلت او شيئا مشعرا بها، حيث لم ترد كلمة واحدة تشير بما تقحمته هذه التخرصات الباطلة التي اجترها بلاغ الحزن.

ولا ندري من اين توصل اهل البلاغ هذا الى ان النبي (ﷺ) كان يغدو في فترة الوحي الى ذرا شواهق الجبال ليرمي نفسه من فوقها؟!

وقد تحدث (ﷺ) عن هذه الفترة ولم يقل شيئا من تلك المزاعم ولو كان (ﷺ) قال شيئا مما جاء في البلاغ من النبأ متواترا او مشهورا لا بلاغا غير مسند ومردود لخوارم كثيرة كما مر معنا[3].

وقد ناقض هذا البلاغ نفسه واضاع ايمان الرسول الكريم بنبوته وصدق الوحي الذي تلقته في بدء وحي الرسالة في يقظته في الغار ونزول الايات الخمس الاولى من

---

(1) : ينظر: ابو شهبة: السيرة النبوية، ج1، ص266، مصدر سابق.

(2) : البخاري 1- بدء الوحي 3 وكذا في مسلم مع اختلاف طفيف في اللفظ 1- الايمان (255-256).

(3) : ينظر: عرجون: محمد رسول الـلـه، ص398-399 غير انه لم يورد الحديث السابق في الاستدلال لفكرته.

سورة (العلق) اقرأ وما بعدها، مما يعني ان هذا الحديث ان لم يكن قد تلقفه المستشرقون وبنوا بناءا عليه فكرة الكآبة والعزلة والصرع والجنون فانهم سيستسيغون - حسب درايتي بهم - الاستناد الى هذا البلاغ ليكون مرجعا لهم في مثل هذه الشبهة التي يجعلونها أماً لعشرات الشبهات، مما حدا بي الى اماطة اللثام عن هذا البلاغ وتتبعه من كتب الحديث ونقدها حتى نميز الصحيح من السقيم.

وهذا النوع من الشبهات هو اشهى الانواع في مطابخ الاستشراق المتزمت، اذ ان اية شبهة ستنطلق وفيها اشارة مرضية او نفسية للنبي ستجد لها ملاذا وللاسف ان هذا الغطاء والملاذ يكون من تراث المسلمين ولكننا نكشف ما قد يكون - وربما كان - احدى محطاتهم احتياطا وصونا لحديثه (ﷺ) الكريم من العبث والتزييف.

ويمكن تلمس تناقض البلاغ في تشكك النبي في تبدي جبريل له وفي اخباره انه رسول الـله حقا، كما هو صريح عبارة البلاغ - فلم يكد يسكن جأشه حتى يعود الى عزيمته في القاء نفسه من ذرا شواهق الجبال فيتبدى له جبريل مرة اخرى، فأين سكون الجاش واين ثقة الايمان بالوحي والرسالة، لاسيما وان هذا يحدث - وكما يخبرنا البلاغ الزائف - في فترة الوحي اي بين وحي اقرأ ووحي يا ايها المدثر، وهذا يعني ان الشك قد شمل ايات الوحي الاولى من سورة العلق لان ايمانه لم يكن قد تحقق بعد بل ان الشك والحيرة والقلق قد بلغت ذروتها حدا فكر معه بالانتحار اليس ذلك ما يفهم بسهولة وتلقائية من نص هذا البلاغ، وهذا يفتح الباب واسعا للتشكيك في مصدر هذه الايات وما تحمله من اهمية خاصة لانها ايات بدء الرسالة والشروع في تلقي الوحي القرآني.

إذن فقد كان ابن حجر محقا في تساؤله الاستنكاري حين قال: ولئن جاز ان يرتاب مع معاينة النازل عليه من ربه، فكيف ينكر على من ارتاب فيما جاءه به مع عدم المعاينة؟[1].

فهذه الزيادة المنكرة - اي نص البلاغ - لا تليق بالنبي ولا تجوز بحقه وهو النبي المعصوم فكيف يحاول قتل نفسه بالتردي من جبل مهما كان الدافع الى ذلك[2] وهو القائل: عن ابي هريرة (رضي الله عنه) قال رسول الله (ﷺ): **(من تردى من جبل فقتل نفسه فهو في نار جهنم، يتردى فيه خالدا مخلدا فيها ابدا...)** الحديث[3].

ولهذا نجد ان العقل يرفض نسبة ذلك الى النبي (ﷺ) وعدم ملاءمته لأصول العقيدة والايمان، وعند البحث في الحديث الذي يرويه ابن عباس اذ يقول: (مكث النبي (ﷺ) اياما بعد مجيء الوحي لا يرى جبريل فحزن حزنا شديدا حتى كان يغدو الى ثبير مرة والى حراء اخرى يريد ان يلقي نفسه)[4].

واذا نظرنا في سند هذا الحديث نجد انه من رواية الواقدي وقد قال عنه البخاري انه متروك الحديث وكذبه احمد بن حنبل (رحمه الله)[5]، فهو معروف بالضعف وقد رد المحدثون روايته الا اذا اعتضدت بروايات الثقات.

هذا زيادة على ان الحديث - ان صح سنده الى ابن عباس - فانه حديث غير مرفوع للنبي (ﷺ) ولا الى صحابي سمعه من النبي (ﷺ) وهذا امر لا يمكن الاطلاع

([1]) : ابن حجر: فتح الباري، ج12، ص360-361، مصدر سابق.

([2]) : يخبرنا حديث بدء الوحي الذي ترويه عائشة (رضي الله عنها) في الصحيحين ان النبي (ﷺ) عندما عاد من الغار بعد ان جاء الملك ونزلت عليه اقرأ ورجع الى خديجة واخبرها ما حصل له وما راه قال: لقد خشيت على نفسي وعلى هذا قال ابن حجر ان العلماء اختلفوا في الخشية المذكورة على اثني عشر قولا منها: الجنون والهاجس والموت من شدة الرعب والمرض وان يقتلوه، وتعييرهم اياه او تكذيبهم وقال الاولى بالصواب هو الموت من شدة الرعب، ينظر فتح الباري، ج1، ص24.

([3]) : البخاري: 76- الطب (5778).

([4]) : بن سعد: محمد: الطبقات الكبرى، ج1، ص196، دار صادر بيروت.

([5]) : ينظر: المزي: تهذيب الكمال في اسماء الرجال، ج26، ص180-194 (5501) تحقيق: د. بشار عواد معروف، مؤسسة الرسالة ط1، 1992 وينظر تهذيب التهذيب: ابن حجر، ج9، ص363، دار صادر - بيروت، والواقدي مديني سكن بغداد.

عليه الا باخبار النبي نفسه عن نفسه فلا سبيل للاجتهاد به، ولم يثبت هذا الاخبار وهذا يجعلنا نشك بأصل الحديث ان لم يكن هو الاخر بلاغا.

كما ان في الحديث مخالفة صريحة لما قال به ابن حجر من ان فترة الوحي لا تعني عدم مجيء جبريل اليه، بل تأخر نزول القران فقط[1]، بينما يصرح حديث ابن عباس بعدم رؤية النبي (ﷺ) لجبريل في فترة الوحي مابعد اقرأ وقبل يا ايها المدثر.

ولابد ان ابن حجر صدر عن هذا بدليل استند عليه فيما قاله، اذ الامر غيبي لا يعرف الا بالخبر الصادق او الاستنباط من الاخبار الصحيحة.

وبهذا نخلص الى ان سيرة النبي العطرة لم يرد فيما صح عنها ما يمكن ان يعكر او يكدر صفوها مثل هذا البلاغ الذي لا يقوى على دليل ولا سند يمنحه الثقة والقطع وبذلك نكون قد دعمنا في رد هذا البلاغ ما نعتقده وجميع المسلمين من سلامة النبي النفسية ونموذجيتها في ذلك ايضا وعدم ورود خبر او اثر صادق في تراث المسلمين الخالد يمكن ان يدخل منه الاستشراق البغيض الذي يهوى الجحور والمنافذ الضيقة ليصنع منها خطوطا سريعة لشبهاته ومطاعنه.

فنحمد الله ان سخرنا لخدمة قرانه وشخص نبيه المصطفى في سد جحور عديدة في وجه المخربين والبحاثة اللاعلميين.

([1]) : ابن حجر: فتح الباري، ج1، ص27، مصدر سابق.

الخاتمة

تناول الكتاب قضية تحتل اهمية خاصة بين المؤمنين بالقران والمنكرين له وتكتسب هذه الاهمية ايضا بمعزل عن هذا الصراع لحيوية ومركزية ظاهرة الوحي.

ولما كان طرف الانكار الذي يصف نفسه بالعلمية متأسسا على أفكار المستشرقين فقد كان معهم يدور رحى الحوار والجدل ومن هنا كان موضوع الدراسة يمثل فكرة الوحي بالمنظور الاسلامي ومن خلال المواقف والاجلاءات التي جادت بها قرائح المفسرين وابداعات المجددين من علماء المسلمين وعلى المقابل تم عرض الافكار الاستشراقية حول الوحي ولا سيما مسألة مصدره التي تشكل جوهر الخلاف بين الطرفين.

ومن هنا فقد انطلق المؤلف عبر رسالته واضعا نصب عينيه هدفين رئيسيين:

الاول: اثبات الوحي القراني لمحمد (ﷺ) عبر ظاهرة الوحي ذاتها باستقلال واعداد قراءة عصرية تثبت الوحي وتؤكد مصدره الالهي، اذ ان معظم الدراسات السابقة كانت تلجأ في سيرها لاثبات صدق الوحي من خلال امتحان مادته المتمثلة بالقران الكريم وهي ما يعبر عنها بدراسات الاعجاز القراني.

الثاني: مناقشة وتحليل المصدريات الاستشراقية الأكثر تعصبا والتي تدعي لنفسها الاستدلال والبرهان لغرض اثبات تهافت هذا الاستدلال وبعرض مصادر الوحي المحمدي على المحك ورد هذه المصدريات نكون قد رددنا بشكل دعوي كسبي بعيد عن التجريح والاساءة كل المطاعن والشبهات والمصدريات المختلفة للوحي المحمدي مع الاشارة الى ان هذه المصدريات من مناشيء مختلفة فمنها الديني

والنفسي والطبي والاجتماعي وغيرها، محققين بذلك نصرا مضاعفا اذ ان رد الاقوى فيه عبرة لمن هم اخذون عنه او اقل قوة.

هذا وقد سلك المؤلف في فصول الدراسة منهجا تحليليا لتفهم منطلقات الطرفين التي تحكمت في نتائجه وقد اطنب في الجانب الاستشراقي كونه يمثل الحالة الجديدة التي تحتاج الى اجلاء وايضاح بشكل اكبر، **وتمثلت المقارنة باسلوبين هما:**

الاول: بترك كل طرف يعبر عن فكرته دونما تداخل وتعليق عند تناول مسالة مصدر الوحي كما يعتقد كل طرف.

الثاني: من خلال رد مصادر المستشرقين للوحي واظهار عيوبها وخوارمها التي فرضت علينا علميا ردها لمجانبتها للحد الادنى من الحقيقة.

خلص المؤلف من مناقشة المفسرين والمستشرقين الى نتائج مهمة منها:

1- ان قضية الوحي بوصفها ظاهرة عبرها جاءنا الوحي المحمدي العام هي ليست مسالة غيبية لا يتم الايمان بها الا عبر الايمان بالغيب اذ ان الظروف المحيطة بظاهرة الوحي كفيلة – ان درست برشد – بأن ترسخ لدينا ايمانا علميا بالمصدر الالهي لهذا الوحي الكريم.

2- بقدر ما تكتسبه مسألة الوحي من أهمية ومفصلية في بناء العقيدة الاسلامية فقد ادركنا من خلال هذه الاهمية حجم التكالب الاستشراقي على هذا المفصل فقد وجد المؤلف اهتماما مبالغا فيه بالوحي الاسلامي وهذا مؤشر واضح على خطورة العمل الاستشراقي المنظم يوجب التصدي له – بمعنى المواجهة لا الحوار - لانهم قادة غزو فكري وليس الامر فيما

يعتقد المؤلف مسالة سوء فهم وانما هو تعبير عن انحراف فكري يتعزز بغايات التلويث الفكري للامة الاسلامية.

3- تحقق المؤلف عبر دراسة شاملة لظاهرة الوحي انها لا يمكن ان تتعرض للمماثلة والمشابهة وانها بربانيتها تعتبر سرا من اسرار النبوة التي لا يمكن ان نفهم سرها وكنهها الا بالتقريب فيما نعرف من وسائل الاتصال البشري وابداعات الفكر والعقل في هذا المجال المتنامي.

4- ظهر جليا ان الوحي النبوي لا يمكن ان يتسلل اليه شك عبر الزمان وقد بدى ذلك واضحا من خلال وفرة الردود الاسلامية التي تجعل الوحي في حصن حصين عن كل ما يمكن ان يمسه او يخدش كبريائه، مع ضرورة التنبه الى منطقية الردود وقدرتها الاقناعية سواءً في المواجهة او الحوار، وذلك على الرغم من تعدد الأصول والمشارب المغذية للشبهات على اختلاف القائلين بها ومنطلقاتهم واهدافهم.

5- يرى المؤلف ضرورة الاهتمام بدراسة الافكار التي تتناول المسائل الاسلامية، اذ انها في الغالب الاعم لا تريد بنا خيراً لاسيما اننا نعيش في زمن العولمة الفكرية التي تستهدف الاديان والقوميات من اجل فرض النموذج الامبريالي الصهيوني في الحياة والثقافة والاقتصاد.

6- بقي ان اؤشر ان هناك بعض المستشرقين لم يكونوا يريدون السوء للاسلام وانما قصور فهمهم عن الاسلام قد اوقعهم بأخطاء جسيمة، ولعل ادراك هذا لا يتحصل في التفريق بين قاصد الاساءة والواقع فيها الا بطول

ملازمة كتبهم ومعرفة خلفياتهم حتى لا نظلم من اراد الحقيقة العلمية وحجب جهله عنه بعضها فاوقعه بالزلل او سوء التعبير.

وبهذا الكتاب نكون قد جمعنا طرفين طالت فترة خصامهما، لنحسم امر العلاقة بقضاء عادل منصف بعيد عن العصيان والثوابت الجامدة، مقدمين على ذلك كله الكلمة القرانية الفصل مستعينا بالافادة منها عبر ما جادت به كتب اساطين التفسير وعلماء الاسلام ورموزه الحية.

آملا من الـلـه ان اكون قد وفقت في مسعاي لخدمة دينه ورد شبهات المغرضين المسيئين عن حمى الاسلام في مسألة تستحق ان تكون على عين الشمس في الوضوح والنصاعة.

وآخر دعوانا ان الحمد لله رب العالمين

المصادر والمراجع

بعد القرآن الكريم

1- ابن تيمية، أحمد: كتاب النبوات، ط 1985، دار الكتب العلمية - بيروت.

2- ابن حجر، الأمام الحافظ أحمد بن علي بن حجر العسقلاني، ت(852هـ): تهذيب التهذيب، دار صادر - بيروت.

3- ابن حجر، العسقلاني، فتح الباري بشرح صحيح البخاري، دار المعرفة - بيروت، د. ت.

4- ابن حزم، الحافظ أبي محمد علي بن أحمد بن حزم الأندلسي الظاهر، ت(455هـ)، تحقيق وتقديم وتصحيح: محمد أحمد عبد العزيز، ط1، 1978مكتبة عاطف - القاهرة .

5- ابن حنبل، احمد: المسند وبهامشه منتخب كنز العمال في سنن الأفعال والأقوال، المكتب الاسلامي للطباعة والنشر، دار صادر للطباعة والنشر - بيروت.

6- ابن خلدون ، عبد الرحمن المغربي: المقدمة وهو الجزء الأول من كتاب العبر وديوان المبتدأ والخبر في أيام العرب والعجم والبربر ومن عاصرهم من ذوي السلطان الأكبر ، دار إحياء التراث العربي - بيروت .

7- ابن دريد، أبي بكر محمد بن الحسن الأزدي البصري، ت(321هـ): جمهرة اللغة، دار صادر- بيروت، د. ت.

8- ابن سعد، محمد: الطبقات الكبرى، ط 1985، دار صادر - بيروت.

9- ابن سيد الناس، محمد بن محمد الاندلسي، ت(734هـ): عيون الأثر، في فنون المغازي والشمائل والسير، ط 1356هـ القاهرة.

10- ابن عاشور، الشيخ محمد الطاهر: تفسير التحرير والتنوير، 1984، الدار القومية للنشر.
11- ابن العربي، محيي الدين: الفتوحات المكية، دار صادر – بيروت.
12- ابن فارس، أبو الحسين فارس، ت(395هـ): معجم مقاييس اللغة، ط1، 1951، دار أحياء الكتب العربية - القاهرة .
13- ابن قتيبة: الشعر والشعراء، تحقيق وشرح: أحمد محمد شاكر، 1966 دار المعارف - مصر .
14- ابن قيم الجوزية، محمد بن أبي بكر، ت(751هـ): مدارج السالكين بين منازل إياك نعبد وإياك نستعين، دار الحديث ، القاهرة .
15- ابن كثير: البداية والنهاية، تحقيق أحمد أبو ملحم وآخرين، 1985، دار الكتب العلمية - بيروت.
16- ابن كثير، عماد الدين أبو الفداء إسماعيل، ت(774هـ): تفسير القرآن العظيم، ط 1969، دار المعرفة - بيروت .
17- ابن منظور، أبي الفضل جمال الدين، ت(711هـ): لسان العرب، دار صادر - بيروت، د. ت.
18- ابن هشام، عبد الملك، ت(418هـ)، السيرة النبوية، 1978، جامعة القاهرة، القاهرة .
19- ابن بني، مالك: الظاهرة القرآنية، ترجمة: عبد الصبور شاهين، ط 1968، دار الفكر – بيروت.
20- أبو البقاء، أيوب بن موسى الحسيني الكفوي، ت(1094هـ): الكليات (معجم في المصطلح والفروق اللغوية) أعداد وفهرسة: د. عدنان درويش، محمد المصري، 1976، دار الكتب الثقافية، دمشق، منشورات وزارة الثقافة والارشاد القومي.

21-أبو الحسين، الأمام مسلم بن الحجاج القشيري النيسابوري، ت(261هـ): صحيح مسلم ط1، 1995، دار ابن حزم - بيروت .

22-أبو خليل، شوقي: الإسلام في قفص الإتهام، ط1986، دار الفكر – دمشق.

23-أبو داود، الحافظ أبي داود بن الأشعث السجستاني، ت(275هـ): سنن أبي داود، دراسة وفهرسة: كمال الحوت ،ط1 ، 1988.

24-أبو شهبة، محمد بن محمد: السيرة النبوية في ضوء القرآن والسنة، ط 1، 1988، دار القلم – دمشق.

25-أبو شهبة: محمد بن محمد: المدخل لدراسة القرآن الكريم، ط1، 1992.

26-أبـو الفرج، جمال الديـن عبد الرحمن بن علي بن محمد الجوزي القرشي البغدادي، ت(597هـ): زاد المسير في علم التفسير، ط1، 1965، المكتب الإسلامي للطباعة والنشر - بيروت .

27-أركون، محمد ولويس غارديـه: الإسلام، الأمس والغد، ترجمة: علي المقلد، ط1، 1983، دار التنوير - بيروت.

28-الأزهري، أبي منصور بن أحمد، ت(370هـ): تهذيب اللغة، ط 1964، الدار المصرية للتأليف والترجمة - القاهرة .

29-أسـد، محمـد: الطريق الى مكـة، نقلـه الى العربية: عفيف البعلبكي ط1، 1956، دار العلم للملايين - بيروت .

30-الأصبهاني، ابو الفرج علي بن الحسين بن محمد القرشي، ت(356هـ): كتاب الأغاني، تحقيق: ابراهيم الابياري، ط1969، دار الشعب – مصر.

31-الأصفهاني، الراغب أبو القاسم الحسين بن أحمد، ت(595هـ): المفردات في غريب القرآن ، تحقيق وضبط: محمد سيد كيلاني، ط الأخيرة ، 1961.

32-اقبال، محمد: تجديد التفكير الديني، ترجمة عباس محمود، ط2، 1968، مطبعة لجنة التأليف والترجمة والنشر، القاهرة .

33-الآلوسي، أبـي الفضل شهـاب الدين السـيد محمود البغدادي، مفتي بغـداد ومرجـع أهل العراق، ت(1270هـ)، دار الفكر.

34-أميـل، درمنغم: حياة محمد، ترجمة: عادل زعيتر، ط2، 1988، المؤسسـة العربيـة للدراسات والنشر - بيروت.

35-الأندلسي، أبي حيان، ت(754هـ) النهر الماد من البحر المحيط، تقديم وضبط: بوران وهديان الضناوي، ط1، 1987، دار الفكر، مركز الخدمات والأبحاث الثقافية - بيروت.

36-الأنصاري، محمد جابر: الفكر العربي وصراع الأجداد، ط1، 1996، المؤسسة العربية للدراسات والنشر – بيروت.

37-آيرفينج واشنطن: محمد وخلفاؤه، ترجمة ومقارنة: د. هاني يحيى نصري، ط1، 1999، المركز الثقافي العربي - الدار البيضاء.

38-البخاري، ابو عبد اللـه محمد بن اسماعيل الجعفي: صحيح البخاري، مراجعة: د. مصطفى ديب البغا، ط1987، دار ابن كثير – بيروت.

39-بروكلمان، كارل: تاريخ الشعوب الإسلامية، ترجمـة: نبيه أمين فارس ومنير البعلبكي، ط8 ، بيروت.

40-البروسوي، الأمام إسماعيل حقي، ت(1137هـ): تفسير روح البيان دار الفكر - للطباعة والنشر والتوزيع د.ت.

41-البغدادي، قدامه بن جعفر، ت(337هـ)، نقد النثر، ط 1980، دار الكتب العلمية - بيروت.

42- البكري، عبد المجيد شوقي: كتاب الوحي والتنزيل، ط 1951، الموصل.
43- بلاشير: القرآن، نزوله، تدوينه، ترجمته وتأثيره، ترجمة: رضا سعادة، ط1، 1974، دار الكتاب اللبناني.
44- بليابيف، ي، أ: العرب والإسلام والخلافة العربية، ترجمة: أنيس قريحة، ط1، 1973، الدار المتحدة للنشر، بيروت - لبنان.
45- بودلي، ر.ف: الرسول، حياة محمد، ترجمة: عبد الحميد جودة السحار، ومحمد محمد فرج، ط1، 1948، مكتبة مصر.
46- بوست، يوسف: قاموس الكتاب المقدس، طبع في بيروت في المطبعة الاميركانية سنة 1901 م.
47- البوطي: محمد سعيد رمضان: فقه السيرة ، ط 1994، دار الفكر للطباعة والنشر والتوزيع - دمشق.
48- البوطي، محمد سعيد رمضان: كبرى اليقينيات الكونية ، ط6 ، 1399هـ دار الفكر - بيروت.
49- بوكاي، موريس: التوراة والإنجيل والقرآن والعلم، ترجمة: الشيخ حسن خالد ، ط2، 1987.
50- البهي، محمد: الفكر الإسلامي الحديث وصلته بالاستعمار الغربي، ط11، 1985، دار غريب للطباعة - القاهرة.
51- بيجوفتش، علي عزت، رئيس وزراء البوسنة والهرسك: الإسلام بين الشرق والغرب، ترجمة: محمد علي عدس، ط1 ، 1994.
52- الترمذي، أبي عيسى محمد بن عيسى بن سورة، ت(279هـ): الجامع الصحيح (سنن الترمذي):

تعليق وأشراف: عزت الدعاس، ط1، 1968، مطابع الفجر الحديث، حمص.

تحقيق أحمد محمد شاكر وآخرون، دار إحياء التراث العربي - بيروت.

53- التهامي، نقرة: سيكولوجية القصة في القرآن الكريم، 1971، الجزائر.

54- التهامي، نقرة: مناهج المستشرقين في الدراسات العربية الإسلامية، بحث بعنوان (القرآن والمستشرقون)، ط1، 1985، مكتب التربية العربي لدول الخليج.

55- الجابري، محمد عابد: بنية العقل العربي، ط6، 2000م، مركز دراسات الوحدة العربية - بيروت.

56- الجبري، عبد المثقال محمد: السيرة النبوية وأوهام المستشرقين، ط1 ، 1988 .

57- جب، هاملتون: دراسات في حضارة الإسلام، ترجمة إحسان عباس، محمد يوسف نجم، محمد زايد، ط2، 1974 .

58- جريس، د. غيثان علي: افتراءات المستشرق كارل بروكلمان على السيرة النبوية، ط3، 1994، جامعة الملك سعود - فرع أبها.

59- الجزري، عز الدين بن الاثير ابي الحسين علي بن محمد، ت(630هـ): اسد الغابة في معرفة الصحابة، ط1989، دار الفكر للطباعة والنشر والتوزيع – بيروت.

60- الجندي، أخطاء المنهج الغربي الوافد في العقائد والتاريخ والحضارة واللغة والادب والاجتماع، ط1، 1974، بيروت – لبنان.

61- الجندي، أنور: الإسلام في وجه التغريب (مخططات التبشير والاستشراق)، دار الاعتصام، مطابع الناشر العربي - القاهرة .

62- الجندي: حقائق مضيئة في وجه شبهات مثارة، ط1، 1989، دار الصحوة – القاهرة.

63- الجندي، أنور: شبهات التغريب في غزو الفكر الاسلامي، ط2، 1983.

64- الجندي، أنور: بحث (المستشرقون: السيرة النبوية)، ندوة علماء الهند 1982، (الاسلام والمستشرقون) ط1 ، 1985.

65- الجندي، أنور: بحث (المستشرقون والقرآن الكريم) ندوة علماء الهند 1982 (الاسلام والمستشرقون) ط1، 1985.

66- جولدتسيهر، أجنتس: العقيدة والشريعة في الإسلام، ترجمة: محمد يوسف موسى، ط1946، دار الكتاب المصري - القاهرة.

67- جولدتسيهر، أجنتس: مذاهب التفسير الإسلامي، ترجمة: د. عبد الحليم النجار، ط1955، مكتبة الخانجي - القاهرة .

68- الحاج، خالد محمد علي: الكشاف الفريد عن معارك الهدم ونقائض التوحيد، تحقيق: ابراهيم الأنصاري، ط1983، دار إحياء التراث الإسلامي - قطر.

69- حجازي، محمد محمود: التفسير الواضح، ط4، 1968، مطبعة الاستقلال الكبرى - القاهرة.

70- الحداد، يوسف درة: مصادر الوحي الانجيلي، د. ت.

71- الحسيني، محمد علوي المالكي: بحث (المستشرقون بين الأنصاف والعصبية) ندوة علماء الهند 1982، (الإسلام والمستشرقون)، ط1، 1985.

72- حمدان، عبد الحميد صالح: طبقات المستشرقين، ط1 ، 1995 .

73- حمدان، نذير: الرسول في كتابات المستشرقين، ط2، 1986، دار المنارة للنشر والتوزيع، جدة - السعودية.

74- حنفي، حسن: موسوعة الحضارة العربية الإسلامية، ط1، 1986، المؤسسة العربية للدراسات والنشر – بيروت.

75- حوى، سعيد: الرسول (ﷺ)، ط3، 1973.

76-الخضري، الشيخ محمد: نور اليقين في سيرة سيد المرسلين، تحقيق: الشيخ عبد العزيز سيروان، ط1، 1982 - دار الأبحاث - بيروت .

77-الخطيب، سليمان: التغريب والمأزق الحضاري، ط1 ، 1991م .

78-الخطيب، محمد عجاج: السنة قبل التدوين، ط1962، مكتبة وهبة – القاهرة.

79-خفاجي، محمد عبد المنعم: الشعر الجاهلي، ط1986، دار الكتاب اللبناني، بيروت– لبنان.

80-خليفة، محمد: الاستشراق والقرآن العظيم، نقله الى العربية المهندس: مروان عبد الصبور شاهين، ط1، 1994 - القاهرة .

81-خليل، عماد الدين: دراسة في السيرة، ط7، 1983، مطبعة الزهراء الحديثة – الموصل.

82-خليل، عماد الدين: المستشرقون والسيرة النبوية، ط1، 1989، دار الثقافة - الدوحة.

83-دراز، محمد عبد الله: مدخل الى القرآن الكريم، عرض تاريخي وتحليل مقارن ترجمة محمد عبد العظيم علي ، ط 1971 ، دار القرآن الكريم - الكويت .

84-دراز، محمد عبد الله: النبأ العظيم، نظرات جديدة في القرآن، ط1960، مكتبة السعادة – مصر.

85-دروزة، محمد عزة: سيرة الرسول، ط 1948، القاهرة .

86-الدسوقي، محمد: الفكر الاستشراقي تأريخه وتقويمه، ط1، 1995.

87-الديب، عبد العظيم: المستشرقون والتراث، ط1، دار الوفاء – مصر.

88-دوباسكويه، روجيه: اظهار الاسلام، ط1994، مكتبة الشروق – القاهرة.

89-دينيه، آتيين وسليمان الجزائري: محمد رسول اللـه، ترجمة: د. عبد الحليم محمود ومحمد عبد الحليم محمود ، ط3 ، 1959 ، الشركة العربية للطباعة والنشر- القاهرة.

90-الذهبي: تاريخ الإسلام وطبقات المشاهير والأعلام، ط1، القاهرة .

91-الذهبـي، محمد بـن أحمد بن عثمان بن قايماز: سير أعلام النبلاء، تحقيق: شعيب الأرناؤوط، ط9، 1413هـ ، مؤسسة الرسالة - بيروت .

92-الذهبي، محمد حسين: الوحي والقرآن الكريم، ط1 ، 1986.

93-رضا، محمد رشيد: تفسير القرآن الحكيم الشهير تفسير المنار ط3، 1374هـ دار المنار - مصر.

94-رضا، محمد رشيد: الوحي المحمدي، ط 1988، مطبعة الزهراء .

95-رودنسون، مكسيم: جاذبية الإسلام، ترجمة: الياس مرقص، ط1، 1982، دار التنوير للطباعة والنشر.

96-الزبيدي، محب الدين أبي الفيض محمد، ت(1790م): تاج العروس من جواهر القاموس، ط 1966.

97-الزحيلي، وهبة: التفسير المنير في العقيدة والشريعة والمنهج، دار الفكر المعاصر - بيروت.

98- الزرقاني، محمد عبد العظيم: شرح الزرقاني على المواهب اللدنية للقسطلاني وبهامشه زاد المعاد لابن القيم، دار المعرفة - بيروت .

99- الزرقاني، محمد عبد العظيم: مناهل العرفان، تحقيق: فواز أحمد زمرلي، ط1، 1995، دار الكتاب العربي - بيروت .

100- زقزوق، محمود حمدي: بحث (الإسلام والاستشراق)، ندوة علماء الهند 1982 (الإسلام والمستشرقون) ط1 ، 1985.

101- زكريا، زكريا هاشم: المستشرقون والإسلام ، ط 1971.

102- السامرائي، قاسم: الاستشراق بين الموضوعية والافتعالية، ط1 ، 1983 .

103- السباعي، مصطفى: الاستشراق والمستشرقون ما لهم وما عليهم، ط4، 1999، بيروت.

104- السباعي، مصطفى: السنة ومكانتها في التشريع الإسلامي، ط3، 1982، بيروت .

105- سعيد، ادوارد: الاستشراق، المعرفة، السلطة، الإنشاء: نقله الى العربية: كمال أبو ديب، ط العربية الأولى، 1981، مؤسسة الأبحاث العربية .

106- سعيد، محمد رأفت: الإسلام في مواجهة التحديات، ط1، 1987، دار الوفاء للطباعة والنشر والتوزيع.

107- السلفي، محمد لقان: السنة حجيتها ومكانتها في الإسلام والرد على منكريها، ط1، 1989، مكتبة الإيمان - المدينة المنورة.

108- السهيلي، أبو القاسم عبد الرحمن بن عبد الله الحنفي ت(581هـ): الروض الأنف في تفسير السيرة النبوية لابن هشام، ط 1978 ، دار المعرفة ، بيروت .

109- السيوطي، الدر المنثور في التفسير المأثور، ط1، 1983، دار الفكر - بيروت .

110- السيوطي، شيخ الإسلام جلال الدين عبد الرحمن، ت(911هـ): الاتقان في علوم القرآن، ط 1951، دار الندوة الجديدة - بيروت .

111- الشاعر، أحمد عبد الحميد: القرآن الكريم في مواجهة الماديين الملحدين، ط2، 1982، دار القلم - قطر.

112- شاهين، د. علي علي: دراسات في الاستشراق ورد المستشرقين حول الإسلام، ط1، 1994، دار النبأ.

113- الشعراوي، محمد متولي: الإسراء والمعراج، ط1، 1985، دار العالم - بيروت .

114- شلبي، رؤوف: الوحي فـي الإسـلام وأهميته في الحضارة الإسلامية، ط1، 1978، مطبعة حسان - القاهرة.

115- شهري، محمد الري: فلسفة الوحي والنبوة، تعريب: خالد توفيق، ط دار الحديث.

116- الشيباني، محمد شريف: الرسول في الدراسات الاستشراقية المنصفة، دار الحضارة العربية - بيروت.

117- شيخ أدريس، جعفر: بحث في منهج (وات) في دراسة نبوة محمد (ﷺ) مناهج المستشرقين، ط1، 1983 مكتب التربية العربي لدول الخليج.

118- الصالح، صبحي: مباحث في علوم القرآن .

119- الصغير، محمد حسين: تأريخ القرآن، ط1، 1983، بيروت.

120- الصغير: المستشرقون والدراسات القرآنية، ط1، 1983، المؤسسة الجامعية للدراسات والنشر والتوزيع، بيروت - لبنان .

121- الطبـري، أبي جعفر محمد بن جرير الطبري: تاريخ الطبري (تاريخ الأمم والملوك)، ط1، 1985، مؤسسة عز الدين للطباعة والنشر - بيروت .

122- طعيمة، صابر: المعرفة في منهج القرآن الكريم، دراسة في الدعوة والدعاة، دار الجيل، بيروت، د. ت.

123- طهماز، عبد الحميد: الوحي والنبوة والعلم في سورة يوسف، ط1، 1990.

124- طهطاوي، محمد عزت: محمد نبي الإسلام في التوراة والإنجيل والقرآن، مطبعة التقدم.

125- العالم، لطفي: المستشرقون والقرآن، ط1 ، 1991.

126- العباسي، محفوظ: القرب نحو الدرب بأقلام مفكريه، ط1 ، 1987 .

127- عبد الحميد، د. عرفان: المستشرقون والإسلام، ط3، 1983، المكتب الإسلامي - بيروت.

128- عبد الحميد، د. محسن: المذهبية الإسلامية والتغيير الحضاري، ط2، 1985 .

129- الرازق، مصطفى تمهيد لتاريخ الفلسفة الإسلامية، ط3، 1966، مطبعة لجنة التأليف والترجمة والنشر - القاهرة .

130- عبد الرازق، مصطفى: الدين والوحي والإسلام، ط 1961م، دار إحياء الكتب العربية - مصر.

131- عبده، محمد: رسالة التوحيد، ط1965، مكتبة محمد علي صبيح - القاهرة.

132- عبد الفتاح، بهجت: أمية بن أبي الصلت، حياته وشعره ، 1975 ، وزارة الاعلام - بغداد.

133- عبيد، محمد رشدي: النبوة في ضوء العلم والعقل، ط1986، مكتبة 30 تموز للطباعة والنشر، نينوى - العراق .

134- عتر، د. حسن ضياء الدين: نبوة محمد في القرآن، ط1، 1973، دار النصر - سوريا.

135- عتر، حسن ضياء الدين: وحي الله حقائقه وخصائصه، ط1984 ، رابطة العالم الاسلامي - مكة.

136- العجلوني، إسماعيل بن محمد، ت(1162هـ): كشف الخفاء ومزيل الالياس عما أشتهر من الاحاديث على ألسنة الناس، ط2، 1351هـ دار احياء التراث العربي - بيروت.

137- العراقي، أبي الفضل عبد الرحيم بن الحسين، ت(806هـ) وولده ولي الدين: طرح التثريب في شرح التقريب، دار المعارف - حلب .

138- عرجـون، محمد الصادق ابراهيـم: محمد رسول الـلـه، منهج ورسالة، بحث وتحقيق، ط1، 1995، دار القلم - دمشق .

139- العقيقي، نجيب، المستشرقون، ط3 + ط4، دار المعارف - القاهرة .

140- علم الدين، د. أحمد محمد: مقرر مادة الاستشراق للسنة الرابعة، كلية الأمام الأوزاعي للدراسات الإسلامية، جامعة الجنان، 1991، بيروت .

141- عليان، محمد عبد الفتاح: أضواء على الاستشراق، ط1 ، 1980م .

142- علي، جواد: تاريخ العرب في الإسلام، ط1، 1983، دار الحداثة - بيروت .

143- عمايرة، إسماعيل أحمد: المستشرقون وتاريخ صلتهم بالعربية، ط1، 1992، الجامعة الأردنية.

144- عناية، غازي: شبهات حول القرآن وتفنيدها، ط1 ، 1996 ، دار ومكتبة الهلال - بيروت.

145- عوض، ابراهيم: مصدر القرآن، ط1، 1997، مكتبة زهراء الشرق - القاهرة.

146- عيسوي، د. عبـد الرحمـن: معالـم علم النفس، ط1، 1996، دار المعرفة الجامعية، الاسكندرية – مصر.

147- غارديه، لويس وجورج قنواني: فلسفة الفكر الديني بين الإسلام والمسيحية، نقله الى العربية: د. صبحي الصالح والأب الدكتور فريد جبر، ط1، 1967، دار العلم للملايين - بيروت .

148- الغزالي، الإمام ابي حامد محمد بن محمد الطوسي: المقصد الأسنى (شرح اسماء الـلـه الحسنى)، تقديم: الشيخ محمود الغواوي، ط1961، مكتبة الكليات الازهرية – القاهرة.

149- الغزالي، الإمام محمد بن محمد، ت (505 هـ): المنقذ من الضلال، دار الكتب العلمية.

150- الغزالي، الشيخ محمد: الدفاع عن العقيدة والشريعة ضد مطاعن المستشرقين، ط4، 1975 ، دار الكتب الحديثة - القاهرة .

151- الغزالي، فقه السيرة، ط8، 1982، دار الكتب الاسلامية، مطبعة حسان – القاهرة.

152- غزلان، رشيد: كنوز القرآن، ط1، 1985، جمعية عمال المطابع التعاونية - عمان.

153- فاغليـري، لورا فيشيا: دفاع عن الإسلام، ترجمة: منير البعلبكي، ط3، 1976، دار العلم للملايين - بيروت .

154- الفخر الرازي، الإمام محمد الرازي بن ضياء الدين عمر، ت (604هـ): التفسير الكبير: ط1، 1995، دار إحياء التراث العربي - بيروت . ط1، 1938، المطبعة البهية المصرية .

155- فرج، السيد أحمد: الاستشراق، الذرائع، النشأة، المحتوى، ط1، 1994 .

156- فروخ، عمر: بحث (الاستشراق في نطاق العلم وفي نطاق السياسة)، ندوة علماء الهند 1982 (الإسلام والمستشرقون)، ط1، 1985.

157- فرويد، سيجموند: الموجز في التحليل النفسـي، ترجمة: سامي محمود علي وعبد السلام القفاش، ط2، دار المعارف – مصر.

158- فوزي، فاروق عمر: الاستشراق والتاريخ الإسلامي، ط1 ، 1998 ، الأهلية للنشر والتوزيع.

159- القاسمي، علامة الشام محمد جمال الدين، ت (1332هـ): محاسن التأويل، ط1، 1957، دار إحياء الكتب العربية - حلب.

160- القرآن الكريم، دراسة لتصحيح الأخطاء الواردة في الموسوعة الإسلامية الصادرة عن دار بريل في لايدن، 1997، منشورات المنظمة الإسلامية للتربية والعلوم والثقافة (ايسيسكو) مكتبة دار بريل .

161- القرطبي، أبي عبد اللـه محمد بن أحمد الأنصاري، ت (671هـ): الجامع لأحكام القرآن، دار الحديث - القاهرة ، ط1965، دار إحياء التراث العربي - بيروت .

162- القسطلاني، شهاب الدين أحمد بن محمد الخطيب، ت(923هـ): أرشاد الساري لشرح صحيح البخاري، ط7، 1323هـ المطبعة الميرية - مصر .

163- القشيري، ابو القاسم عبد الكريم بن هوازن بن عبد الملك النيسابوري، ت(475هـ): الرسالة القشيرية، دار الكتاب العربي - بيروت .

164- قطب، سيد: في التاريخ فكرة ومنهاج، ط1، 1967، الدار السعودية للنشر – جدة.

165- قطب، سيد: في ظلال القرآن، ط9، 1980، دار الشروق - بيروت .

166- قلعة جي، محمد رواس: دراسة تحليلية لشخصية الرسول محمد (ﷺ) من خلال سيرته الشريفة، ط1، دار النظائر - بيروت .

167- كارليل، توماس: الأبطال وعبادة البطولة، تعريب: محمد السباعي، ط4، 1982، دار الرائد العربي - بيروت.

168- الكرماني: صحيح البخاري بشرح الكرماني، ط2، 1981، دار إحياء التراث العربي - بيروت .

169- اللبان، ابراهيم عبد المجيد: المستشرقون والإسلام، ط1، 1970 .

170- لوبون، غوستاف: حضارة العرب، نقله الى العربية: عادل زعيتر، ط3 ، 1956 .

171- ماجد، عبد المنعم: التأريخ السياسي للدولة العربية، ط4، 1967 ، القاهرة.

172- الماوردي، أبي الحسن علي بن حبيب، ت(450هـ): النكت والعيون، تحقيق: خضر محمد خضر، ط1، 1982، مطابع مهتدي - الكويت.

173- محجوب، فاطمة محمد: دائرة معارف الناشئين، ط1، 1956، دار الهلال.

174- المدرس، علاء الدين شمس الدين: الظاهرة القرآنية والعقل دراسة مقارنة للكتب المقدسة، ط1، 1986.

175- المرصفي، سعد: حديث بدء الوحي في الميزان، ط1، 1997، مؤسسة الريان للطباعة والنشر والتوزيع - بيروت .

176- المزي، جمال الدين ابو الحجاج يوسف: تهذيب الكمال في أسماء الرجال، تحقيق: بشار عواد معروف، ط1، 1992، مؤسسة الرسالة - بيروت .

177- المطعني، عبد العظيم ابراهيم: افتراءات المستشرقين على الإسلام، عرض ونقد ط1، 1992.

178- ميلاد، زكي، وتركي علي الربيعو: الإسلام والغرب، الحاضر والمستقبل، ط1، 1998، دار الفكر المعاصر - بيروت .

179- الندوي، أبو الحسن: بحث: (الاستشراق وموقفه من الإسلام)، ندوة علماء الهند، 1982، (الإسلام والمستشرقون)، ط1، 1985.

180- الندوي: أبو الحسن: الصراع بين الفكرة الإسلامية والفكرة الغربية في الأقطار العربية، ط3، 1977، مطبعة التقدم - القاهرة.

181- النسائي، أحمد بن شعيب ابو عبد الرحمن: سنن الترمذي، تحقيق: عبد الفتاح أبو غدة، ط2، 1986، مكتب المطبوعات الإسلامية - حلب .

182- هاشم، الحسيني عبد المجيد: الوحي الإلهي، المكتبة العصرية، صيدا، د. ت.

183- هدارة، محمد مصطفى: بحث (موقف مرجليوث من الشعر العربي)، مناهج المستشرقين في الدراسات العربية والإسلامية، ط1 ، 1985 ، مكتب التربية العربي لدول الخليج.

184- الهمذاني، عبد الجبار بن احمد، ت(415هـ): تثبيت دلائل النبوة، تحقيق وتقديم: عبد الكريم عثمان، 1966، دار العربية للطباعة والنشر والتوزيع – بيروت.

185- الهندي، علاء الدين علي المتقي بن حسام الدين ت (975هـ): كنز العمال في سنن الأقوال والأفعال .

186- الهيتمي، شهاب الدين احمد بن حجر، ت(974هـ): فتح المبين لشرح الاربعين، ط1978، دار الكتب العلمية، بيروت – لبنان.

187- الهيثمي، الحافظ نور الدين علي بن أبي بكر، ت(807هـ): مجمع الزوائد و منبع الفوائد، ط2، 1968، دار الكتاب - بيروت .

188- هيكل، محمد حسين: حياة محمد، ط3، ت(1358هـ): مزيدة مصححة ، مطبعة دار الكتب المصرية - القاهرة .

189- وات، مونتغمري: محمد في مكة، ترجمة شعبان بركات، المكتبة العصرية - بيروت، د. ت.

190- الواحدي، أبي الحسن علي بن أحمد: أسباب نزول القرآن، تحقيق السيد أحمد صقر، ط1، 1969 ، دار الكتاب الجديد .

191- ونستك، وآخرون: دائرة المعارف الإسلامية، نقلها الى العربية: محمد ثابت وآخرون، 1933، القاهرة.

192- اليازجي، الشيخ ناصيف: ديوان المتنبي بشرح العرف الطيب، د. ت.

193- يوسف بك، علي: نهاية اللجاج في موضوع المعراج، ط1، 1985، دار ابن زيدون، بيروت.

البحوث والدوريات

194- الحكيم، د. حسين علي: بحث (المستشرقون ودراساتهم للسيرة) المؤتمر العلمي الاول لكلية الفقة الملغاة: (المستشرقون وموقفهم من التراث العربي الاسلامي)، ط1، 1986، النجف.

195- الدعمي، محمد: بحث (يقظة الاهتمام الغربي بالماضي العربي)، مجلة آفاق الثقافة والتراث، ع20 + 21، س5، 2000م، مركز جمعية الماجد للثقافة والتراث - قطر.

196- رضا، محمد رشيد: منشور في ذكرى الهجرة النبوية وجعلها تاريخا عاما للنشر، د. ت.

197- العاني، د. عبد القهار: بحث (الاستشراق: اهدافه وآثاره)، المؤتمر العلمي الاول لكلية الفقه الملغاة: (المستشرقون وموقفهم من التراث العربي الاسلامي)، ط1، 1986، النجف.

198- عبد الحميد، د. محسن: بحث (تحقيق قصة بحيرى)، مجلة الجامعة، جامعة الموصل، ع4، س9، 1980م.

199- عبد المنعم، شاكر محمود: بحث (نموذج من تهافت الاستدلال في دراسات المستشرقين)، مجلة المؤرخ العربي، ع30، س12، 1986، بغداد - العراق.

200- الناجـي، د. عبد الجبار: بحث (الاستشراق والسيرة النبوية)، مجلة دراسات اسلامية، ع1، س1، 2000م، بيت الحكمة - بغداد.

201- الناجي، د. عبد الجبار: الاستشراق وسيلة للاتصال بين الحضارة العربية الاسلامية والفكر الغربي، 1997، ندوة فكرية، دار الحكمة - بغداد.

الاطاريح

202 - الاعرجي، ستار: الوحي في القرآن الكريم ودلالالته في الفكر الاسلامي، رسالة ماجستير غير منشورة، 1992، جامعة بغداد - كلية العلوم الاسلامية.

ملاحظة: لم يدرج الباحث المصادر والمراجع التي لم تكن الافادة منها بشكل مباشر.

المصادر الاجنبية

1- Danial, Norman: Islam and the west, the making of an image, at the university press Edinburgh.
2- Gibb, H. A. R.: Mohammedanism an historical survey, 1948.
3- Watt, Montgomery, W.: Mohomet Ala Mecque, Preface De, Maxime Rodinson, 1977, Paris.
4- Gibb, H. A. R. & J. H. Kramers: Shorter Encyclopaedia of Islam, 1961, E. J. Brill, Leiden, Luzac & Co., London.

المحتويات

Printed in the United States
By Bookmasters